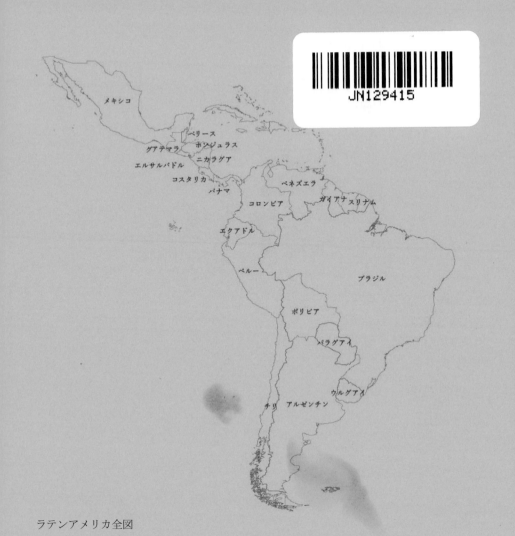

ラテンアメリカ全図

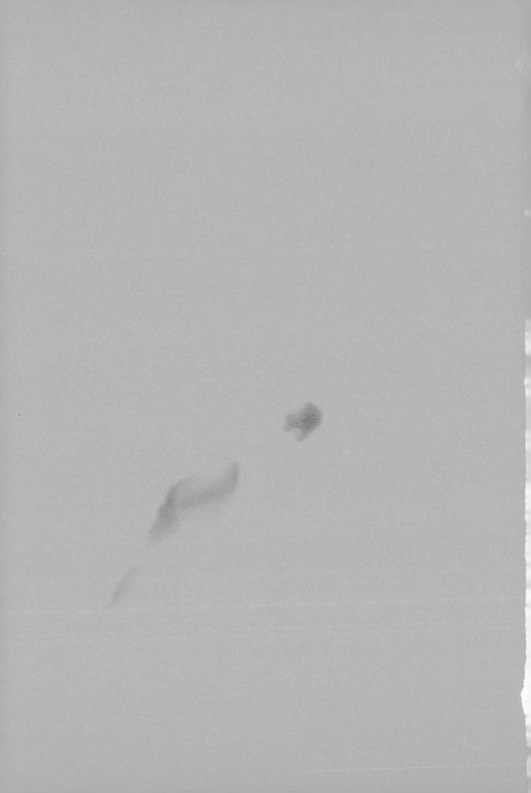

アジア環太平洋研究叢書
第2巻

ラテンアメリカ所得格差論
歴史的起源・グローバル化・社会政策

浜口伸明 編

国際書院

Series Asia Pacific Studies 2

Income Disparity in Latin America:
Historical Origin, Globalization, and Social Policy
by
Nobuaki Hamaguchi, editor
Copyright © 2018
ISBN978-4-87791-291-8 C3031 Printed in Japan

アジア環太平洋研究叢書シリーズの刊行にあたって

　ベルリンの壁の崩壊から 30 年になろうとしている今日、世界全体としても、またその様々な地域においても、20 世紀後半に形成された秩序や状態は激しく動揺している。

　現時点において、世界レベルで覇を競い合う能力を有するアメリカ合衆国と中国との間に、大国間の戦争を回避するという世界秩序にとって最低限の了解が成立しているか否かについて、我々は確証を持てる状態にはない。また、国家と社会のレベルでも、前世紀の間に追求され限界に達した福祉国家型の社会経済発展モデルに代わる新たなモデルや理念を構想することに成功していない。福祉国家型のモデルの代替として、市場経済原理を徹底させる新自由主義（ネオリベラリズム）経済路線の導入が世界各地に広まった。しかし、市場原理の貫徹のみを追求すれば、一握りの「勝者」と多数の「敗者」が生まれ、格差や貧困層の拡大と中間層の凋落といった事態が引き起こされることが明らかとなった。

　そうした中で、20 世紀の終わりに世界の隅々にまで行き渡るかに見えた自由民主主義の原理に基づく政治の枠組みをめぐって、第二次世界大戦後にそれが定着した西ヨーロッパやアメリカ合衆国など先進諸国を含め、そのあり方が問われる現象が発生している。その枠組み自体が毀損する例も観察される。こうして、世界と地域、国家と社会、いずれのレベルでも縦、横に入った亀裂が深まり、既存の秩序やあり方が融解する現象が共時的かつ共振的に起きている。しかもそれは、政治、経済、社会の位相に跨って進行している。

　我が国が位置する東アジアは、そうした世界の状況が最も先鋭的に現れて

いる地域であり、中東などとならんで、いまや「世界の火薬庫」と化しつつある。アジアはもともと、国際秩序の制度化の面でヨーロッパのレベルには達しなかった。ヨーロッパでは、大国を中心とする階層構造が現実政治の世界では形成されたものの、17世紀以降、平等な主権を規範とする諸国の間での対等な関係が原則とされ、水平的な関係性に基盤をおく慣行を蓄積するという意味での制度化が進んだ。これに対し、アジアでは、大国中国を頂点とする垂直的な朝貢関係が19世紀まで存続したが、19世紀の帝国主義時代に、ヨーロッパやアメリカ合衆国の列強の介入により崩壊した。その後は、二つの世界大戦をへて、20世紀後半に、東西冷戦の下での暫定的な均衡状態が生まれ、維持された。東西冷戦の終焉とその後の展開は、その暫定的な均衡状態を形成、維持した条件に大幅な変更を加えることになり、情勢があらためて加速的に流動化した。

前世紀に展開した世界は、ヨーロッパに起源を持ち、その後アメリカ合衆国を含む世界大へと拡大した近代化の過程で構築された。その世界では、ヨーロッパやアメリカ合衆国が「文明圏」を形成し、その領域以外は混沌とした「野蛮な領域」として認識された。そして、前者を頂点とする一元的な原理に基づく秩序化が志向されてきた。20世紀の最後には、アメリカ合衆国による「一極支配」の下で、市場経済と自由民主主義が支配的となる世界の方向性が演出された。中長期的な傾向にはならなかったそうした状況は、近代以降のヨーロッパを発信源とする歴史動態の究極的な現れだったのかもしれない。

そして、それが潰えた現在、一元的近代化の過程は終結し、一定の領域に影響力を有する複数の権威の中心が併存する世界へと再編される可能性が出てきている。それは世界が多元・多層を基本的な特徴とする柔構造を備えた共存空間となる可能性である。国家や社会についても、20世紀までのような一元性ではなく、多元あるいは多層が基本となる。統治や資源配分、社会、帰属意識など人間による諸活動がゆるやかに全体を構成しつつも中心となる機能は分節的な形で実効性が確保され、同時に機能の範囲に応じて多層

的な構造を形作るといったイメージである。世界、国家、社会の各レベルにおいて、多元・多層を基本とする複合的な磁場が形成されることが考えられる。

いずれにしても、現時点では、今後の世界秩序の具体的な方向性やあり方について、何らかの確信に基づいて多くを語ることは困難である。拙速に陥ることなく、しかし悠長な時間の余裕はないことも念頭に置きつつ、我々は学問的探究を進める中で、21世紀世界の新秩序を構想していかなければならない。構想にむけては、世界レベルで覇権をめぐって争う能力を持つ大国の関係ならびにそれ以外の国々の発展と国際舞台での行動のあり方という二つの次元が複雑に絡み合って織り成される実践現場での多様な日常的営為を、注意深く、いわば鳥の目・人の目・虫の目をもって多角的に観察する必要があろう。そして、そこで紡ぎ出される制度—ある社会の成員によって、ある目的を達成するために正統と認められている了解・合意事項、行動定型、規範・ルール、慣習—を見出し、あるいは制度構築のための環境整備に貢献し、それらを丁寧に繋ぎ合わせて地域大、世界大の秩序形成へと発展、展開させなければならないだろう。それは、環大西洋世界で発展した既知のパラダイムを代替する「アジア環太平洋パラダイム」となるのではなかろうか。

本シリーズは、以上のような展望の下に展開する学問的営為の軌跡を記し、21世紀世界の新秩序を構想することに少しでも寄与することを目指すものである。

2018年3月31日

村上勇介・三重野文晴

ラテンアメリカ所得格差論：
歴史的起源・グローバル化・社会政策

目　次

序章　ラテンアメリカが抱える「構造的問題」として所得格差を読み解く
　　　　…………………………………………………………浜口伸明　13

第1章　所得格差問題からラテンアメリカを視る意義と意味：
　　　　先行研究の検討と経済学理論を用いた分析から………浜口伸明　23
　はじめに　23
　1　所得分配と貧困率の傾向　24
　2　機会の不平等　29
　3　歴史的要因　33
　4　自然地理的要因　35
　5　経済発展過程における所得格差の推移　36
　6　所得格差が貯蓄制約から経済成長を制約する経路　40
　7　貿易自由化と所得格差　47
　8　生産要素移動自由化に伴う所得格差の自己組織化　49
　9　マクロ経済政策への影響に見られる所得格差が制度の質に与える影響　52
　10　インフォーマル部門　56
　おわりに　60

第2章　ラテンアメリカにおけるグローバル化と所得格差の関係：
　　　　「メキシコ・中米型」と「南米型」にみる影響経路の違い
　　　　…………………………………………………………村上善道　69
　はじめに　69
　1　ラテンアメリカ諸国における貿易自由化の進展　72

2　ラテンアメリカ諸国における貿易自由化と所得格差に関する先行研究　79
　3　2000年以降のラテンアメリカ諸国における二つのタイプのグローバル化と所得格差　90
　おわりに　98

第3章　ラテンアメリカにおける所得分配と社会政策：
　　　　条件付き現金給付は「世代間の貧困の罠」を断ち切れるのか
　　　　………………………………………………… 内山直子　111

　はじめに　111
　1　ラテンアメリカの条件付き現金給付プログラム　112
　2　メキシコの事例　125
　3　社会政策と格差・経済成長：
　　　社会政策のあるべき姿とは　135
　おわりに　138

第4章　ラテンアメリカの格差社会に対抗する連帯経済という選択：
　　　　市場の規制と消費者との連帯が拓くオルタナティブとしての可能性
　　　　………………………………………………… 小池洋一　145

　はじめに　145
　1　市場経済と所得分配　147
　2　連帯経済の叢生と制度化　151
　3　連帯経済の実態：
　　　ブラジルの例　155
　4　連帯経済と持続性　163
　5　連帯経済と公共政策　166
　おわりに：
　連帯経済は格差を克服するか　169

第5章　メキシコにおける所得格差の変遷：
　　　地域間格差、グローバル化、インフォーマル部門の考察から
　　　……………………………………………………… 咲川可央子　175
　はじめに　175
　1　メキシコの所得格差の変遷　177
　2　メキシコの地域間格差の変遷　183
　3　メキシコにおけるグローバル化と格差の関係　192
　4　インフォーマル部門の存在　198
　おわりに　209

第6章　ブラジルにおける経済発展と格差縮小の要因：
　　　マクロ経済の安定化と労働市場の変容から探る…… 河合沙織　217
　はじめに　217
　1　開発の軌跡と所得分配　219
　2　マクロ経済の安定化と所得分配　228
　3　グローバル化と労働市場　233
　おわりに　242

編者・執筆者紹介　249
索引　251

Income Disparity in Latin America:
Historical Origin, Globalization, and Social Policy

Table of Contents

Introduction: Disentangling structural complexity of the income disparity problem in Latin America   Nobuaki Hamaguchi ··············13

Chapter 1   Relevance and meaning of analyzing income disparity problem in Latin American study: review of literature and related economic theory   Nobuaki Hamaguchi ··············23

Introduction   23
1   Trend of income distribution and poverty   24
2   Inequality of opportunity   29
3   Historical factors   33
4   Geographical factors   35
5   Interpreting income disparity from economic development process   36
6   Income inequality – saving constraint nexus as a constraint for economic growth   40
7   Trade liberalization and income disparity   47
8   Factor movement liberalization and self-organization of income inequality   49
9   Effects of income inequality on macroeconomic policy through impacts on institutional quality   52
10   Informal sector   56
Concluding remarks   60

Chapter 2   Globalization and income disparity in Latin America: different channels between Mexico and Central American type and

South American type　　Yoshimichi Murakami ············69
Introduction　69
1　Progress of trade liberalization in Latin America　72
2　Relationships between trade liberalization and income disparity in Latin America: literature review　79
3　Two types of globalization and income disparity in Latin America since 2000　90
Concluding remarks　98

Chapter 3　Income distribution and social policy in Latin America : Will the conditional cash transfer break the inter-generational poverty trap?　　Naoko Uchiyama ················· 111
Introduction　111
1　Conditional cash transfer programs in Latin America　112
2　Case of Mexico　125
3　Social policy, income disparity, and economic growth: how should social policy be in Latin America?　135
Concluding remarks　138

Chapter 4　Solidarity economy as a countermove in economically unequal society : will regulated market and consumers' collective actions be alternative to neoliberal reform?
　　　　　　　　　　　　　　　Yoichi Koike ····················· 145
Introduction　145
1　Market economy and income distribution　147
2　Growth of solidarity economy and its institutionalization　151
3　Current situation of solidarity economy : the case of Brazil　155
4　Sustainability of solidarity economy　163
5　Solidarity economy and public policy　166

Concluding remarks : will solidarity economy remedy disparity?　169

Chapter 5　Transition of income disparity in Mexico: inquiries on regional inequality, globalization, and informal sector
　　　　　　　　　　　　　　　　　Kaoko Sakikawa ……………… 175
Introduction　175
1　Transition of income disparity in Mexico　177
2　Transition of regional income disparity in Mexico　183
3　Impact of globalization on income disparity in Mexico　192
4　Existence of informal sector　198
Concluding remarks　209

Chapter 6　Economic development and narrowing economic disparity in Brazil : searching factors in macroeconomic stabilization and the transformation of labor market　Saori Kawai …… 217
Introduction　217
1　The trajectory of economic development and income distribution　219
2　Macroeconomic stabilization and income inequality　228
3　Globalization and labor market　233
Concluding remarks　242

序章

ラテンアメリカが抱える「構造的問題」として所得格差を読み解く

浜 口 伸 明

　ラテンアメリカ諸国は経済社会発展の過程でいくつかの共通の局面を経験してきた。植民地時代から1930年代までは一次産品の対先進国輸出を基盤産業とし、スペインとポルトガルからの政治的な独立という体制変化を経ても、土地や鉱山を集中的に所有する一部の者に富と権力が集中するこの地域に特徴的な社会構造の土台は変わらなかった。1930年代以降は、国により発展の程度に差はあったが、政府主導の下で工業化が進められ、中間所得層を形成する労働者階層が作り出された。

　1980年代に政治的な民主化が進んだが、経済面では国際収支と財政収支との不均衡が続き、各国で急激に物価が上昇する深刻な危機に見舞われた。その後1990年代末までの間、①国際機関が提示する「ワシントン・コンセンサス」に沿ったオーソドックスなマクロ経済安定化政策の導入、②ヘテロドックス（非伝統的）手法によるインフレ抑制の試行、③一部の国では完全ドル化に至った名目為替レートを物価のアンカーとする通貨改革、④貿易・金融・投資の自由化を進めた新自由主義改革が、それぞれ短いサイクルで展開した。

このようにラテンアメリカにおいて目まぐるしく政策が変更される状況について、西島章次は、「ラテンアメリカ社会は、所得分配が著しく不平等で、深刻な貧困問題を抱えている社会であり、階級間・グループ間の対立は極めて激しい。このため、社会的・政治的に不安定な状態にあり、これらの社会的・政治的不安定化を避けるために経済政策が常に強い偏向を受けており、整合的なマクロ政策の運営ができない」と指摘している［西島 1993］。

　また、ラテンアメリカを中心に開発問題を研究したアルバート・ハーシュマンは、ラテンアメリカの政策選択の不安定性を「トンネル問題」になぞらえた［Hirschman and Rothschild 1973］。同じ方向に向かう2本のトンネルがどちらも渋滞しているとき、一方で車が進み始めると、平等な社会では、別の列に並んでいる運転者も「自分たちの渋滞ももうすぐ解消されるだろう」と喜んで待つことができる。しかし不平等な社会では、すぐに「向こうの列で何か不正なことが行われているに違いない」と疑い、違法に列を変えようとしたり、性急に政府に現状変更を要求したりする。政府もそのような国民の反応を見越して行動するので、時間をかけて本質的に問題を解決しようとせず、短期間で成果が出る場当たり的な政策を選択してしまう。

　資源ブームに沸いた2000年以降のラテンアメリカは、ようやく構造的な所得不平等問題と貧困問題を改善する手段を講じるための原資を手にした。一部の国では天然資源を国有化して富を国民に再分配する「社会主義」が謳われた。そのように先鋭化しないまでも、資源輸出国では交易条件の改善によって得た収入で社会支出を拡大する政策が採られた。

　当初、このような政策選択への富裕層からの反発は小さく、むしろ貧困層が中間所得層に成長して国内市場が拡大することでビジネス機会が拡大し、治安状況も改善を見るなどの傾向を歓迎した。しかし、時間が経ってみると、このような政策を選択した政治家が、裏で資源収入を自らの政治権力を維持するための取引に利用していたことが明るみに出た。ここに「トンネル問題」は再燃し、当初は貧困層の生活水準の向上を喜んでいた富裕層や中間所得層は腐敗した政府を厳しく糾弾し、政権交代を要求した。

ラテンアメリカ諸国が、豊かな天然資源を持ちながら安定的な経済発展を実現できない状況において、所得格差問題は歴史的に形成された前提条件であると同時に、不安定な経済発展過程で格差を維持ないし拡大する自己組織化のメカニズムを内在する構造的問題でもある。

　本書は、構造的問題の一つとして所得格差を位置づけて、グローバル化や経済自由化が進むラテンアメリカにおいて、社会の複雑な相互作用が引き起こしている発展停滞の現状を読み解くことを目的とする。所得格差を構造的問題と位置づけるということは、経済主体が合理的選択をするときに所得格差の存在を与件として行動を決定する傾向があり、それが経済活動に歪みを生むだけでなく、所得格差の存在が市場メカニズムを通じて解消に向かわず長期的に持続することを意味する。

　また本書では、ラテンアメリカがグローバル化した市場経済の恩恵を受けようとしていることを前提とする。すなわち、所得再分配を行うために閉鎖市場における輸入代替工業化で雇用を創出しようとしたり、あるいは資産の所有権を無視した強引な接収・再分配を行ったりするような選択肢は当然持たないものとする。したがって、グローバル化や自由化自体が所得分配にどのような影響を与えるのかについて、ラテンアメリカの歴史的経路依存性に基づいて様々な影響を考慮した注意深い分析が必要になる。先に述べたような所得格差と経済発展の双方向的な因果関係に基づくと、格差是正を図る社会政策は政策変更によって負の影響を受ける人びとに対するセーフティネットとしてだけでなく、グローバル化の下で経済社会を安定的な発展に導く開発政策の中に位置づけられるべきものである。

　加えて、ラテンアメリカにおける格差問題の是正への取組は、政府の社会政策による「上からの」対応だけではない。市場経済と政府が格差を解消できない状況に対して、市民社会が連帯して「下からの」対応を試みてきた連帯経済の存在を見ることができる。特に、政府が厳しい財政制約に直面したラテンアメリカでは、政府と市場を補完する市民社会の働きは重要である。

第1章「所得格差問題からラテンアメリカを視る意義と意味：先行研究の検討と経済学理論を用いた分析から」（浜口伸明）では、現在の所得分配状況をデータで確認するとともに、ラテンアメリカにおいて所得格差が構造的な問題になっている要因を、歴史的原因についての考察と経済学の分析ツールを使った分析により、幅広く検討する。特に、所得格差が、貯蓄制約および人的資本の制約を通じて生産性上昇を遅らせていることや、マクロ経済政策の質を低下させることを通じて経済発展の制約となっていることについても議論する。さらに、ラテンアメリカで雇用の半分近くを占めるインフォーマルあるいは違法な雇用が事業者の零細化を招いており、さらにはインフォーマル部門の労働者を支援しようとする社会政策がかえってインフォーマル化を促進している問題も指摘する。

第2章「ラテンアメリカにおけるグローバル化と所得格差分配の関係：『メキシコ・中米型』と『南米型』にみる影響経路の違い」（村上善道）では、グローバル化と所得分配との関係について掘り下げた議論をしている。この章におけるグローバル化とは、主に貿易自由化を指している。ラテンアメリカでは2種類のグローバル化が起こっており、それぞれで所得分配に与える影響と経路が異なる。第一のタイプは「メキシコ・中米型」と呼ばれるものである。グローバル・バリュー・チェーンとの強い統合を特徴とし、それに伴う技能偏向的技術変化が引き起こす技能労働者の賃金プレミアムの上昇や、輸出企業（大企業）と国内中小企業との生産性格差拡大がある一方で、技能労働者需要拡大に応じた供給の拡大によってプレミアムが減少したり、国内企業に技術的スピルオーバーが起こったりすることで、格差の縮小も期待できる。

第二のタイプは「南米型」と呼ばれるものである。コモディティ輸出を通じたグローバル化を特徴とし、コモディティ部門の非熟練労働集約度は国によって異なることから、コモディティ輸出が所得分配に与える影響は多様である。コモディティ部門の非技能労働の雇用吸収力が小さい場合にも、非貿易財部門であるサービス業が非技能労働の雇用を拡大する可能性がある。南

米型では増加した財政収入を使った社会支出拡大が所得分配を改善する効果を持ったが、コモディティ輸出に基づく財政は不安定性が高い。

　第3章「ラテンアメリカにおける所得分配と社会政策：条件付き現金給付は『世代間の貧困の罠』を断ち切れるのか」（内山直子）では、ラテンアメリカで特に2000年以降積極的に実施された社会政策の影響を、条件付き現金給付（Conditional Cash Transfer: CCT）の例を中心に論じている。CCTは先鞭をつけたメキシコやブラジルにおいて大規模に実施された他にも、ラテンアメリカの多くの国で実施された。その政策評価の研究によれば、就学率の引き上げや定期健康診断の利用について明らかな効果が見られたものの、教育の実質的効果や健康状況の改善については、あいまいな結果しか得られていない。

　その一方で、家庭内における女性のエンパワーメントや金融サービスへのアクセス改善といった副次的な効果も伝えられている。しかし、教育や地域医療の質を高め、実質的な人的資本形成が奏功して、正規雇用獲得につながる効果が確認できるような長期的なインパクト評価については、これからの課題である。社会政策は貧困の再生産を断ち切るための万能薬ではなく、その他の労働政策、中小企業支援、貿易政策、マクロ政策とともに構造的な貧困と所得格差の問題を改善するための政策の一部と考えるべきだと筆者は指摘する。

　第4章「ラテンアメリカの格差社会に対抗する連帯経済という選択」（小池洋一）での議論からわかるように、格差問題は上からの政策でのみ変えられるものではない。協同組合、労働者自主管理企業、交換クラブ、コミュニティバンク、フェアトレードなど多様な形態をとって展開された連帯経済は、格差社会ラテンアメリカであるからこそ独自の発展を遂げた。連帯経済は、市場、国家、市民社会からなる多元的な経済制度の一つとして、さらには市場や国家のオルタナティブとして機能してきた。

　グローバル化は市場経済を拡大させるが、そこで拡大する格差に対して連帯経済がどのような役割を果たすことができるのか、改めてその意義が問わ

れている。例えば資源関連輸出が伸長する中で、規模の経済の重要性が顕在化する状況に対して、地域コミュニティを基礎として環境との調和を目指す連帯経済は政府およびグローバル企業から軽視されあるいは抑圧された。連帯経済が担うべき役割の中には、市場を規制し、排除を生まないようにするという行為も含まれている。

　本書の後半の二つの章では、第 2 章で分類された「メキシコ・中米型」からメキシコを第 5 章で、「南米型」からブラジルを第 6 章で、それぞれ典型例として分析する。

　第 5 章「メキシコにおける所得格差の変遷：地域格差、グローバリゼーション、インフォーマル部門の考察から」（咲川可央子）において、メキシコでは構造改革が進められた 1980 年代から 1990 年代半ばに所得格差が拡大し、北米自由貿易協定（NAFTA）後 1990 年代半ば以降に上下しつつも縮小し、直近では格差縮小傾向が弱まった状況が分析されている。この所得格差の変化は貿易自由化、なかんずく NAFTA への参加の影響を強く受けている。

　グローバル化が進んだと言っても、メキシコではインフォーマル部門が約 6 割をも占めており、その割合は 1990 年代から直近まで大きく変化していない。また、フォーマル－インフォーマル労働者間の所得格差が見受けられるが、フォーマル労働者が豊かでインフォーマル労働者が貧しいという単純な二元化はできない。フォーマル部門にも社会保障が適用されずに違法に雇用されている労働者がいる。皮肉にもメキシコでは社会保障制度と社会扶助制度の重複した役割が、インフォーマル化を促進している実態がある。

　グローバリゼーションの機会を捉えて外国直接投資が流入して発展し近代化する地域、産業、企業とその恩恵を受ける労働者がいる一方で、近代化に遅れて停滞する地域、産業、企業、労働者の存在がある。依然としてインフォーマル部門の存在が顕著なまま、近代的な経済と伝統的な経済が並立する二重経済がメキシコで色濃く残っている。

　第 6 章「ブラジルにおける経済発展と格差縮小の要因：マクロ経済の安定化と労働市場の変容から探る」（河合沙織）では、世界で最も所得格差が大

きい国の一つとされるブラジルで、富の偏在がいかに歴史的に形成されてきたかが詳しく述べられている。2000年代に達成されたマクロ経済の安定化とコモディティ・ブームによる交易条件の改善は貧困層にも恩恵をもたらし、所得分配を改善した。貧困削減には社会政策が効果を持ち、所得分配の改善にはさらに労働市場の構造変化が伴っていたことが論じられる。ここで注目すべき変化は、雇用の正規化と労働者の教育水準の上昇である。さらに農業地域のグローバル市場への参入が進み、後進地域において労働者が所得を得る機会が拡大したことも、格差縮小に貢献したと指摘している。

このように以前と比較すると格差縮小が進んできたブラジルであるが、今もなお格差の絶対的水準は高い。コモディティ・ブームが沈静化した後、所得分配の改善は停滞している。また、所得再配分を志向した労働者党を中心とした政権が汚職問題で国民の支持を失い、ルセフ大統領が弾劾手続きにより罷免されるなど、政治的混乱が深まったことなども相まって、今後の動向は不透明化している。

本書は以上のような内容の各章で構成されている。所得格差問題を中心に置くことによって、本書が掲げた目的、すなわち、グローバル化や経済自由化が進むラテンアメリカにおいて、社会の複雑な相互作用が引き起こしている発展停滞の現状について理解を深めることに、どのように貢献があったのか。それは次の2つの点に、まとめることができる。

第1に、ラテンアメリカにおいて所得分配が著しく不平等であることが、経済発展を長期的に阻害してきた多様な経路を明らかにした。ラテンアメリカでは、富裕層が奢侈的輸入品消費に興じて資本蓄積と国内工業への市場提供に貢献せず、また貧困層に平等な社会インフラへのアクセスを提供しようとする公正意識も低かった。グローバル化は国際資本の流入と海外市場へのアクセス拡大をもたらしたが、規模の経済や資本市場の不完全性によって集中化は一層強まった。このため、資源部門や多国籍企業が強化される一方で、零細企業やインフォーマル雇用で構成される脆弱部門の状況は改善されなかった。その結果、ラテンアメリカ経済は生産性が低いままの部分を残す

異質性を内包する経済になった。格差の存在は絶えず対立を引き起こし、マクロバランス維持と整合的な政策選択を阻害し、頻繁に政策変更が行われ、経済状況を著しく不安定にした。

　第2に、グローバル化が所得格差に与える影響が複雑であることへの理解が深められた。貿易自由化に伴う輸出の拡大は非技能労働の需要を増やし、彼らの賃金を相対的に引き上げる効果を持つ。しかし一方で、自由化が技能偏向的技術変化を誘発すれば、技能労働者の賃金上昇を引き起こす。ただし、メキシコやブラジルでは長期的には技能労働者の供給が増加し、技能労働者が受け取る賃金プレミアムは縮小した。メキシコなどではグローバル・バリュー・チェーンに参加する企業において、ブラジルでは交易条件の改善で拡大した国内市場向けの製造業・サービス業において、相対的に高い教育水準を有する労働者の正規雇用が増大した。資源輸出国では資源輸出で増大した政府収入で社会支出が拡大し、貧困削減が進んだ。

　他方で、グローバル化や社会政策の拡充の下でも社会における格差を悪化する可能性についても本書は指摘している。メキシコでは、条件付き現金給付政策によって貧困家庭が必要最低限の消費を満たせないような事態に陥る脆弱な状態ではなくなり、子供の修学期間も延びているが、学習の効果によって人的資本形成が進み、労働市場で良い仕事を得て貧困の世代間連鎖を断ち切るという、本来目指している効果までは表れていない。メキシコでは、以前と変わらず多くの労働者がインフォーマルな仕事に就いており、貧困率も高い。また、市場メカニズムと政府の政策によって生まれた格差問題を克服するためにラテンアメリカの市民社会が発展させてきた連帯経済は、グローバル化が市場経済を拡張させる中で弱体化している。ラテンアメリカ各国においては、格差と対立が資源配分を歪め、政策選択を偏向させてきた経済社会の特質を理解し、社会政策の制度枠組みの再検討と、政府と市民社会との連携における創造的な発展を模索すべきであろう。

　なお、本書の執筆者は、先に引用したように早くからラテンアメリカ分析における所得格差問題の重要性に注目していた西島章次氏の共同研究者と研

究指導を受けた者である。西島先生が研究途上で急逝されてから5年以上かかってしまったが、研究の一端を引き継いだことのご報告として本書を捧げたい。

　本研究は JSPS 科研費 16H03313（第1章）、17K17877（第2章）、17K17874（第3章）、17K03717（第5章）、17K13296（第6章）の助成を受けたものである。本書の出版を提案してくださった京都大学東南アジア地域研究研究所の村上勇介さん、国際書院の石井彰さんは、編集作業が遅れ気味のところ、あたたかく激励いただいて本書を世に送り出していただいた。また、匿名の2名の査読者、神戸大学経済経営研究所ラテンアメリカセミナー参加者の皆様から非常に有益なコメントをいただいた。ここに謝意を申し上げたい。

参考文献

西島章次［1993］『現代ラテンアメリカ経済論』有斐閣。

Hirschman, Albert O., and Michael Rothschild [1973] "The Changing Tolerance for Income Inequality in the Course of Economic Development," *The Quarterly Journal of Economics*, 87 (4): 544-566.

第 1 章

所得格差問題からラテンアメリカを視る意義と意味：
先行研究の検討と経済学理論を用いた分析から

浜 口 伸 明

はじめに

　本書が分析の対象とするラテンアメリカは、世界で最も富の分配が不平等な地域である。このことは様々なデータによって示されるが、一例を挙げれば、国際的NGOであるオックスファムのレポート［Oxfam 2015］は、2014年の統計に基づいて、ラテンアメリカでは、総人口6億のうちの1％にあたる最も所得が高い人びとが総資産の41％を保有し、このうちトップの32人の総資産は、最も低所得である50％の人口の総資産と等しいと報告している。2002年から2015年の間に、ラテンアメリカのGDPは3.5％しか成長していないが、この地域の富豪の資産は21％増加したとも記されている。

　今日のラテンアメリカ経済は、成長の停滞と安定の脆弱性という問題を抱えている。このことに関して所得格差問題に焦点を当てることにより、ラテンアメリカの特質と言える様々な要因が視えてくる。これまで多くの研究者が、著しい格差の原因と、格差がこの地域の経済パフォーマンスに与える影響の解明に関心を向けてきた。この問題の分析において多くの国際的業績を上げてきた研究者として、Ricardo Paes de Barros、Nancy Birdsall、François

Bourguignon、Geraldo Esquivel、Francisco H.G. Ferreira、Leonardo Gasparini、Alain de Janvry、Santiago Levy、Nora Lustig、Miguel Székely などがよく知られている[1]。

　本書はラテンアメリカの社会現象に関心を持つ日本の読者に対して、これまでの研究成果を踏まえて、所得格差問題からラテンアメリカを視る意義を明らかすることを目的としている。ただしこの目的において、カバーしなければならない問題は実に多岐にわたるため、本来とても一冊の本ですべてを網羅できるものではない。このため、本書の構成は必要最小限のスタイルを取っているが、今日的意義が大きく読者の関心も高いと思われる3つの事項、すなわち、格差を通じてグローバル化が社会に及ぼす影響、社会政策の意義、および格差社会から生まれる連帯経済の役割については独立した章を設けた。格差社会の事情について国別に詳細な分析を行うことが望ましいが、現在ラテンアメリカの開発政策の方向性を大別すると、アメリカ向けの輸出製造業を重視する国と、天然資源輸出に依存した国の2つのタイプに分かれることから、国別事例の章は、前者を代表するメキシコと後者を代表するブラジルの2国だけに限定した。

　これらの章に先立って、第1章では、第2章以降で十分に焦点を当てられていないが、これまで行われた研究において重要なテーマであった問題について、先行研究を検討しつつ経済学理論の視点から論じる。ここで取り上げるのは、格差の歴史的要因と自然地理的要因、格差形成の経済発展経路への依存性と市場メカニズムの不完全性に起因する諸問題、格差に基づく対立がマクロ経済政策決定を歪める問題、インフォーマル部門の形成、などである。

1　所得分配と貧困率の傾向

　まず所得分配の傾向をデータで確認しておこう。表1-1は、所得分配状況を示す指標として広く使われているジニ係数[2]を用いて、ラテンアメリカ諸

国の所得分配状況を 1990 年、2000 年、2014 年（該当年のデータが利用できない国についてはその直近の年）の 3 時点で比較して、所得分配の変化を見ている。より長期的な推移を見るのが望ましいが、ジニ係数の計算に使用される家計調査を 1980 年代以前に定期的に実施していた国が少ないため、ここで依拠している国連ラテンアメリカ・カリブ経済委員会のオンラインデータベース CEPALSTAT でジニ係数が掲載されているのは 1990 年以降である。

表 1-1　ラテンアメリカ各国の所得分配（ジニ係数）

	1990	2000	2014
アルゼンチン [a]	0.501	0.544	0.470
ボリビア	0.537[#]	0.643	0.491 [*]
ブラジル	0.627	0.639[※]	0.548
チリ	0.554	0.564	0.509 [*]
コロンビア	0.531[##]	0.572[※※]	0.535
コスタリカ	0.438	0.474	0.505
エクアドル	0.461[a]	0.559	0.452
エルサルバドル	–	0.531	0.436
グアテマラ	0.582[#]	0.542[※※※]	0.553
ホンジュラス	0.615	0.577[※]	0.564 [*]
メキシコ	0.536[#]	0.542	0.491
パナマ	0.530[##,a]	0.555[※]	0.519
パラグアイ	0.447[a]	0.558[※]	0.536
ペルー	–	0.525[※]	0.439
ドミニカ共和国	–	0.537[※※※]	0.519
ウルグアイ [a]	0.492[a]	0.447[a]	0.379
ベネズエラ	0.471	0.468	0.407 [*]
ラテンアメリカ平均	0.509[a]	0.541	0.491

[#]1989, [##] 1991 [※]2001, [※※]1999, [※※※]2002, [*] 2013。[a] 都市部だけのデータ。– データなし。

出所：CEPALSTAT. http://estadisticas.cepal.org/cepalstat/Portada.html.

表 1-1 において、ほとんどすべての国で 1990 年から 2000 年の間にジニ係数が上昇し、不平等度が高まったことが示されている。2000 年時点で、ブラジルとボリビアで特に不平等度が高く、チリ、コロンビア、ホンジュラスでもラテンアメリカ平均を大きく上回る。2000 年と 2014 年との間で、ボリビア、エクアドル、エルサルバドル、ペルー、ウルグアイ、ブラジル、アルゼンチンでは不平等度の縮小が特に大きかった。チリとメキシコのジニ係数の減少幅はラテンアメリカ平均（0.541-0.491＝0.05）を上回るが、その差は小さい。パナマ、コロンビア、パラグアイ、ドミニカ共和国、ホンジュラスではジニ係数が低下したが、減少幅はラテンアメリカ平均を下回った。コスタリカとグアテマラでは 2000 年以降にジニ係数が上昇し、不平等度が高まった。

次に、同じ CEPALSTAT を用いて表 1-2 に国別の貧困率の推移を示した。ここで言う貧困率とは、各国で定められた貧困線（ベーシックニーズを満たすために必要な所得水準）以下の所得しか得ていない家計の比率を家計調査統計から算出したものである。ラテンアメリカの貧困率は 1990 年ごろが最も高く 48.4％であったが、その後低下した。特に 2000 年代に貧困削減が進み、2014 年に 27.5％になった。

表 1-1 と照合すると、90 年代に所得分配は不平等化に向かったが貧困削減は進んでいたことがわかる。1990 年代の新自由主義経済改革によって経済安定化が進展し、80 年代の経済危機により深刻化した貧困が軽減された。マクロ経済状況の改善のみならず、1990 年代後半以降、第 3 章で詳しく紹介されている条件付き現金給付政策がラテンアメリカ諸国で導入されたことの効果もうかがわれる。

2000 年代は経済成長の回復があり、一部の国では資源ブームの追い風に乗って雇用の拡大と最低賃金引き上げが実現したことなど、貧困層の生活改善を意図した社会政策の実施の効果もあった。特に南米諸国では貧困状況の改善が著しい。他方、中米地域のメキシコ、エルサルバドル、ホンジュラス、ドミニカ共和国では貧困率は大きな改善が見られず、グアテマラでは逆

表 1-2　ラテンアメリカ各国の貧困率：2000年代初めから2014年まで　単位：%

国	1990	2000	2014
アルゼンチン [a]	21.2	25.8	4.3**
ウルグアイ [a]	17.9[a]	10.7[a]	4.4
チリ	38.6	20.2	7.8*
ブラジル	48.0	37.5※	16.5
コスタリカ	26.3	20.3	18.6
パナマ	31.0[##,a]	36.9※	21.4
ペルー	-	54.7※	22.7
コロンビア	56.1[##]	54.9※※	28.6
エクアドル	62.1[a]	61.6	29.8
ベネズエラ	-	44.0	32.4*
ボリビア	52.6[#,a]	63.7	32.7*
ドミニカ共和国	-	47.1※※※	37.2
メキシコ	47.7[#]	41.1	41.2
エルサルバドル	-	47.9	41.6
パラグアイ	43.2[a]	59.7※	42.3
グアテマラ	69.4[#]	60.2※※※	67.7
ホンジュラス	80.8	75.5※	74.3*
ベネズエラ	39.8	44.0	32.1*
ラテンアメリカ	48.4	43.8※※	28.2

[#]1989, [##] 1991 ※2001, ※※1999, ※※※2002, *2013, **2012 [a] 都市部だけのデータ。- データなし。
出所：CEPALSTAT. http://estadisticas.cepal.org/cepalstat/Portada.html

に貧困率が上昇した。表1-1と表1-2の情報を統合し図示した図1-1により、2000年と2014年の間のラテンアメリカにおける貧困と所得分配の変化を概観することができる。図中の■は2000年、×は2014年の数値を示している。二つの直線はそれぞれの年の貧困率に対してジニ係数を回帰したものであり、ラテンアメリカの平均値を示している。

　メキシコは二つの年の間で貧困率はほとんど変わっていないが、ジニ係数

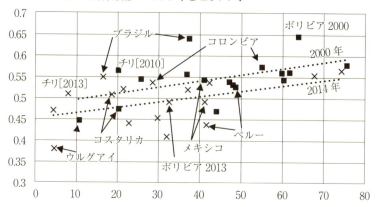

図 1-1 貧困と所得分配：2000 年と 2014 年

は低下している。すなわち、貧困問題が改善していない一方で、所得格差は縮小しており、技能労働者が受け取る賃金プレミアムの低下などの要因が予想される［西島・浜口 2007］。ただし、所得格差が縮小したと言っても 2014 年はまだ回帰線に近いところにあり、ラテンアメリカで平均的に見られた格差縮小を上回るものではなかった。

　ブラジル、チリ、コロンビアについては、水平方向の移動、すなわち貧困率の減少が非常に大きく、貧困問題に改善があったことがわかる。垂直方向の移動、すなわち所得格差の縮小についても成果があったが、2014 年においても回帰線を大きく上回る水準にあり、これらは依然としてラテンアメリカ諸国の中でも所得格差が大きい国である。ボリビアでは貧困率の大幅な減少とともに 2000 年に最も高い水準にあったジニ係数がラテンアメリカ平均の水準まで減少しており、所得格差においても顕著な改善があったと言える。

　ペルーについても 2000 年の回帰線に近い水準から、2014 年は垂直方向により大きく移動してジニ係数が回帰線を大きく下回る水準となり、所得分配が大きく改善している。

2　機会の不平等

ラテンアメリカで政府が提供する公共サービスは質量ともに改善してきているものの、国民の間に平等にいきわたっているとは言えない。ラテンアメリカでは所得の不平等だけでなく、健全な社会生活を営む機会にも不平等が見られる。

アルゼンチンのラプラタ大学経済学部の分配・労働・社会研究センター（CEDLAS）と世界銀行が構築しているラテンアメリカ・カリブ社会経済データベース（SEDLAC）では、ラテンアメリカ諸国の子供たちが教育、居住、通信の3分野の公共サービスが誰しも等しく享受できるユニバーサル化からどの程度離れているかを示す「人間機会指標」（Human Opportunity Index: HOI）が提供されている（表1-3）。この調査の対象は、「就学」は10

表1-3　人間機会指数（HOI）

	就学	初等教育修了	インターネット	携帯電話	電気	下水道	上水道
2000							
アルゼンチン[a]	97.62	83.62	−	−	−	92.05	59.36
ボリビア	90.81	61.14	−	−	46.44	12.19	20.91
ブラジル	95.24	45.89	1.81	16.74	89.98	71.96	75.49
チリ	97.93	79.27	3.11	32.20	96.69	84.78	75.26
コロンビア	92.62	64.84	−	30.77	97.64	93.38	88.79
コスタリカ	96.87	38.57	−	−	83.70	63.09	37.37
ドミニカ共和国	84.18	65.08	−	−	89.90	48.23	68.80
エクアドル	83.06	33.04	−	5.96	70.76	13.92	13.22
エルサルバドル	73.75	26.08	0.07	2.97	57.44	38.42	11.93
グアテマラ	78.73	41.10	−	−	50.87	16.48	34.84
ホンジュラス	89.72	74.52	−	−	95.54	37.84	57.78
メキシコ	81.10	42.70	−	1.05	50.47	10.54	38.16
ニカラグア	94.49	75.25	−	−	−	−	−
パナマ	89.53	48.05	0.06	17.41	83.36	24.90	35.85
パラグアイ	94.04	56.25	0.14	2.36	48.49	44.53	39.92

ペルー	94.28	76.69	–	–	98.55	88.60	99.29
ウルグアイ a	97.62	83.62	–	–	–	92.05	59.36
2014							
アルゼンチン a	98.04	88.58	–	–	–	96.60	70.77
ボリビア	93.12	79.58	7.04	88.89	82.63	32.46	32.59
ブラジル	97.96	65.13	28.22	90.91	99.21	88.90	89.33
チリ	99.27	77.81	40.26	98.98	99.42	95.93	92.80
コロンビア	93.59	56.89	15.65	93.90	94.58	69.32	81.03
コスタリカ	97.39	72.95	49.64	97.90	98.75	95.76	95.73
ドミニカ共和国	98.03	65.43	–	81.11	97.77	62.61	57.75
エクアドル	96.34	73.98	19.78	90.51	97.91	60.20	89.21
エルサルバドル	91.06	53.30	15.54	95.06	93.05	17.63	16.44
グアテマラ	82.35	55.68	1.60	77.30	74.05	42.59	25.41
ホンジュラス	78.03	62.77	6.40	86.67	78.59	37.50	37.91
メキシコ	94.54	91.08	10.38	72.95	98.61	55.56	83.96
ニカラグア	97.48	63.05	2.51	85.20	65.35	24.07	45.25
パナマ	95.77	78.58	–	–	–	–	–
パラグアイ	95.15	69.22	11.26	95.05	98.23	54.23	64.51
ペルー	97.25	84.82	11.38	84.22	85.51	70.56	66.01
ウルグアイ a	96.62	85.12	48.13	97.61	99.97	96.06	98.33

注：a 都市部だけのデータ
出所： CEDLAS and the World Bank, http://www.worldbank.org/en/topic/poverty/lac-equity-lab1/equality-of-opportunities/hoi

歳～14歳、「初等教育修了」は12歳～16歳、その他の指標は16歳以下の子供である。HOIが100であれば完全ユニバーサル化が達成されている場合、0が全く提供されていない場合である。

次に、表1-4に、同じデータベースから、公共サービスの機会の不平等さを表すD-indexのデータを掲載する。この指標は0（完全平等）から1（完全不平等）の間の値をとる。なお、単純な平均カバー率が$C=$（カバーされている人口）÷総人口×100であるとき、

$$\text{HOI} = C \times (1 - D)$$

という関係にある。

表1-3と1-4を一覧すると、次のような状況が看取される。初等教育の就

表 1-4 機会の不平等インデックス（D-index）

	就学	初等教育修了	インターネット	携帯電話	電気	下水道	上水道
2000							
アルゼンチン a	0.00	0.04	–	–	–	0.02	0.12
ボリビア	0.02	0.12	–	–	0.24	0.42	0.36
ブラジル	0.00	0.18	0.69	0.36	0.04	0.11	0.08
チリ	0.00	0.04	0.57	0.21	0.01	0.05	0.09
コロンビア	0.02	0.10	–	0.25	0.00	0.02	0.04
コスタリカ	0.00	0.20	–	–	0.07	0.11	0.26
ドミニカ共和国	0.04	0.05	–	–	0.04	0.21	0.11
エクアドル	0.05	0.23	–	0.36	0.12	0.47	0.48
エルサルバドル	0.04	0.30	0.85	0.56	0.15	0.20	0.49
グアテマラ	0.04	0.17	–	–	0.22	0.32	0.23
ホンジュラス	0.01	0.07	–	–	0.01	0.27	0.18
メキシコ	0.05	0.21	–	0.54	0.21	0.42	0.18
ニカラグア	0.01	0.06	–	–	–	–	–
パナマ	0.03	0.14	0.91	0.3	0.07	0.36	0.29
パラグアイ	0.01	0.12	0.74	0.54	0.25	0.19	0.27
ペルー	0.02	0.05	–	–	0.00	0.04	0.00
ウルグアイ a	0.00	0.04	–	–	–	0.02	0.12
2014							
アルゼンチン a	0.00	0.03	–	–	–	0.00	0.08
ボリビア	0.01	0.04	0.42	0.04	0.06	0.15	0.33
ブラジル	0.00	0.08	0.31	0.04	0.00	0.04	0.03
チリ	0.00	0.02	0.19	0.00	0.00	0.01	0.03
コロンビア	0.01	0.06	0.39	0.01	0.01	0.13	0.07
コスタリカ	0.00	0.04	0.15	0.00	0.00	0.00	0.00
ドミニカ共和国	0.00	0.09	–	0.05	0.00	0.10	0.16
エクアドル	0.00	0.02	0.34	0.02	0.00	0.18	0.05
エルサルバドル	0.02	0.12	0.34	0.01	0.03	0.39	0.41
グアテマラ	0.03	0.12	0.65	0.05	0.08	0.17	0.36
ホンジュラス	0.06	0.09	0.53	0.04	0.08	0.18	0.26
メキシコ	0.01	0.01	0.42	0.07	0.00	0.16	0.05
ニカラグア	0.00	0.13	0.56	0.04	0.15	0.31	0.17
パナマ	0.00	0.05	–	–	–	–	–
パラグアイ	0.01	0.07	0.44	0.00	0.00	0.07	0.15
ペルー	0.00	0.05	0.43	0.05	0.06	0.07	0.10

ウルグアイ a	0.00	0.03	0.19	0.00	0.00	0.01	0.00

注：a 都市部だけのデータ
出所：CEDLAS and the World Bank,
http://www.worldbank.org/en/topic/poverty/lac-equity-lab1/equality-of-opportunities/hoi-d-index

学機会は多くの国で 2000 年にすでに 90％を超える水準にあった。2000 年の水準が低かったメキシコとドミニカ共和国でも、2014 年には他の国の水準に追い付いている。初等教育でのドロップアウトの程度を表す就学機会と初等教育機会修了の HOI の差に注目すると、2000 年時点でブラジル、コスタリカ、エルサルバドル、パナマで 40 ポイントを超える高い水準にあったが、2014 年にこの差は縮小し、初等教育を修了する可能性が高まったことがわかる。特にメキシコでは顕著な改善が見られている。初等教育修了の D-index も低下しており貧困層にも初等教育修了の機会が広がっていることが確認される。第 3 章で触れられているように、初等教育の普及においては条件付現金給付政策が高い効果を発揮している。

通信分野では、携帯電話の普及はどの国でも高い水準に達している。しかし、インターネットにアクセスできる子供たちは HOI の低さが示すように 2014 年でも極めて限定的であり、D-index の高さが示すようにアクセスの不平等度も高い。

居住環境を示す、電気、上下水道については、国別のばらつきが大きい。中米地域のグアテマラ、ホンジュラス、ニカラグアでは、2014 年でも電気、上水道、下水道の普及率は低い水準にある。上下水道についてはエルサルバドル、ボリビア、パラグアイ、ペルーでも未整備が深刻である。HOI が示すアクセスの水準が低い国は D-index が示す不平等さも大きいことから、貧困なコミュニティ（地域）への公共サービスの提供が遅れていることが示唆される。

3　歴史的要因

　ここからは、ラテンアメリカの所得格差の要因を検討していく。この節と次の節では高い水準の所得格差が形成された社会の先行条件である歴史的要因と自然地理的要因について論じる。

　ラテンアメリカは19世紀初頭まで続いた植民地時代から1920年代までの経済発展の初期過程において、一次産品の供給者として当時の先進地域である欧州経済に深く統合されていた。このことが、今日のラテンアメリカに見られる著しい所得格差の基底を作り上げたと言える［Bértola and Ocampo 2013］。植民地時代のラテンアメリカでは、プランテーションにおける奴隷、アシエンダで債務に縛られた農業労働者（ペオン）、ミタ制度によって鉱山での無償労働に徴用された先住民など、強制労働による動員がなされた［バルマー＝トーマス 2001, p.23］。そのようにして生産され欧州に盛んに輸出された金銀のほか、砂糖、コーヒー、小麦、肉類などの農牧作物の供給源として、ラテンアメリカは植民地時代から先進国の商品経済に深く組み込まれていた。

　Sokoloff and Engerman［2000］、Acemoglu, Johnson, and Robinson［2002］らの研究によれば、植民地時代の開発において収奪的性格が強かった国ほど、法の支配や私的財産の所有権および競争的環境の維持等を尊重するという市場経済と調和的な経済社会制度を、現在においても形成できない傾向がある[3]。

　独立後も著しく富の分配が偏った植民地の社会構造を引き継いだラテンアメリカでは、農地や鉱山の所有権がもともと少数の富裕層に集中した状態にあり、政治権力も彼らに集中していた。貧困層にはアフリカ系や先住民系の人々が多く、ブラジルでは独立後も50年以上にわたって奴隷制が維持された。エリートの間で彼らに対して教育や保健の基本的権利を保障しなければならないという意識は低かった。このように、経済発展の起点において、著

しく不平等な物的・人的・政治的資本の所有構造があったのである。

　近年 Coatsworth［2008］や Williamson［2010］が行った研究により、ラテンアメリカの所得格差は植民地時代よりも独立後、1870年〜1913年のコモディティ・ブームの間に一層拡大したという見直しが進んでいる。この時期には、欧州の産業革命による需要増大と蒸気船の導入によって大陸間輸送費が格段に下がったことが、ラテンアメリカの一次産品輸出を促進した。この時代はラテンアメリカに持続的成長をもたらした「ベル・エポック（Belle époque）」［Williamson 2010］あるいは「第一次グローバリゼーション」［Bértola et al. 2010］と呼ばれるが、一次産品を中心とした開発は、一部の支配的集団に富（資産）の所有が集中した構造の上に成立していた。

　比較優位に従って貿易が行われると、各国が相対的により豊富に持つ生産要素の需要が増大し、その生産要素への支払いが相対的に増加するという原則を示す、古典的国際貿易モデルの「ストルパー＝サミュエルソン定理」に従えば、通常労働力が豊富な発展途上国が貿易を行えば労働者の収入が相対的に増えて、所得分配は平等化する。ラテンアメリカが欧州との貿易を拡大するほど所得分配が悪化していったことは、一見これと矛盾するように思えるかもしれない。しかし発展初期のラテンアメリカで豊富な生産要素は土地であり、労働力が不足した経済であったことから、一次産品輸出が伸びて地主階層を一層豊かにしたことは、比較優位の一般原則と矛盾なく説明できるのである。

　こうした発展の初期状態から所得分配を平等化する機会は、次のようにして訪れた。経済活動の中心であった農村部で人口成長が高まって生じた余剰労働力が都市に押し出され、工業化に必要な労働力を提供した。さらに1930年代の世界恐慌は一次産品部門に強い打撃を与え、土地・資源に立脚した部門から都市の工業・商業部門に労働移動が起こった。一次産品輸出の不振で先進国から工業品を輸入するための十分な外貨を獲得することができなくなったラテンアメリカでは、輸入代替的な国内の工業生産が誘発され、それが労働力需要を高めていった。

同時に、それまで政治権力を握っていた一次産品エリート層の力が弱まり、都市住民を労働者として組織化して支持を集めるポピュリスト的指導者が登場する中で、農村から都市部に政治権力も移行した。彼らは政治的支持を得るために労働者の権利保護を主張し、それを制度化した[4]。労働組合はその有力な支持母体となった。このような政治経済的構造変化は、労働者の所得を増加させ、歴史的に形成された所得格差の縮小をもたらした。

社会構造を変化させたもう一つの要因は、移民の増大である。19世紀末から第二次世界大戦前までの期間、ラテンアメリカ諸国は移民を奨励した。彼らのうちの一部は一次産品エリートによって占有されていなかった農業フロンティアに入植して家族農業を発展させ、そのほかは都市の商工業部門で技術者や企業家として活躍した。

4　自然地理的要因

ラテンアメリカの気候と地形は非常に多様であり、地理的条件は人々の経済活動の生産性に影響を与え、地域間格差をもたらしている。例えば、熱帯地域では一般に土壌が肥沃ではなく、人も農作物も伝染病に感染するリスクが高い。またハリケーンのような大型の自然災害に見舞われる危険性もある。痩せた土壌でリスクも高い環境においては、小規模農業は自給自足レベルに陥りがちであり、農業で収益を上げるには大規模に粗放的な経営をするのが最適であろう。このため熱帯農業ではモノカルチャー・プランテーションという形態をとる傾向があり、所得分配を不平等にする。

Gallup et al. [2003] は、ラテンアメリカにおける発展格差が地理的要因の影響を多分に受けていることを詳細に検討している。他にも、Escobal and Torreo [2005] が事例研究を行ったペルーは、大きく海岸地域（コスタ）、山岳地域（シエラ）、森林地域（セルバ）の3つの地域に分けられるが、それぞれの内部は多様で、特に山岳地域では南北および標高によって亜熱帯から温帯および寒冷な気候まで存在する。また砂漠、傾斜度の高い山

地、熱帯雨林など交通を阻む地形は経済発展の障害になりうる。

Escobal and Torreo [2005] は、貧困の地理的な集中と厳しい自然条件とが密接に対応していることを確認したうえで、その主な要因は不利な地理的条件が適切なインフラストラクチャーの提供を阻んでいることにあると結論付けている。すなわち、地形や気候などの条件がインフラ整備の費用を高くすることに加えて、一般的に分散して居住しているこれらの地域では規模の経済が働かないということである。また、教育水準のように一見地理的条件と関係がなさそうな政策的要因も検証すると相関が見られ、影響を受けていることも見出している。

もちろん Gallup et al. [2003] が述べているように、地理的条件が経済発展を運命付ける決定要因であるとは必ずしも言えない。地理的条件を生かして資本と技術を投入し、そうするための政策決定権を中央政府から地方政府に分権化することによって、平均的に見れば厳しい地理的条件にある地域であっても発展を遂げることは可能だ。たとえば細野 [2010]、本郷・細野 [2012] は日本の経済技術協力に基づく成功例を紹介している。ただし、地理的条件に基づく所得格差が、そのような自律的な地域発展に向けた決定権を阻む政治的あるいは制度的障害を形成してしまう可能性を排除することはできない。

5　経済発展過程における所得格差の推移

今日のラテンアメリカ社会に存在する格差の先行条件として歴史的要因と自然地理的要因について論じた後で、この節では第二次世界大戦後ラテンアメリカで一次産品経済から工業化に進む経済発展経路において所得格差がどのように推移していったのかを概観する。

図1-2は、ラテンアメリカ経済が第二次世界大戦後に四つのフェーズを経てきたことを示している。第一期は、1970年代末までの持続的成長を実現した期間である。特に1960年代後半から1970年代末にかけて進展した工業

化により、経済成長の加速が見られた。第二期は、深刻な経済危機に陥り所得水準が低下した1980年代である。ラテンアメリカ経済は対外債務危機に直面し、国内では財政破綻とハイパーインフレにより経済が著しく混乱した。第三期は、経済構造改革によって経済危機を克服して成長を回復した1990年代である。ただし、成長の速度は緩やかであり、第一期の成長経路に戻れていない。第四期は、急成長を記録した2000年代である。2000年以

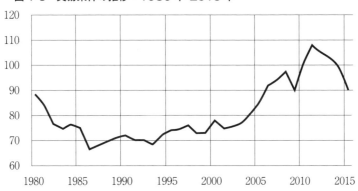

図1-2 ラテンアメリカの一人あたりGDP（1990年価格ドル表示）

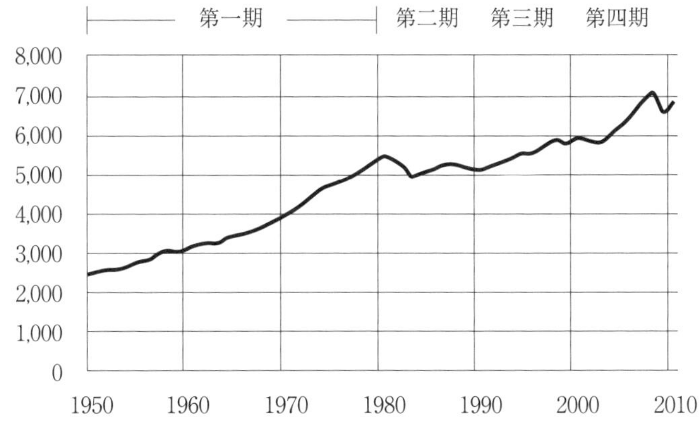

出所：Maddison Project Databaseを用いて筆者作成

図1-3 交易条件の推移：1980年-2015年

注：2010年を100として基準化。
出所：ECLAC [2016], Table 2.2.3.15.

降の経済成長の主要な要因は、ラテンアメリカの主要な輸出品であるコモディティ（鉱物資源、燃料、農畜産物）の価格が上昇し、図1-3に見られるように交易条件が大幅に改善したことにある。交易条件が改善したことで、国民の購買力が上昇した。これによって雇用状況が改善するとともに、財政状況も改善し、積極的な貧困対策を含む社会政策が実施された。

　以上のような長期的な趨勢の中で、所得格差は次のように推移した。

　【第一期】1950年代から1970年代にかけて進展した工業化過程では、中間所得層となる工業労働者の増加により所得格差は縮小に向かった。しかし、このときも富（資産）の所有の不平等な構造が変革されることはなく、所得格差は高水準に留まった。1960年代以降は、世界的な東西冷戦構造の中で、キューバ革命に傾倒したポピュリストを排除して登場した権威主義体制政府（多くの場合は軍事政権）が、大衆的権利を抑圧しつつ、国家主導工業化政策による雇用の量的拡大で国民の不満を抑えようとした。しかし、貧困層に対する適切な人的資本投資が行われていなかった国では、組織化され公式の権利が与えられた正規労働者と、教育水準が低いために正規の枠組みに入ることができず、インフォーマル労働市場で不安定な生活をすることになった労働者との間で格差が生じた。

　【第二期】1980年代には、マクロ経済状況の悪化からラテンアメリカはしばしば経済危機に見舞われた。こうした危機とそれに対処するための政策の調整コスト、セーフティネットの不備の三つの理由が組み合わさって、所得格差はより拡大することとなる［Gasparini and Lustig 2011］。まずこの時期に、高進するインフレーションに対して防御策を持たない貧困層に大きな影響が及び、格差のさらなる拡大が進んだ。また、度重なるマクロ経済ショックに対処するために実施された総需要管理型の経済安定化政策の失敗や、いわゆる「ワシントン・コンセンサス」型の構造調整が期待に反して非熟練労働者の雇用を拡大しなかったこと、社会的な調整コストを緩和するセーフティネットとなる社会政策が制度的に未整備であったことなども格差の深刻化を招いた。

【第三期】1990年代に、ラテンアメリカ各国は貿易自由化に取り組んだ。貿易の拡大は労働集約的な財の生産を促進し、非熟練労働者の賃金を相対的に高めることが期待され、所得分配を改善することが予想されたが、実際には所得分配はほとんど変わらないか、国によっては逆に不平等化した。貿易自由化によって非熟練労働を集約的雇用する貿易財の価格が下落したことに加えて、金融自由化が資本コストを低下させ、技能労働者を必要とするような財・サービスの生産が促進されたため、賃金のスキル・プレミアムが上昇したことがその要因として指摘し得る［Székely 2003］。

　【第四期】2000年以降は、各国で経済状況が改善に向かった中で、ラテンアメリカの所得分配は、すでに表1-1で見たように格差縮小の傾向を示した。その主な要因として、世界的なコモディティ・ブームやグローバル・バリューチェーンへの参加が拡大するなどグローバル化が進む中で、直接的あるいは間接的に非熟練労働の需要が増加し、正規雇用が拡大したことが挙げられる（グローバル化の影響についてはKuwayama 2009および第2章を参照）。また、2000年以前に始まった貿易・投資の自由化や教育水準の底上げの効果が現れたことに加えて、近年拡充された社会政策が低所得層の消費のセーフティネットとして機能したことの影響も認められる（社会政策については第3章を参照）。

　ただし、第四期に見られた所得格差縮小を不可逆的な変化と楽観視することはできないようである。Székely and Mendoza［2017］の実証研究は、2000年代以降の所得格差の縮小は、人的資本の改善がもたらす長期的な効果を持ち得る要因と、交易条件が改善して経済成長が起こったことによる短期的な効果しかない要因とに分けられるが、後者の効果が支配的であったという分析結果を示している。後に紹介するレヴィ・モデルから導かれるように、ラテンアメリカにおいてフォーマル部門とインフォーマル部門の雇用の流動性は高く、交易条件が不利化して雇用状況が悪化すれば雇用のインフォーマル化が再び進むことが十分にあり得るだろう。

　格差社会が形成される要因として、すでに論じた歴史的要因や自然地理的

要因の他に、この節で説明した長期的推移の中で、経済の内部メカニズムとして格差を維持・拡大させる仕組みがあることを論じる必要がある。本章の以下に続く部分では、経済学理論を用いた先行研究を検討し、主要な論点を明らかにしていきたい。取り扱うイシューは、①貿易自由化と所得格差の関係について、②グローバル化で要素移動が自由になることによって格差を自己組織化する「規模の経済」と市場の不完全性の働きについて、③所得格差が物的・人的資本の蓄積を制約し経済成長を阻害する問題について、④マクロ経済政策への影響に見られる所得格差が社会の制度の質を悪化させる問題について、⑤インフォーマル部門の拡大についてである。

6　所得格差が貯蓄制約から経済成長を制約する経路[5]

　ラウル・プレビッシュは、歴史的要因から生まれた所得格差をラテンアメリカ経済の資本蓄積を遅らせる構造要因として捉える構造主義論を発展させ、ラテンアメリカの開発論に大きな影響を与えた［Prebisch 1950］。格差が資本蓄積を遅らせ、それによって格差が維持拡大されるというように、双方向で強固な因果関係が成り立つと見るところが、構造問題たるゆえんである。

　長期的な経済成長は生産性が低い一次産業から生産性が高い工業に労働力が移動する構造変化を伴う。規模の経済性がある工業の規模は、国内需要の大きさに規定される。国内需要の大きさは人口規模の他に所得分配の影響をも受ける。工業製品は農産品よりも所得弾力性が高いため、所得が高くなるほど多く消費される傾向があるからである。平均所得が同じで所得分配が異なる社会では、不平等な社会は平等な社会よりも工業製品の需要が小さくなり、工業化が抑制される。

　Galor and Moav［2004］によれば、経済発展の初期段階で物的資本の蓄積が工業化を推進する状況にあっては、貯蓄率が高い資産富裕層に所得が集中する状況は貯蓄を殖やし投資を殖やすので、所得格差の存在は経済発展を

促進する[6]。しかし、一定以上資本蓄積が進んだ後は、機械と人間との補完性が重要になる。すなわち技術的に高度な機械を使う労働者側にも技能が要求される。経済発展のエンジンは次第に物的資本蓄積から人的資本蓄積に向かうので、所得格差が人的資本形成を遅らせるのであれば、経済発展を阻害する要因になる。

　ラテンアメリカにおいては、経済発展の初期段階でも富裕層が資本蓄積を牽引する役割を果たさず、むしろ貯蓄率を引き下げると考えられた。それは富裕層が輸入品を中心として奢侈的な消費を好んだからである。この点からラテンアメリカの低開発を体系的に説明したのがラウル・プレビッシュである。

　プレビッシュが示した体系の概略を再構成すると、図1-4のように示すことができる。経済発展には国民一人あたり資本の蓄積が必要であり、資本蓄積は国内貯蓄と海外貯蓄との両方によって制約される。国内貯蓄は所得から消費を引いた余剰であり、投資の原資となる。ラテンアメリカのように所得分配が不平等な社会においては、労働生産性が低く所得シェアが低い多数の貧困層と、少数ではあるが労働生産性が高く所得シェアが高い富裕層とを生じさせる。所得の一部を貯蓄に回し将来の社会的上昇を考えることができる中間所得層は、人数と所得のシェアにおいて多数集団ではない。言うまでもなく貧困層は貯蓄する能力が低く、富裕層も奢侈的な消費を好むためあまり貯蓄を行わない。このような理由によって国内貯蓄能力が低いのがラテンアメリカ社会の特徴である。

　さらに、資本蓄積は海外貯蓄による制約も受ける。ここで海外貯蓄とは輸出から消費のための輸入を引いたものであり、資本財の輸入に使用することができる外貨の量を表している。工業化するために必要な資本財をすべて国内で調達することができないので、海外貯蓄制約によって必要な資本財が輸入できなければ、工業化が停滞してしまうのである。ここで、ラテンアメリカは一次産品輸出に著しく特化しているという特徴がある。いわゆる「プレビッシュ－シンガー仮説」では、工業製品に対する一次産品の交易条件が持

続的に悪化すると考えるので、海外貯蓄は持続的に減少することになる。富裕層の奢侈的消費が輸入を誘発することも、投資に必要な外貨を流出させる原因となる。

　これらのプレビッシュの議論は、有効需要を経済成長の決定要因と捉えるケインズ的マクロ経済学に属している。この系統の理論経済モデルとして、国内貯蓄制約のみに注目したものが「ハロッド＝ドーマー・モデル」であり、海外貯蓄制約のみに注目したものが「サールウォール（Anthony Thirlwall）の国際収支制約モデル」［安原 2014］である。海外貯蓄と国内貯蓄の両方の制約を取り入れたケインズ型経済モデルとして「二つのギャップモデル（two-gap model）」もよく知られている。ただし「二つのギャップモデル」は国内総生産に対する国内貯蓄と海外貯蓄との比率を一定と仮定しているが、図1-4の関係性で描かれる経済では、先に述べた理由により両方の貯蓄制約は国内総生産が成長するにつれてさらに厳しくなるので、より悲観的だと言えよう。

　この図においてラテンアメリカ経済を特徴づける構造は、不平等な所得分配と一次産品特化の２つに集約することができる。この二つの特徴は、歴史的条件である植民地支配と気候や資源の自然的条件の影響を受けている。さらに、図1-4の関係性の文脈において工業化が進まないことは、中間所得層の雇用を多く生み出すことが期待できる工業による雇用吸収が進まないことや、輸出産業として工業が育たないことによって不平等な所得分配と一次産品特化が維持されるという意味で、構造的とみなすことができる。図1-4は「不平等な所得分配」と「一次産品特化」を歴史的および自然的に与えられたものとして描いているが、我々が「構造」と呼ぶ場合には「工業化できない」という結果から「不平等な所得分配」と「一次産品特化」に向けたフィードバックの矢印が引かれ、低開発が不平等な所得分配と一次産品特化を持続する内生的なメカニズムがあることを示している。

　構造的特質は、マクロ経済政策の局面にも影響を与える。これは図1-4で網掛けをした部分である。ラテンアメリカの一次産品特化経済は先進国の景

気動向の影響を敏感に受けてしまうので、一次産品の市況が悪化したときには雇用を創出するために積極的な財政金融政策を実施する必要がある。まして、所得分配が不平等な社会であるので、政府は平時においてさえ、貧困層に対して雇用を創出する役割を果たすよう期待されている。しかし景気を拡大するような財政金融政策を実施すると国内物価にインフレが発生しやすく[7]、固定為替レートの場合にはインフレにより相対的に価格が低下する輸入が増えるので、海外貯蓄がさらに減少し、資本蓄積を妨げることになる。

　このような理由から、ラテンアメリカが反景気循環的マクロ経済政策で景気を平準化させながら経済成長を維持することは困難であり、経済状態が常に対外ショックの影響を受けやすい状態にあることが、資本蓄積を遅らせるもう一つの要因になる。あるいは、海外貯蓄の不足を補うために外国からの資金の借り入れを検討する可能性がある。実際に、国際金融市場で資金供給が増加して調達費用が下がればラテンアメリカが借り入れを増やすことがあるが、ラテンアメリカは歴史上たびたび債務不履行を引き起こしており、先進国から高リスク対象と見られている。

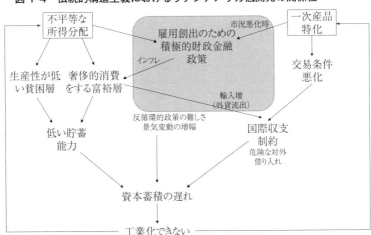

図1-4　伝統的構造主義におけるラテンアメリカ低開発の関係性

出所：浜口・村上［2017］図1を改変

プレビッシュおよび伝統的構造主義の立場をとった研究者にとって、以上のような経済発展を阻害する構造問題を克服するために必要な戦略は工業化であった。それは、一次産品に特化しているために自立して経済発展することが不可能になっている周辺性から脱却することと、一次産品産業の生産性上昇によって増加する余剰労働力を吸収し中間所得層を育てることの二つの目的において、工業部門が必要であるからである。

　このような見方は、その後ラテンアメリカ諸国が採用した開発政策に大きな影響を与えた。構造主義において経済発展とは所得再分配と工業化を伴う経済社会の構造変化を指すが、構造的特質が強固であるため、市場に委ねていては解決されず、政府が主導的役割を果たすことが期待される。プレビッシュは、ラテンアメリカおよびその周辺諸国では経済発展が自然に発生するというような考えが幻想であることは明瞭で、政策介入が必要であると指摘した［Prebisch 1963: pp.3-5］。また同時に、最初に資本蓄積が起こって次第に所得再分配が進んでいくような先進国のモデルは当てはまらないため、両方を同時に進めなければならないと述べた。

　このような考え方に基づいて、ラテンアメリカ各国政府で輸入代替工業化と所得再分配のための政策が導入されていった。具体的には、輸入代替工業化は、高い輸入関税等による保護市場の中で、国内企業あるいは多国籍企業の生産を優遇したり国営企業を設立して政府が自ら生産に乗り出したりする形で進められた。所得再分配としては、労働者の権利を保護する労働制度・社会保障制度や、農地改革といった政策が実施された。しかし、理論的には社会に普遍的に及ぶはずの便益が実際には一部の集団に偏って政治権益化したり、ポピュリスト政権の政策手段として政治的動員に利用されたりする歪みが各国において蓄積した。無警戒に増加した対外債務やマクロ経済のインバランスへの対応も遅れたために、結局は1980年代の経済危機を招くことになった。

　1980年代後半にECLACのエコノミストとして活躍したフェルナンド・ファインシルベルは、所得分配の平等化と経済成長率を軸に取った散布図を

用いて、所得分配の平等化と高い経済成長の組み合わせを示す象限に属する国は、アジアや欧州周辺国にはあるが、ラテンアメリカでは皆無であることを示した［Fajnzylber, 1990a］。この「空箱（empty box）」の存在は、その後国連ラテンアメリカ・カリブ経済委員会［ECLAC］が「平等化をともなった成長（Economic growth with equity）」を明示的にラテンアメリカの政策課題に挙げるきっかけとなった［ECLAC 1990］。

ECLAC［1990］は、所得分配の不平等さは、①貯蓄率の低さとそれに伴う対外債務比率の高さ、②技術吸収力の低さに伴う産業構造の多様性および輸出競争力の低さとして表れて、経済成長を阻害する。所得分配が不平等な社会は労働者の低賃金に依存した「見せかけの競争力（spurious competitiveness）」に依存しがちになり、技術に基づく「真の競争力（genuine competitiveness）」が疎かになると指摘している。

また近年のECLACの報告書［ECLAC 2010］では、供給サイドの異質性をラテンアメリカの特質として強調している。技術的に進んだ近代的な要素と生産性が低い伝統的な要素とが共存し、その中でも低生産性部門に多くの企業と労働者があって、両者の間で大きな賃金ギャップが生じている点に特性を見出している。

では、なぜラテンアメリカでは技術水準が低いままに留まっているのか。ECLACはこの問題に関して、これまでのところ伝統的構造主義が一次産品の交易条件不利化を唱えたような、明快な根拠を示していない。一方ファインシルベルは、技術変化に基づく競争力の獲得、平等性の向上、経済成長がそれぞれ相互補強的な関係にあることを指摘したが、技術習得のメカニズムがブラックボックスになっており、技術力に基づいた競争力を獲得するような政治経済社会全般にわたる変革が不可欠であると述べている[8]［Fajinsylber 1990a］。

ECLACの事務次長であるマリオ・チモリは、ネオ・シュンペーター理論に基づく「国家イノベーション・システム論」の立場から、技術習得にとって産業集積や制度設計が重要であり、既存の技術を外部から習得する行動と

自らイノベーションを起こそうとする行動とが相互補完的に進むことを指摘し、①経路依存性が強いためにシステム変革には政策的関与が必要であることと、②ラテンアメリカのような格差が大きい社会においては生産構造においても異質性が大きく、制度設計が困難であると述べている。また、伝統的構造主義でも指摘された貯蓄能力に起因する資本蓄積の不足のみならず、所得分配の不平等は、技術習得と深くかかわる人的資本の蓄積についても、教育や健康への過小な投資を通じたネガティブなフィードバックを通じて構造問題を顕在化させることにも言及している［Cimoli and Porcile 2016］。

このように、1990年代以降のECLACの経済発展に関する主張は新古典派的経済政策への代替案として技術進歩と生産性の向上を重視しており、技術格差のキャッチアップが進まないことを先進国に対する周辺性として捉える点で伝統的な構造主義の論理を踏襲するものとして、「新構造主義（neo-structuralism）」と呼ばれる［Bárcena and Prado 2016］。

さらにECLAC［2014］では、中国で拡大する需要に応えてラテンアメリカの一次産品への特化が再び進んでいるが、一次産品部門は雇用創出が小さく、通貨の過大評価によって工業を衰退させるため、一次産品に依存した経済成長は脆弱であると述べている。さらに同レポートでは、工業化が衰退する一方でシェアが増大しているサービス産業の生産性の伸びが低く、近年国際的に成長著しいサービス貿易はラテンアメリカ地域内において低い水準に留まっていることを指摘する。また、地域的なバリューチェーン（RVC）を形成して国際的バリューチェーン（GVC）に加わることで工業化の規模の経済を獲得し先進的な技術が移転されるという東アジア諸国のグローバル化を活用した発展過程がラテンアメリカ諸国では遅れており、GVC・RVCとの統合の遅れがラテンアメリカ諸国の新たな特徴となっていることにも言及している。

ラテンアメリカは開発政策として格差是正を含む社会制度改革に取り組む必要があるとする議論を唱えているのはECLACだけではない。ブラジルの経済学者であるブレッセル・ペレイラは、新自由主義経済政策が自国通貨の

過大評価をもたらす結果、消費が拡大し、それをまかなうために海外からの借り入れが行われる、すなわち、対外債務が消費に向かい経済発展に貢献しないと論じた［Bresser-Pereira 2017］。彼は、経常収支を均等化させ対外債務を増やさない水準に為替レートを管理し、所得格差を是正しつつ国内貯蓄動員と資本蓄積を主導する開発国家（developmental state）の必要性を訴えている。

過去のラテンアメリカの経験から、グローバル化の下で市場メカニズムに従った資源配分が是正されれば経済の効率化と成長が促進されると考えた新自由主義改革は、その成果の水準と安定性の質が低い結果しか示せていない。格差是正に政府が積極的役割を果たさなければならないとする政策提言は、構造要因である格差を是正しなければ経済成長の質を高めることができないという理論的立場に立ったものであり、ラテンアメリカにおいて特徴的に提案される代替案である。しかし、格差問題と経済成長の間の因果関係は理論的にも実証的にも精緻さを欠いており、ラテンアメリカにおいても政府が果たすべき役割についてコンセンサスが形成されていない。

7　貿易自由化と所得格差

世界経済はグローバル化し、貿易（物品移動）、生産要素（人と資本）、知識と情報など多様な移動の自由化が進んでいる。世界では特に急速な経済成長をしている中所得国を中心に所得分配の不平等化が起こっている。International Monetary Fund［2007］は、発展途上国においてグローバル化は、一方で貿易を通じて所得格差を縮小するが、他方で資本移動によって所得格差を拡大するというように、所得分配に相反する影響を与えることを指摘している。この他にも、所得格差の拡大がグローバル化とともに進む関係に注目する研究が盛んに行われている。

貿易自由化の結果、労働者の間では単純な労働を行う非熟練労働者と技能を持つ熟練労働者との間の賃金格差が変化するが、その影響は格差縮小と拡

大の両方向で働き得る。貿易の自由化が発展途上国で所得格差を縮小する効果を期待されるのは、貿易財産業の生産拡大が単純労働者の労働需要を増やして彼らの賃金が相対的に上昇するからである。国際貿易理論ではこのような効果は、標準的なヘクシャー＝オリーン・モデルにおける「ストルパー＝サミュエルソン定理」として知られている。しかし、貿易拡大は発展途上国でも所得格差を拡大する影響を与える。品質向上の競争や先進的な資本財・中間財の使用を促すグローバル化は、高技能労働者（熟練労働者）への需要を高める技能偏向的技術変化（第2章参照）を引き起こし、スキル・プレミアム（高技能労働者と低技能労働者（非熟練労働者）との賃金格差）を上昇させるからである。後者の効果が前者を上回れば、労働者間で所得格差を広げる可能性がある。

　貿易自由化が国内の賃金格差に与える影響の方向は、比較優位に基づく労働需要の変化と技能偏向的技術変化の相対的大きさによって異なりうる。西島・浜口［2007］はメキシコについて実証研究を行った結果から、技能労働者の平均賃金に含まれるスキル・プレミアム（付加価値）が1990年代前半に上昇し、1990年代後半に低下したことを見出し、低下の理由として、教育水準が底上げされてきた若者や男性よりも賃金が低い傾向がある女性が労働市場に参入したため、高学歴労働者の供給が増加したことや高学歴者の中にもインフォーマル化が広がったことなどを指摘している。このような労働市場の供給側の要因を考慮すれば、貿易自由化が賃金プレミアムを引き上げるのは短期的な現象であるはずである。もちろん、技能労働者の供給増加が弾力的に行われるためには、教育の質を改善し、労働市場の制度的歪みを取り除く必要がある（第3章参照）。

　ラテンアメリカでは、2002年あたりを境に所得格差は縮小し始めた。Messina and Silva［2018］によれば、労働シェアはラテンアメリカにおいても世界的動向と同様に減少しており、その主な要因は賃金所得の格差の縮小である。1990年代には教育水準間、男女間、人種間、地域間と、異なる概念でグループ分けしてもグループ間の賃金差が拡大したが、その後に

1990年代に後れをとっていたグループの賃金が上昇し、一部労働者の賃金プレミアムが減少し、平均的に実質賃金が上昇した。

格差縮小の要因として、Messina and Silva［2018］は、労働者の教育水準が平均的に上昇したこと、および労働者がインフォーマル部門からフォーマル部門に移動したことを指摘している。インフォーマル雇用とフォーマル雇用との賃金ギャップは特に技能水準が低い労働者グループで大きいので、フォーマル化の進展は「低スキル－高スキル・ギャップ」の縮小をもたらしている。これがスキル・プレミアム縮小の主要な原因と思われる。

8　生産要素移動自由化に伴う所得格差の自己組織化

次に生産要素の移動が促進される影響を見る。グローバル化は資産の国際的再配分を促し、経済成長が早い地域に資本が集積する。この現象は国際間の成長格差を広げる。資本が集まる国では、規模の経済により実質賃金の伸び以上に労働生産性が上昇しており、労働の所得分配率が低下し資本の所得分配率が上昇する[9]。

規模の経済や市場の失敗の影響を考慮すると、さらに多様な格差の側面が見えてくる。地域間の所得格差については、初期時点で所得水準が低かった地域が長期にはより高い率で成長するため、収束に向かうという「所得収束仮説」が繰り返し検証されてきた（第4章のメキシコの事例を参照）。しかし、規模の経済の働きによって、貿易の拡大と資本の流入によって国内産業の成長が促進されるとき、市場メカニズムはしばしば特定の場所、産業、企業に発展の偏りを生じさせる。地理的に見ると、グローバル化は国内で元から成長ポテンシャルが高かった地域の産業集積を強化する。そのような地域とは、貿易に有利な国境、海岸、交通の要衝である場合や、市場が大きい大都市である。これらの地域では企業がより多数の消費者にアクセスできる利点を持っており、規模の経済によってより多くの企業が立地し製品のバラエティも拡大する。グローバル化は貿易の費用（物流、情報通信、国境手続き

などの費用）の低下により引き起こされる現象であり、産業集積を拠点にしてより広い範囲の消費者にアクセスしやすくなり、その強みがさらに強化される。

　Rodríguez-Pose and Sánchez-Reaza［2005］の研究によれば、メキシコでは北米自由貿易協定（NAFTA）により経済の空間構造に大きな変化が生じている。従来の輸入代替工業化政策は、政治と経済の中心としてメキシコシティへの経済活動の著しい集中を招いた。しかし、NAFTAによる北米市場へのアクセスの改善から生産拠点として北側国境に近い北部の立地優位性が高まり、生産活動の北部への分散が起こった。メキシコシティ周辺は製造業のシェアを失ったが、他方で金融や対事業所サービス等の成長が見られ、経済活動の中心性は保たれた。北側国境から遠い南部は、メキシコシティ周辺や北部で強まった集積力の「影」に入ってしまい、逆に衰退を迎えた。

　グローバル化による海外資本の流入は、大企業と中小企業の格差を拡大する可能性があることも知られている。資本市場が完全であれば、資本ストックの水準が低い企業の資本の限界生産力が高いので、そのような企業に投資が配分され、すべての企業で資本の限界生産力が等しくなるような均衡に導かれる。ところが、初期の資産保有量の大きさで借入信用度が評価され、多くの資金が配分されるような信用割当が起こるような資本市場の不完全性がある場合には、元から大規模に発展している産業や企業への資本集中が進む[10]。中小企業は貸し手から信頼されず、十分な担保資産を持っていないために、高い金利を要求されることになる。

　例えば、大企業の平均投資利益率が10％のときに、利益率20％が期待できる投資計画を持っている小規模企業があるとする。資本市場が完全であれば後者に資金が供給されるが、貸し手がその小規模企業に信用度の不足を理由に金利30％を要求すれば、投資計画は実行できずに参入が妨げられる。その結果、大企業と中小企業との生産性の格差が広がるだけでなく、投資利益率が低い大企業に融資が集まる非効率性も生じる。この問題に関してラテンアメリカの事例の実証研究は多くないが、Clarke, George, et al.［2005］

は大規模な銀行や規制緩和によって近年参入した外資系の銀行が中小企業への融資を減らす傾向があることを指摘している。

　信用割当が所得格差に与える影響は、労働市場についても同様に議論することができる。生産性が低い低所得労働者と高い労働者との2種類の労働者から成る市場を考える。新古典派モデルに基づけば、追加的人的投資の限界生産力が高い低所得労働者に向かい、長期的には両者の生産性と所得水準の差は解消されていくはずである。しかし、Galor and Zeira［1993］によれば、信用市場の不完全性と技術の人的資本投資の不可分性を仮定すると、人的資本投資は初期時点における投資可能な資産の保有量と人的資源の水準が高い労働者に行われるため、長期的にも技能労働者と非技能労働者との格差は残る。

　通常は、大学を卒業することによって賃金に高いプレミアムが上乗せされる。高校卒業までの教育は給与に反映されないにもかかわらず大学に入るために小学校、中学校、高校を卒業する必要があり、この間の人的投資は不可分なものである。資本市場が不完全であり貧困家庭が大学進学資金を調達できなければ、子供に高い水準の教育を受けさせない選択をせざるを得ない。このようにして生じる教育格差は所得格差をさらに拡大させる。ラテンアメリカでは初等・中等教育の就学を促進する目的で、多くの国で条件付き現金給付政策が実施されている（第3章を参照）。

　このように、グローバル化や経済成長に伴う格差の拡大は、規模の経済や市場の不完全性と関連する自己組織化を伴っている。ただし、このような偏りが生じたとしても、市場には、実質賃金の差に反応して、国際間、国内地域間、国内産業間で労働力が移動することを通じて格差が収斂するように調整するメカニズムも備わっている。しかし、労働力移動にあたって摩擦を生じさせる制度的な障壁や移動と情報獲得のためのインフラストラクチャーの不足は、調整期間を長期化させる。技能偏向的技術変化に対応して労働者が技能を向上させることにも、世代交代に相当する時間がかかる[11]。

9 マクロ経済政策への影響に見られる所得格差が制度の質に与える影響

　所得格差は制度の質を蝕むとも考えられる。Bardhan［2005］は、所得分配が不平等な社会では、外的環境の変化に対応する経済政策変更について交渉し強制力を持たせるための交渉費用が高く、合意を形成しにくいと述べている。このことから生じる「弱い制度」（weak institutions）はラテンアメリカ経済の不安定性の要因となる［Rodrik 2001］。例えば、後に本章で説明するように、マクロ不均衡から生じるインフレに対処しようとする総需要管理型のマクロ経済調整は、貧困層の生活への悪影響が大きいために貫徹されずに成果が出る前に覆されてしまうなど、時間的不整合問題を引き起こす［西島編 1990］。社会の安定を維持しつつ政策形成についての合意を得るために、政府は所得再分配の要求に応える必要がある。しかし、社会政策の充実のために財政規模が過度に拡大すれば国民と企業の税負担を重くし、生産性が高いグループから低いグループへの所得移転による資源配分の歪みが生まれ、経済成長を抑制する。このようなトレードオフに基づく所得階層間の利害対立の存在に注意する必要がある。また、社会政策は、これを政治権力の獲得・維持のための手段として利用するポピュリズムの台頭や、ロビー活動が政治的腐敗と結び付いて資源の浪費をもたらす危険性もはらんでいる［Acemoglu et al. 2013］。

　所得格差は貧困層と富裕層との間に利害の分極化を生じさせ、政治的な調整を困難にする。ラテンアメリカにおいては、マクロ経済調整の失敗がしばしば大規模な経済危機に発展することがあるが、政府のパフォーマンスがそのように質が低いものとなる原因の一端を所得格差の存在に見ることができる。例えばインフレ抑制を目指すマクロ経済調整に関する問題は、西島［1990］に依拠して以下のように理解することができる。

　図 1-5 は標準的なインフレ供給曲線とインフレ需要曲線のマクロ経済モデ

ルである。今、経済はA点にあり、インフレ率が高い状態にある。政府は財政政策を引き締める総需要管理によりインフレ率を引き下げようとして、インフレ需要曲線を左下方向にシフトさせようとしている。経済がF点に移行すると、所得水準が自然失業率に対応した生産量$\bar{Y}$を下回り、失業が発生する。しかし、価格調整が伸縮的に機能すれば、失業が存在する状態で賃金が下落して物価が下がる。これに対応して消費者が購買量を増やし、企業が雇用を増やして生産を拡大させるため、供給曲線SがS'に移動する。新たな均衡点はF点からB点に移り、失業が解消され当初の状態からインフレ率がP_0に引き下げられる。

　ただし、市場の価格調整機能が下方に硬直的で賃金・物価が下がらなければ、総需要管理によって発生したF点に長期間留まることになる。このような価格調整の硬直性は、資本家と労働者との間の所得格差が著しい状況で、労使間対立が激しく労働者が組織化されて賃下げに激しく抵抗する場合や、低賃金労働者を保護するために法定最低賃金が設けられており、貧困問題の悪化が社会不安を引き起こすことを恐れた政府が賃金の引き下げを行えない場合などに発生する。

　経済がF点に留まって失業が解消しないため、政府はインフレ抑制のために実施した総需要管理を撤回して、経済は再び高インフレのA点に戻ってしまう。このように政策の一貫性が保たれない問題を「時間的不整合（time-inconsistency あるいは dynamic inconsistency）」と呼ぶ。このような問題が存在するときに、一時的な物価統制[12]を併用することにより、貧困層の労働者が被る社会的コストを抑えつつインフレを安定させる可能性がある。すなわち総需要を引き下げるとともに物価上昇率をP_0とするような物価統制を導入し、企業がこの政策を信頼してP_0の下でも生産量を変えなければ、瞬時にインフレ供給曲線をS'に移動させることができ、B点が実現する。しかし、政府が信頼を失っていれば供給曲線のシフトが起こらないことや、政府が物価統制を行っているにもかかわらず貧困層の人気を得ようとして財政引き締めを行わなければBCの分だけ需要が満たされない物不足と

図1-5 標準的マクロ・モデルによる安定化政策の分析

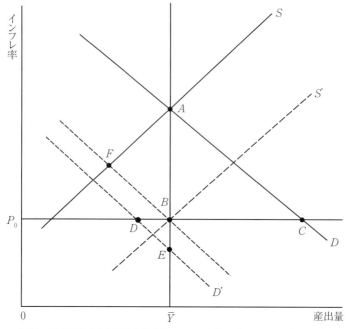

出所：西島章次編［1990］『ラテンアメリカのインフレーション』アジア経済研究所

なり、物価統制による安定は維持できない。

　このように、物価統制を用いる方法は、所得格差が大きい社会において貧困層が被るマクロ経済調整の社会的コストを緩和する役割が期待されるが、その成功は政府の信頼性に依存している。

　経済政策選択の質に係る問題は、さらに長期的な問題にも発展しうる。

　ある社会において、中位所得者の所得が低所得階層に著しく偏っているような不平等な分配状況にあるとする。民主主義の多数決原則に基づいて多数決が尊重される民主主義を仮定すると、「中位投票者の定理（medium-voter theorem）」により、富裕層の税率を高くして所得再分配を実施するような政策が採用される。富裕層が主に投資を担っているのであれば、そうすることにより資本蓄積が阻害されて、経済成長を低くする。高所得層が政治家に

影響力を及ぼして所得税引き上げを阻むことが可能であれば課税対象は消費になるが、消費への課税は国内消費を抑制し、やはり経済成長を阻害する[13][Persson and Tabellini 1994]。

　所得分配が不平等な社会では、経済状況についての不満に対して「エリート」や「外国勢力」を批判の対象に掲げて、ポピュリスト的政治リーダーへの支持が集約されやすい。Acemoglu et al［2013］が提示したモデルでは、所得格差によって国民の意見が分極化しているとき、とりわけ「左派」の政治家は有権者らから富裕層の圧力に影響されていると見られると票を失うため、中位投票者よりもかなり「左」に位置取り、貧困層の利益を代表するポピュリストの公約を掲げることになる[14]。これに影響されて「右派」を代表する候補者も中道より左寄りの政策を提示することになる。このように所得格差は政治傾向に「ポピュリスト・バイアス」を生じさせることになる。

　Dornbusch and Edwards［1991］は、ポピュリストの経済政策が次のようなフェーズをたどり、経済的混乱を拡大すると論じている。

- ●初期条件：　ポピュリストの政策決定者はIMFが勧告するようなオーソドックスな総需要管理型のマクロ安定化政策の結果を不満に感じ、所得格差がある社会では政治的・経済的な問題が大きく、新しいやり方が必要だと訴える。オーソドックスな政策によって外貨準備は増加し財政は改善している。
- ●第一フェーズ：需要を拡張する経済政策がとられる。物価統制が利き、国内供給で足りない分は輸入されるので、インフレが問題になっていない。
- ●第二フェーズ：供給が不足するようになり、物価と賃金が連鎖的に上昇する。輸入超過で対外バランスが崩れ、財政赤字も拡大する。
- ●第三フェーズ：物不足とインフレの高進が深刻になり、財政が著しく悪化する。危機を察知した投資家の資本逃避が起こり、通貨が

　　　　　　　信用を失う。政府は財政支出を削減し、為替レートを切り
　　　　　　　下げ、マクロバランスの回復を図る。
●第四フェーズ：ポピュリスト政権は交代に追い込まれ、次の政権によって
　　　　　　　オーソドックスな安定化政策が実施される。厳しい引き締
　　　　　　　めが必要になり、実質賃金が第一フェーズ開始前よりも低
　　　　　　　下する。

　富裕層は、所得を実際に海外に避難させるか、土地、ドル貨幣、インフレでインデックス化された金融商品などの安全資産へと逃がすことが可能であるが、貧困層はそのような手段を持たない。ポピュリストの経済政策は貧困層を利するようなレトリックで始まるが、結局は貧困層が最も被害を受けることになる。

10　インフォーマル部門

　この章ですでに市場の不完全性に基づく信用割当が中小企業の発展を阻害する問題を論じたが、図1-6からわかるように、ラテンアメリカにおいては、零細な個人事業者や、正規に登録されている企業および家庭で非正規に雇用されている労働者が構成するインフォーマル部門の大きさが顕著である[15]。経年的に減少はしているものの、2013年時点でも46.8％の非農業雇用がインフォーマルな形態である。

　ここでインフォーマルと呼ぶのは、課税を逃れるために正規に登記せずに活動している事業者や、正規の雇用契約に基づかずに働いている労働者で法律が保障している諸権利を有さない者を指す。

　インフォーマル部門に関する一つの見方は、インフォーマルとフォーマルとを分ける何らかのバリアが存在するというものである。一般的にインフォーマル部門の事業者の多くは、個人事業主と賃金を支払わない家族の労働による生産性が低い零細企業である。インフォーマルな労働者は、正規の

図1-6 ラテンアメリカにおける雇用のインフォーマル率

注：農業の雇用を除く。アルゼンチン、ブラジル、コロンビア、コスタリカ、エクアドル、エルサルバドル、グアテマラ、ホンジュラス、メキシコ、パナマ、パラグアイ、ペルー、ドミニカ共和国、ウルグアイの14カ国
出所：ILO Latin American and the Caribbean Office [2014].

労働市場で雇用されるために必要な知識や経験が不足している。このように企業の生産性や労働者の資質のある水準にカットオフポイントがあってインフォーマル部門とフォーマル部門とが分けられるというのが、この見方の特徴である［La Porta, Rafael and Shleifer 2008］。カットオフポイントの水準は景気が悪いときに上がり、インフォーマル化が進むと考えられる。

これに対してDe Soto［1989］の見解は、フォーマル部門へのバリアはエリート層が既得権益を守るために作り上げた面倒な諸規制であり、インフォーマル部門を排除され劣った存在として見るのではなく、バリアを回避するために大衆が柔軟かつ創造的に活動する場であると積極的に評価した。この議論は新自由主義改革を推進する立場の国際機関や政権から賞賛を受けた。規制緩和こそが経済発展につながるという立場が共通していたからである。しかし一方で、そのような見方はあまりにも楽観的であるとの批判も存在した［Portes and Schauffler 1993］。

またサンティアゴ・レヴィ（Santiago Levy）は、フォーマル部門とインフォーマル部門との間に実際にはバリアがなく、労働者は両部門間を自由に

行き来できるものと考えた。そして両部門の相対的な大きさの違いは、経済環境が提供するインセンティブに従って労働者が移動する結果として起こると指摘する［Levy 2008］。彼が提示したモデルは以下のようなものである。

図1-7は、L人の労働者からなる労働市場についてフォーマル（F）部門とインフォーマル（I）部門の雇用の配分を市場均衡から決定する仕組みを模式化したものである。DFはF部門の労働需要を、DIはI部門の労働需要を表す。左の縦軸はF部門の賃金（w_f）、右の縦軸はI部門の賃金（w_i）である。横軸は左から右にF部門の雇用が増え、左から右にI部門の雇用が増える様子を表している。

初めに、F部門とI部門との違いが登記の有無だけであり、両部門の労働者が政府から受ける恩典に違いがなければ、労働市場の均衡はDFとDIの交点Eで決定され、両部門で賃金に違いはない。ここで、F部門の労働者だけに社会保険制度が導入されたことを仮定し、図中ではこの場合に実現する状態を上付き添字「'」で表現する。F部門では労働者が賃金w'_fを受け取り社会保険の恩典（T_f）の費用は企業が負担するとすれば、企業が追加的に労働者を一人雇う費用はw'_f+T_fとなるので、F部門の生産はF'で行われる。このときの雇用はL'_fである。

ここで、労働者は社会保険制度が与えるT_fを完全に評価せずに$β_f$％だけが有用な恩典だと考えているので、労働者が実感する所得は$w'_f+β_f T_f$であるという仮定を置く。F部門で雇用されない労働者はI部門に吸収されてI'で生産が行われ、市場均衡賃金はw'_iである。F部門で雇用されるために労働者に必要とされる要件はなく、労働者は機会に応じてF部門とI部門とを自由に移動できるので、両部門間の雇用の配分は$w'_f+β_f T_f=w'_i$の均衡条件を満たすように決定する。ここまでの分析で、F部門における社会保障の導入によって企業の費用が増加したことでE点と比較してF部門の雇用が減り、I部門の雇用が増加することがわかる。また、労働者が社会保険制度の恩典を低く評価する（$β_f$が低下する）ほどF'とI'が左に移動し、ますますインフォーマル化が進むことがわかる。このときF部門の労働供給が増

えるので w'_i は低下する。

次に、I 部門の労働者も受益者になるような社会扶助政策が導入される場合を考えてみよう。図 1-7 ではこの場合を上付き添字「″」で表現する。F 部門の社会保険と同等の恩典 T_i が受けられることから、労働者が I 部門に移動するインセンティブが高まり、I 部門（F 部門）の労働供給の増加（減少）により $w''_i < w'_i$ ($w''_f > w'_f$) となる。I 部門の企業は社会扶助政策の費用を負担しなくてもよいので生産は w''_i と DI の交点で決まる。T_i についても β_i% しか評価されないと仮定すると、雇用の部門間配分は $w''_f + \beta_f T_f = w''_i + \beta_i T_i$ となるように決定される。この図からわかるように、F 部門の賃金上昇と I 部門の社会扶助の導入によって効用水準は両部門で上がっているが、インフォーマル化はさらに進んでしまう。

最後に、F 部門で一部の労働者が社会保険を付与しない違法な形態で雇用される場合を検討しよう。図 1-7 ではこの場合を上付き添字「‴」で表現する。F 部門企業は違法に雇用する労働者に賃金 w'''_{fi} でオファーする。ただし I 部門から労働者が移動してくることを促すために $w'''_{fi} > w''_i$ とする。違法であることが発覚すれば罰金 Φ が科せられ、摘発される確率が λ である場合、F 部門の企業が違法労働者を雇用する費用は $w'''_{fi} + \lambda\Phi$ となる。

この場合、生産は F'''_i で行われる。F 部門で正規に雇用される労働者の供給は一層少なくなるので $w'''_f > w''_f$ となる。賃金が安いとは言え、違法な雇用が増えるほど摘発される可能性 λ が高まって $w'''_{fi} + \lambda\Phi$ が上昇してしまうので、企業はこれをできるだけ低くするために正規雇用をある程度キープしようとする。F 部門の賃金は $w'''_f + \beta_f T_f = w'''_{fi} + \beta_i T_i = w'''_i + \beta_i T_i$ となるように決定され、F 部門の雇用 L'''_f は企業が直面する賃金 $w'''_f + T_f$ により F''' 点で定まる。この場合、F 企業で違法に雇用されている労働者は $L'''_{if} - L'''_f$ となる。I 部門の雇用は $L - L''_f$ から $L - L'''_{if}$ に減少する。F 部門の正規の雇用は $L'''_f < L''_f < L'_f$ となり、I 部門の労働者も受益者になりうる社会扶助政策が導入されると F 部門の雇用が減少し、F 企業が違法な雇用をするようになると F 部門の雇用がさらに減少する。賃金を比較すると

図1-7　S. レヴィによるインフォーマル部門規模決定の均衡モデル

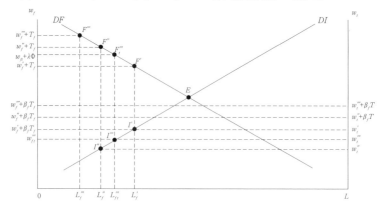

出所：Levy［2008］に基づいて筆者作成

$$w_f''' + \beta_f T_f > w_f'' + \beta_f T_f > w_f' + \beta_f T_f$$
$$w_i''' + \beta_i T_i > w_i'' + \beta_i T_i > w_i'$$

であり、社会扶助と違法雇用が導入されるとともにF部門でもI部門でも賃金が上昇するので、厚生水準は改善している。しかし、その費用としてI部門およびF部門で違法に雇用される労働者に与えられる社会扶助をまかなう税負担が国民全体に発生している。社会保険に加えて社会扶助が導入されるとインフォーマル化がいっそう進み、社会的にも財政負担が生じるのである。レヴィはこのような社会政策がもたらす資源配分の歪みを指摘し、条件付き現金給付政策等で人的資源形成を行ってもインフォーマル化した労働市場の問題が解決しないことを明らかにした。

おわりに

　1980年代の経済危機で貧困と所得格差が悪化したラテンアメリカにおいて、1990年代に実施された新自由主義経済改革はマクロ経済状況の安定化をもたらして貧困を軽減した一方で、所得分配は不平等化に向かった。この章で説明したように、貿易自由化や政府の市場メカニズムへの介入を減じる

自由化の影響は、賃金へのスキル・プレミアムの付加、規模の経済がもたらす集中・集積、信用割当等の市場の失敗等、市場メカニズム自体に格差を維持・拡大する機能があることから理解することができる。

2000年代には資源ブームやグローバル・バリューチェーンへの参画などを通じたグローバル化の拡大による経済成長の恩恵が低所得層にも浸透し、所得格差は縮小に向かった。1990年代後半に導入された条件付き現金給付等の社会政策の拡充も効果を発揮したと思われる。

しかし、ラテンアメリカの格差問題は構造問題でもある。経済発展過程において格差は貯蓄動員を抑制して投資を不活性化してきた。供給サイドには大企業と零細企業、高技能労働者と低技能労働者、フォーマル部門とインフォーマル部門の間で生産性の著しい差が形成された。このように構造化した要因の一部は、歴史的あるいは自然地理的な先行条件に依存している。地域、人種、コミュニティなど分化した集団によって健全な社会生活を送るための基礎的公共サービスを受ける機会にある不平等を解消するように一層の制度改革が求められる。社会政策がインフォーマル化をさらに進めてしまう要因となりうることにも注意が必要である。構造問題は自由化と政策介入の両方に制約を与える要因としてラテンアメリカ経済の安定的発展を阻害してきたと言えよう。

注

1 ラテンアメリカの所得分配に関する最近の包括的な文献レビューとしては、Gasparini and Lustig［2011］を参照。賃金格差については Messina and Silva ［2018］に詳しい。
2 ジニ係数は次の式から求められる。

$$g = \frac{1}{2n^2\mu} \sum_{i=1}^{n} \sum_{j=1}^{n} |y_i - y_j|$$

この式で、y_i, y_j はそれぞれ i 番目、j 番目の家計の所得、n は家計の数、μ は平均家計所得である。ジニ係数は0から1の間で変動し、1に近いほど不平等度が高いことを表す。

3　Dell［2010］はアンデス地域の鉱山で植民地時代に存在した強制労働制度であるミタ（mita）制度の研究から、当時の収奪的制度が今日まで負の影響を残していることを、地域社会のレベルにおいても見出している。

4　ポピュリズムに関する議論は本シリーズの第1巻村上勇介編『「ポピュリズム」の政治学―深まる政治社会の亀裂と権威主義化』を参照。

5　この項目の記述は浜口・村上［2018］に拠っている。

6　所得弾力性が高い革新的な財を選好する一定規模の富裕層が存在するほうが、イノベーションが促進されて長期的な経済成長率を高めるため、完全に平等な社会よりもある程度の所得格差が存在するほうが良いとする考え方もある［Matsuyama 2002］。しかし富裕層が貯蓄せず奢侈的消費を好む傾向があれば、所得格差は経済成長を阻害する。

7　構造主義では、大土地所有制度に支配されている寡占的なラテンアメリカの農業部門等の供給側の反応が価格上昇に対して非弾力的であることを、インフレの要因の一つに指摘している［Prebisch 1961］。

8　Fajnzylber［1990c］は、1970年代のメキシコやブラジルにおいて高度成長期の日本を手本としたフルセット型産業政策が実施されたが、社会経済的平等性と民間企業の主導的役割という2つの要素が欠けていたために同じような効果を上げることができなかったと述べている。

9　労働への所得分配率の増加（減少）は、実質賃金の上昇（低下）から労働生産性の上昇（低下）を引き、その他の要因（物価上昇など）に基づいて調整したものと定義される。

10　資本市場の不完全性は、借り手のモラルハザードあるいは貸し手のモニタリング費用の高さに起因すると考えられている。金融市場の制度が未発達で情報開示や契約履行強制力に不備があるほどこのような問題が起こりやすい。

11　World Bank［2009］は、低開発地域を優遇するようなターゲット政策は人びとを成長ポテンシャルが低い地域に固定化してしまうので効果が期待できないとして、貧しい人びとが成長ポテンシャルの高い地域で豊かになる機会を見つけやすくなるように、基礎的教育と交通インフラを充実させて移動を促進すべきだと述べている。

12　ラテンアメリカでは、実際に物価を規制する政策がとられた場合（アルゼンチンが実施したプリマベラ計画やブラジルが実施したクルザード計画）と、名目為替レートを固定して物価のアンカー化をした場合（アルゼンチンが実施した兌換

計画やブラジルが実施したレアル計画）があった。
13 ECLAC［2014］によれば、2001年から2011年の期間平均で、OECD諸国では税収における直接税の比率が42％であったのに対して、ラテンアメリカでは47.5％を間接税に依存していた。
14 ポピュリズムに関する議論は本シリーズの第1巻『「ポピュリズム」の政治学——深まる政治社会の亀裂と権威主義化』を参照。
15 メキシコのインフォーマル部門については第5章を参照。

［参考文献］

小池洋一［2014］『社会自由主義国家ブラジルの第三の道』新評論。
西島章次［1993］『現代ラテンアメリカ経済論』有斐閣。
西島章次編［1990］『ラテンアメリカのインフレーション』アジア経済研究所。
西島章次・浜口伸明［2007］「メキシコにおけるグローバリゼーションと賃金格差」西島章次編『グローバリゼーションの国際経済学』勁草書房、pp.121-145。
浜口伸明・村上善道［2017］「21世紀ラテンアメリカ経済の発展と停滞における構造問題」『ラテン・アメリカ論集』(51): 33-52。
パルマー＝トーマス、ビクター［2001］『ラテンアメリカ経済史——独立から現在まで』（田中高・鶴田利恵・榎股一索訳）名古屋大学出版会。
細野昭雄［2010］『南米チリをサケ輸出大国に変えた日本人たち』ダイヤモンド社。
本郷豊・細野昭雄［2012］『ブラジルの不毛の大地「セラード」開発の奇跡』ダイヤモンド社。
安原毅［2014］「経済成長・開発と工業化」ラテン・アメリカ政経学会編『ラテン・アメリカ社会科学ハンドブック』新評論、10-18。

Acemoglu, Daron, Simon Johnson, and James A. Robinson［2002］"Reversal of Fortune: Geography and Institutions in the Making of the Modern World Income Distribution", *The Quarterly Journal of Economics* (117): 1231-1294.
Acemoglu, Daron, Georgy Egorov, and Konstantin Sonin［2013］"A Political Theory of Populism", *The Quarterly Journal of Economics* (128): 771-805.
Bardhan, Pranab（2005）*Scarcity, Conflicts, and Cooperation*, Cambridge, MA: The MIT Press.
Bárcena, Alicia, and Antonio Prado eds.［2016］*Neostructuralism and Heterodox*

Thinking in Latin America and the Caribbean in the Early Twenty-First Century. Santiago, Chile: Economic Commission for Latin America and the Caribbean (ECLAC), United Nations.

Barros, Ricardo, Mirela de Carvalho, Samuel Franco, and Rosane Mendonça Barros [2010] "Markets, the State, and the Dynamics of Inequality in Brazil". In López-Calva, Luis Felipe, and Nora Claudia Lustig eds. *Declining Inequality in Latin America: A Decade of Progress?* Washington, D.C.: Brookings Institution Press: 134-74.

Bértola, Luis, and José Anotonio Ocampo [2013] *The Economic Development of Latin America since Independence*, Oxford: Oxford University Press.

Bértola, Luis, Cecilia Castelnovo, Javier Rodríguez, and Henry Willebald [2010] "Between the Colonial Heritage and the First Globalization Boom: On Income Inequality in the Southern Cone", *Revista de Historia Económica*, 28(2): 307-341.

Bresser-Pereira, Luiz Carlos [2017] "The Two Forms of Capitalism: Developmentalism and Economic Liberalism", *Brazilian Journal of Political Economy (Revista da Economia Politica)*, 37 (4): 680-703.

Cimoli, Mario, and Gabriel Porcile [2016] "Productivity and Structural Change: Structuralism and its dialogue with Other Heterodox Currents". In Alicia Bárcena and Antonio Prado eds. *Neostructuralism and Heterodox Thinking in Latin America and the Caribbean in the Early Twenty-First Century*. Santiago, Chile: ECLAC: 205-221.

Clarke, George, *et al.* [2005] "Bank Lending to Small Businesses in Latin America: Does Bank Origin Matter?" *Journal of Money, Credit and Banking*, 37 (1): 83-118.

Coatsworth, John H. [2008] "Inequality, Institutions and Economic Growth in Latin America." *Journal of Latin American Studies* (40): 545-569.

De Soto, Hernando [1989] *The Other Path: The Informal Revolution*. New York: Harper and Row.

Dornbusch, Rudigar, and Sebastian Edwards [1991] "The Macroeconomics of Populism". In Rudigar Dornbusch and Sebastian Edwards eds., *The Macroeconomics of Populism in Latin America*. Cambridge, MA: MIT Press: 7-13.

ECLAC (Economic Commission for Latin America and the Caribbean) [2016] *Statistical Yearbook 2016*. Santiago, Chile: ECLAC.

ECLAC [2014] *Regional Integration: Towards an Inclusive Value Chain Strategy.* Santiago, Chile: ECLAC.

ECLAC [2010] *Time for Equity; Closing Gaps, Opening Trails.* Santiago, Chile: ECLAC.

ECLAC [2004] *Social Panorama of Latin America 2002-2003.* Santiago, Chile: ECLAC.

ECLAC [1990] *Changing Production Patterns with Social Equity: The Prime Task of Latin American and Caribbean Development in the 1990s.* Santiago, Chile: ECLAC.

Escobal, Javier, and Máximo Torero [2005] "Adverse Geography and Differences in Welfare in Peru". In Ravi Kanbur and Anthony J. Venables eds. *Spatial Inequality and Development.* Oxford: Oxford University Press, pp. 77-122.

Fajnzylber, Fernando [1990a]. *Industrialization in Latin America: from the "Black Box" to the "Empty Box": A Comparison of Contemporary Industrialization Patterns.* Santiago, Chile: ECLAC.

Fajnzylber, Fernando [1990b] *Unavoidable Industrial Restructuring in Latin America.* Duke: Duke University Press.

Fajnzylber, Fernando [1990c] "The United States and Japan as Models of Industrialization". In Gary Gereffi and Donald L. Wyman eds. *Manufacturing Miracles: Paths of Industrialization in Latin America and East Asia.* Princeton: Princeton University Press: 323-352.

Fields, Gary. S. [1990] "Labour Market Modelling and the Urban Informal Sector: Theory and Evidence". In David Turnham, Bernard Salomé, and Antoine Schwarz eds., *The Informal Sector Revisited.* Paris: Organisation for Economic Co-operation and Development: 49-69.

Gallup, John Luke, Alejandro Gaviera, and Eduardo Lora [2003] *Is Geography Destiny: Lessons from Latin America.* Washington, D.C. : Inter-American Development Bank.

Galor, Oded, and Omer Moav [2004] "From Physical to Human Capital Accumulation: Inequality and the Process of Development", *The Review of Economic Studies* (71): 1001-1026.

Galor, Oded, and Joseph Zeira [1993] "Income Distribution and Macroeconomics",

Review of Economic Studies (60): 35-52.

Gasparini, Leonardo, and Guillermo Cruces [2009] "A Distribution in Motion: The Case of Argentina: A Review of the Empirical Evidence", *Research for Public Policy, Inclusive Development*, ID-06-2009, RBLAC-UNDPm.

Gasparini, Leonardo, and Lustig, Nora [2011] "The Rise and Fall of Income Inequality in Latin America". In Jose Antonio Ocampo and Jaime Ros eds., *The Oxford Handbook of Latin American Economics*. Oxford: Oxford University Press, pp.691-714.

International Monetary Fund [2007] *World Economic Outlook October 2007*. Washington, D.C.: International Monetary Fund.

ILO Latin American and the Caribbean Office [2014] *Thematic Labour Overview 1: Transition to Formality in Latin America and the Caribbean*, Geneva: International Labour Organization.

Kuwayama, Mikio [2009] *Quality of Latin American and Caribbean Industrialization and Integration into the Global Economy*. Serie Comercio Internacional No.92, Santiago, Chile: ECLAC.

La Porta, Rafael and Andrei.Shleifer [2008] "The Unofficial Economy and Economic Development," *Brookings Papers on Economic Activity* (2): 275-352.

Levy, Santiago [2008] *Good Intentions, Bad Outcomes: Social Policy, Informality, and Economic Growth in Mexico*. Washington, D.C.: Brookings Institution Press.

Matsuyama, Kiminori [2002] "The Rise of Mass Consumption Societies", *Journal of Political Economy* (110): 1035-1070.

Messina, Julián, and Joana Silva [2018] *Wage Inequality in Latin America: Undersitanding the Past to Prepare for the Future*. Washington, D.C.: World Bank.

North, Douglass C., William Summerhill, and Barry R. Weingas [2000] "Order, Disorder and Economic Change: Latin America vs. North America", In Bruce Bueno de Mesquita and Hilton Root eds., *Governing for Prosperity*, New Haven: Yale University Press, pp.17-58.

Oxfam [2015] *Privileges That Deny Rights: Extreme Inequality and the Hijacking of Deocracy in Latin America and the Caribbean*. Oxford: Oxfam.

Prebisch, Raúl [1963] *Towards a dynamic development policy for Latin America*. New York: United Nations.

Prebisch, Raúl [1950] *The Economic Development of Latin America and Its Principal Problems*. New York: United Nations Department of Economic Affairs.

Persson, Torsten, and Guido Tabellini [1994] "Is Inequality Harmful for Growth?" *The American Economic Review*, 84(3): 600-621.

Portes, Alejandro, and Richard Schauffler [1993] "Competing Perspectives on the Latin American Informal Sector." *Population and Development Review* 19 (1): 33-60.

Rodríguez-Pose, Andrés, and Stefano Sánchez-Reaza [2005] "Economic Polarization through Trade: Trade Liberalization and Regional Growth in Mexico". In Ravi Kanbur and Anthony J. Venables eds., *Spatial Inequality and Development*. Oxford: Oxford University Press, pp. 237-259.

Rodrik, Dani [2001] "Why is There So Much Economic Insecurity in Latin America?" *Cepal Review* (73): 7-30.

Silva, Joana, and Julian Messina [2018] *Wage Inequality in Latin America: Understanding the Past to Prepare for the Future*. Washington, DC: World Bank.

Székely, Miguel [2003] "The 1990s in Latin America: Another Decade of Persistent Inequality, But with Somewhat Lower Poverty", *Journal of Applied Economics* 6 (2): 317-339.

Székely, Miguel and Pamela Mendoza [2017] "Declining Inequality in Latin America: Structural Shift or Temporary Phenomenon?" *Oxford Development Studies* 45(2): 204-221.

Sokoloff, Kenneth L., and Stanley L. Engerman [2000] "History Lessons: Institutions, Factors Endowments, and Paths of Development in the New World", *The Journal of Economic Perspectives* (14): 217-232.

Williamson, Jeffrey G. [2010] "Five Centuries of Latin American Income Inequality", *Revista de Historia Economica*, 28(2): 227-252.

World Bank [2009] *World Development Report 2009: Reshaping Economic Geography*. Washington, D.C.: World Bank.

第 2 章

ラテンアメリカにおけるグローバル化と所得格差の関係：
「メキシコ・中米型」と「南米型」にみる影響経路の違い

村 上 善 道

はじめに

　ラテンアメリカ諸国の所得格差は歴史的に形成されたものであり、ラテンアメリカ諸国は現在に至るまで世界で最も所得格差の激しい地域として知られている。序章で詳しく議論されたように、所得格差の動向は、単に経済成長の結果であるだけでなく、経済成長の制約となる構造的要因としても今後もラテンアメリカ諸国の経済状況に影響を与えていくと考えられる。
　このような所得格差が経済成長を制約する要因として影響を与えるという考え方は国連ラテンアメリカ・カリブ経済委員会（Economic Commission for Latin America and the Caribbean: ECLAC）によって主導された構造主義に基づくものである。それによれば所得格差の存在は国内貯蓄を制約することを通して資本形成を阻害する要因となり［Prebisch 1950］、また所得格差に起因する階級対立は非整合的なマクロ経済政策を採用することを通して財政赤字とインフレーションの要因となる［西島 1993］。さらに、こうした状況は一次産品価格の低下などの対外的な経済環境の悪化した場合、一層深

刻な問題として顕在化する。従って、このような考え方に基づく議論はグローバル経済に深く統合された今日のラテンアメリカ経済においても依然として有効であると考えられる。その意味でも、ラテンアメリカにおいて所得格差がどのような要因によって決定されているかを深く研究することは重要なテーマであると言える。

　第2章（以下本章）では、所得格差を決定する要因のうち、市場所得である賃金の格差に着目し、そこに影響を与えるものとしてのグローバル化に焦点をあてる（社会政策による再分配に関しては第3章を参照）。ラテンアメリカ諸国は1980年前後まで国家主導型の工業化を促進してきたが、その後、本章第1節で詳述するように、市場志向の開放的な対外経済政策へと大きく転換した。グローバル化の進展は、1980年以降のラテンアメリカ諸国で起こった最も重要かつ劇的な変化であり、これがラテンアメリカ諸国においてどのような経路を通して賃金格差に影響を与えてきたのかを理論的・実証的に分析することが、本章の目的である。特に本章では以下の2点に留意する。

　第一に、Baldwin［2011］が指摘するように、グローバル化を促進してきたものは、1980年代までは貿易政策によって決定される関税・非関税障壁や輸送費用のような貿易コストの低下であったが、それ以降では情報通信技術（ICT）の劇的な発展がもたらす調整コストの低下も重要な要因となっている。そのため、ラテンアメリカ諸国でもグローバル化に伴って生じた変化は、単に従来行われてきた産業間貿易の増加にとどまらず、第2節において詳述するように、国境を越えた産業内の工程間分業（オフショアリング）が可能になったことによる産業内貿易の増加やグローバル・バリュー・チェーン（GVC）の出現といった新たな側面も含むものとなっている[1]。従って本章では、基本的にグローバル化を貿易コストの低下によってもたらされるもの、即ち貿易自由化とみなすが、オフショアリングやGVCといったグローバル化の新たな側面にも着目してその影響を分析することとする。

　第二に、第2節において詳述するように、これまでラテンアメリカ諸国に

おいてグローバル化が所得格差に与えた影響を研究してきた先行研究のほとんどが、貿易自由化に伴って格差が拡大してきたとするものである。しかし、2000年以降に限ればラテンアメリカ諸国では格差は縮小していることが明らかになっており、例えばLópez-Calva and Lustig［2010］、Lustig, Lopez-Calva, and Ortiz-Juarez［2013］、Corina［2014］では、ラテンアメリカ各国における格差縮小の傾向やその要因に関して詳細な分析を行っている。一方、中国をはじめアジアの発展途上国では2000年以降も格差が拡大していることから、このようなラテンアメリカ諸国の変化は、所得分配を専門とした近年の研究でも所得格差の縮小の重要な例として言及されている。例えば、アトキンソン［2015］は、第二次大戦後のヨーロッパ諸国同様に市場所得変化と再分配との組み合わせによって格差縮小が達成された例として21世紀のラテンアメリカ諸国に言及している。

さらにラテンアメリカ諸国で1990年以降生じている重要な傾向として、第2節で詳しく論じるようにグローバル経済への統合に関して、「メキシコ・中米型」と「南米型」という異なったパターンが出現していることがあげられる［Kuwayama 2009; Székely and Mendoza 2017］。従って本章では、2000年以降の格差縮小の要因をグローバル経済への統合の仕方に基づく差異に着目して論じることとする。

本章の構成は以下の通りである。第1節では、ラテンアメリカ諸国における貿易自由化の進展を概観し、その特徴を明らかにする。第2節では、貿易自由化が所得格差にどのような経路を通して影響を与えるのかに関して、ラテンアメリカ諸国でどのような理論モデルに基づいてどのような実証結果が得られているかを先行研究の結果をサーベイして明らかにする。特に本章では、「ヘクシャー＝オリーン・モデル」のような伝統的貿易理論に基づく研究だけでなく、近年発展の著しい「新々貿易理論」に基づく研究に至るまで、ラテンアメリカ諸国を対象とした先行研究を包括的にサーベイしており、そこは本章の重要な貢献となっている。

第3節では、現在のラテンアメリカ諸国において二つのタイプのグローバ

ル化が存在していることを指摘し、それぞれのタイプにおいてグローバル化が近年（2000年以降）の所得格差の動向に与える主要な経路が何かを指摘し、それを一層明らかにするためには今後どのような研究が必要とされかを論じる。最後にそれまでの議論をまとめて、結論として提示する。

1 ラテンアメリカ諸国における貿易自由化の進展

（1） 貿易自由化の指標

ラテンアメリカ諸国は1970年代半ば以降、国家主導型の工業化を放棄し、1990年代はじめまでに、すべての域内諸国が市場志向の開放的な対外経済政策を採用するに至った。第2節で詳細に論じるように、伝統的貿易理論によれば、貿易自由化を行って比較優位に従えば、ラテンアメリカ諸国では所得格差が縮小することが想定された。さらに生産要素をより効率的に配分することから生じる効率性の増加と、輸入自由化によってもたらされる財の消費可能性の増加によって、経済厚生水準も増加することが理論的には期待された［Meller 2009］。貿易自由化は、新自由主義経済改革の主要な目的の一つである価格安定化のための重要な政策としても位置づけられており、金融改革、資本移動自由化、民営化、税制改革、労働市場改革とともに新自由主義改革の政策パッケージの一つであった［細野 2003］。本節では、いくつかの指標を用いて1990年以降のラテンアメリカ諸国における貿易自由化の進展を概観し、その特徴を明らかにする。

それでは、貿易自由化はどのような指標を用いて評価することが適切であろうか。これに関して、Rodríguez and Rodrik ［2001］や Goldberg and Pavcnik ［2007］などは、貿易自由化は関税や非関税障壁のような貿易政策に基づく指標で計測することが最も適切であるとしている。その一方で、頻繁に用いられることの多いGDPに占める貿易額（輸出額と輸入額の合計）で定義される貿易開放度（trade openness）は、貿易自由化の指標としては適切ではないとする。これは、貿易開放度は貿易政策だけで決定されるとは

限らず、世界での需要の変化に伴う国際価格といった貿易自由化とは無関係な変数の影響を受けるだけでなく、所得格差とも相関する可能性のある国内要因によっても決定されると考えられるからである［Rodríguez and Rodrik 2001; Behrman, Birdsall, and Székely 2007; Goldberg and Pavcnik 2007; Thorbecke and Nissanke 2008］。

　このような問題があるにもかかわらず貿易開放度が貿易自由化の指標として頻繁に用いられる理由としては、特に長期のデータとしてはそれが最も利用可能性が高いという理由があげられる［Goldberg and Pavcnik 2007］。他方で、指標としては適切であると考えられる関税率に関しては、特に発展途上国での長期データは利用できないことが多い。また非関税障壁に関しては、一層データ入手が困難である。例えば、WITS（World Integrated Trade Solution）のデータベースはラテンアメリカ諸国については1988年以降しか利用できず、それ以降も欠損している年が少なくない。

　そこで本章では、1970年代半ばから1990年半ばまでの貿易自由化の導入期に関しては、Morley, Machado, and Pettinato［1999］が構築した各政策分野における新自由主義改革の進展度合いを示すリフォーム・インデックス（0から1の間で評価し、1に近いほど改革が進展していることを示す）の貿易改革指標を用いることとする。この貿易改革指標は平均関税率の水準と関税率の品目間での分散の程度の二つから計測したもので、関税率のデータが入手できない年に関しては補完を行っている[2]。この貿易改革指標は関税率をもとに構築されていることから、欠損年を補完しているという問題はあるものの、貿易自由化の指標として適切なものであると考えられる。

（2）　貿易自由化への転換：1970年代から1990年代前半

　図2-1では、前述のMorley, Machado, and Pettinato［1999］による貿易改革指標について、ラテンアメリカ7か国（アルゼンチン、ブラジル、チリ、コロンビア、コスタリカ、メキシコ、ペルー）[3]とラテンアメリカ17国の単純平均の1970年から1995年の変化を示している。Morley, Machado, and Pettinato［1999］のリフォーム・インデックスを用いて全政策分野を対象としてラテンアメリカ諸国における経済改革の特徴を分析した細野［2003］にならうと、貿易自由化に関しても、その時期と進展速度に着目して以下の特徴を指摘することができる。

　1970年代年代から早期に貿易自由化を行ってきたのがチリ、アルゼンチンといった国々である。この両国では新たに成立した軍事政権が劇的に新自由主義経済改革を導入したことに伴い、チリでは1973年から1977年、アルゼンチンでは1976年から1977年という短期間に、急速に貿易の自由化を実施している[4]。

　一方、1980年代後半以降に貿易自由化を進めた国としてはコスタリカ（1985年）、メキシコ（1985年）、ブラジル（1986年）、コロンビア（1988年）、ペルー（1990年）があげられる。このような自由化の開始の遅かった国々のうちペルーでは、フジモリ政権成立後の1990年から1992年の間に急速に貿易自由化を行った。一方、ブラジル、コスタリカ、コロンビア、メキシコでは漸進的に貿易自由化を行ったことが分かる。

　早期に貿易自由化を進めたチリ、アルゼンチンでも債務危機後の対応などで貿易自由化の一時的な中断や、保護政策への逆戻りがみられたが、1985年以降、チリ（1985年）、アルゼンチン（1988年）でいずれも第2期の貿易自由化が進められた。この背景としては、チリの場合は債務問題の解決の見通しがついてマクロ経済が回復したことをあげることができる［Murakami 2014b］。

　このようにラテンアメリカ諸国における貿易自由化の導入には、①早期の1970年代から実施した国々と②遅れて1980年代後半以降に実施した国々、また③その後貿易自由化を急速に行った国々と④慎重に行った国々という違いがある。しかし、この輸入関税率に基づいた貿易改革指標にみえるラテンアメリカ17か国の貿易自由化の平均が1975年の0.567から1995年には0.964まで上昇していることからも明らかなように、いずれのタイプの国々においても片務的な輸入自由化を進めたことに特徴がある。細野［2003］が指摘す

図 2-1　ラテンアメリカ主要国における貿易改革指標の変化（1970～1995年）

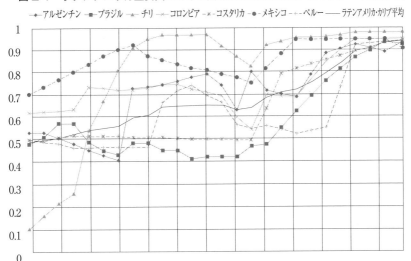

出典：Morley, Machado, and Pettinato [1999, 25] の Table A2 Commercial Index
注：ラテンアメリカ平均はラテンアメリカ17か国の単純平均を表す。

るように、貿易自由化は、他の政策分野と比較しても、ラテンアメリカ諸国が最も早くから着手し、すべてのラテンアメリカ諸国で改革が進展した分野であると言える。

（3）　貿易自由化の定着と進展：1990年以降

本節では、1990年以降の貿易自由化の特徴を関税率を指標として概観する。図2-2では、図2-1で示した7か国に関して、1990年から2015年における全品目の最恵国待遇（MFN）関税率の加重平均を示している。MFN関税率については、ブラジルなど当初の水準が20％近くあった国でも、1990年代半ばの一時的な上昇を除けば関税率の引き下げがみられた。またチリやコスタリカのようなもともとMFN関税率の低かった国々でも、1990年代後半に関税率の引き下げが一層進んだことが分かる。またメキシコ、ペルーのように2000年以降に大幅にMFN関税率が下がった国もあり、結果とし

てここで示されたほとんどの国で、MFN 関税率は 2015 年には 10％以下の水準になっている。しかし、2000 年代半ば以降に関しては、アルゼンチン、ブラジル、チリ、コスタリカなどで MFN 関税率は下げ止まっていることが分かる。

一方、図 2-3 では、同じ 7 か国に関して 1990 年から 2015 年における全品目の実行（effectively applied）関税率の加重平均の変化を示している。この実行関税率は、一般特恵関税制度（Generalized System of Preferences: GSP）の適用や関税同盟や自由貿易協定のような地域貿易協定の発効の結果、加盟国に適用される MFN 関税率よりも低い特恵税率を考慮したものである[5]。ラテンアメリカ諸国は 1990 年以降、2 国間または多国間で相互に貿易障壁を撤廃する互恵的な地域貿易協定を追求するようになり、この実行関税率への影響は無視できないものとなっている。

このようにラテンアメリカ諸国が片務的な貿易自由化だけでなく互恵的な貿易自由化を追求するようになった理由として Ffrench-Davis［2010］はチリを例に以下をあげている。前述のように、1990 年代までに大幅な片務的な輸入自由化を行ったことで、この時点のチリの貿易障壁の水準は国際的に十分に低い状況にあった。その一方で、世界には域内国を優遇する差別的な地域貿易協定が存在するため、これ以上チリが片務的貿易自由化を行っても利益は少ないという状況があったため、互恵的な貿易自由化を志向したとしている。

図 2-3 からも明らかなように、チリやコスタリカのように MFN 関税率では 2000 年代前半以降下げ止まっている国々や、メキシコのように MFN 関税率は比較的高水準にあった国でも、近年（2014 年以降）の実行関税率は 2％以下になっている。また、一貫して MFN 関税率の低下がみられたペルーや 2010 年以降 MFN 関税率の低下のみられるコロンビアでも、MFN 関税率以上に実行関税率の大幅な低下がみられる。チリ、コスタリカ、コロンビア、メキシコ、ペルーにおける実行関税率の低下は、ラテンアメリカ域内だけでなく、アメリカ合衆国や EU との自由貿易協定、さらにチリやペルー

の場合は中国など輸入額の大きい域外諸国との自由貿易協定を積極的に進めてきたことを反映している。また、チリ、コロンビア、メキシコ、ペルーの4か国は近年、自由貿易協定である「太平洋同盟」を形成し、アジア太平洋諸国を含む域外諸国と一層の経済統合を推進していることが知られている。

一方、アルゼンチンやブラジルのような南米南部共同市場（MERCOSUR）加盟国では、実行関税率はMFN関税率より若干低い程度であり、実行関税率自体も2010年以降に関してはむしろ若干の上昇傾向がみられる。これはMERCOSUR諸国が域内での貿易自由化を推進する一方、域外国に対しては保護主義的な政策を行ってきた状況を反映していると考えられる。

以上をまとめると、ラテンアメリカ諸国は1970年代半ば以降1990年代前半までに、その開始時期と実施速度に相違はあるが、片務的な輸入自由化を行った。1990年以降も多くの国々が片務的輸入自由化を継続し、MFN関税率は概ね10％前後と低い水準を達成し、2010年のラテンアメリカ・カリブ地域全体のMFN関税率は7.8％となっている。しかし2000年代半ば以降は多くの国々でMFN関税率は多下げ止まる傾向にあった。一方で、1990年代以降ラテンアメリカ諸国は、地域貿易協定のもとで積極的に互恵的な貿易自由化を進めてきた。この結果、特にラテンアメリカ域外との自由貿易協定を追求した太平洋同盟加盟諸国でMFN関税率よりも実行関税率が低くなる傾向にあり、これらの国々では現在、実行関税率が0％に近い水準にある。即ち1990年以降に関しては、地域貿易協定を中心とした互恵的自由化によって、さらに貿易自由化が進んだという特徴があると言える。

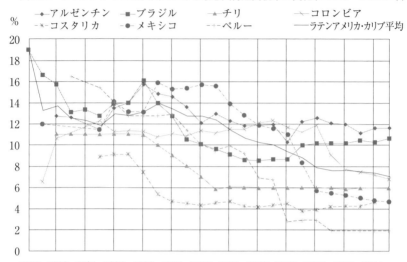

図2-2 ラテンアメリカ主要国における最恵国待遇関税率の変化（1990〜2015年）

出典：http://wits.worldbank.org（2017年10月6日閲覧）
注：ラテンアメリカ・カリブ平均はデータベース中のLatin America Caribbeanの値である。

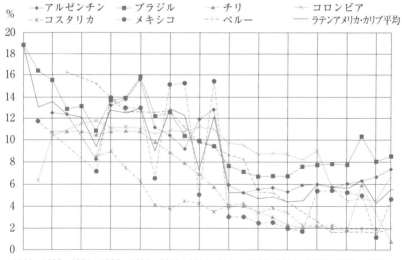

図2-3 ラテンアメリカ主要国における実行関税率の変化（1990〜2015年）

出典：http://wits.worldbank.org（2017年10月6日閲覧）
注：ラテンアメリカ・カリブ平均はデータベース中のLatin America Caribbeanの値である。

2 ラテンアメリカ諸国における貿易自由化と所得格差に関する先行研究

（1） 伝統的貿易理論に基づく研究

1990年代まで、国際経済学において貿易自由化と格差を理解する枠組みは、伝統的貿易理論である「ヘクシャー＝オリーン（Heckscher-Ohlin）・モデル」であった［Harrison, McLaren, and McMillan 2011］。このモデルの基本的設定は、「各国が相対的に豊富な生産要素を集約的に用いる財に比較優位を持ってその財を輸出する」というものである。

このモデルから導出される「ストルパー＝サミュエルソン（Stolper-Samuelson）定理」では、自由貿易を行うと比較優位にある財の生産に集約的に用いられる生産要素に対する報酬が上昇する一方、集約的に用いられない生産要素に対する報酬が低下することになる。従って、生産要素として技能労働と非技能労働を想定すると、ラテンアメリカ諸国のような発展途上国は一般的に非技能労働が相対的に豊富と考えられるので、貿易自由化を行うと非技能労働者の賃金が上昇し、技能・非技能労働者間の賃金格差は縮小することが予想できる。一方、先進国では技能労働者が相対的に豊富と考えられるので、貿易自由化を行うと技能労働者の賃金が上昇し、賃金格差は拡大することが予測できる。

しかし、Winters, McCulloch, and McKay ［2004］、Anderson ［2005］、Atolia ［2007］、Goldberg and Pavcnik ［2007］ らはラテンアメリカ諸国を含む発展途上国におけるグローバル化と所得格差に関する実証研究のサーベイを行い、1970年代から1990年代を対象とした研究では、ラテンアメリカ各国で貿易自由化を行うと格差が拡大したとするものが多いことを明らかにしている。これらの実証研究の結果はストルパー＝サミュエルソン定理の予測に反するものであり、この矛盾を説明するためにいくつかの説明が考えられてきた。以下では、どのような理論的枠組みないし理論モデルがこの矛盾を説明する

ために考えられ、それに基づいてラテンアメリカ諸国においてどのような実証研究がされているかを詳細に述べる。

　第一の理論的説明は、ヘクシャー＝オリーン・モデル自体は妥当と認めたうえで、発展途上国の現実がモデルの諸仮定と一致しないことに着目するものである。この主要な説明としては、以下の3点をあげることができる。第一に、ラテンアメリカ諸国で相対的に豊富な生産要素は必ずしも非技能労働者ではない可能性がある。例えばもし生産要素として天然資源（例えば土地）を追加するならば、ラテンアメリカ諸国ではそれが最も豊富な生産要素である可能性が高い。さらに天然資源が技能労働と補完的であるならば、貿易自由化の結果、土地集約的な財の価格が上昇し、その生産に集約的に用いられる技能労働者の賃金が上昇することになる［Goldberg and Pavcnik 2007］。またラテンアメリカ諸国のように土地の保有が不平等である場合は資産家への地代を増加させることを通しても格差が拡大する［Anderson 2005］。実際に Leamer et al.［1999］では、1980年と1990年において天然資源の中でも熱帯永年作物や原材料は特に技能労働と補完的な資本を集約的に用いるので、それらの輸出とジニ係数に正の関係があることを明らかにしている。

　第二に、貿易自由化以前に非技能労働集約的な財が保護されていた可能性がある。この場合は、貿易自由化による生産拡大がもたらす価格上昇の効果以上に、関税率の低下によって非技能労働集約的な財の価格が下落することで、非技能労働者の賃金が低下することになる［Winters, McCulloch, and McKay 2004; Atolia 2007; Goldberg and Pavcnik 2007; Thorbecke and Nissanke 2008］。貿易自由化以前に非技能労働集約的な財が強く保護され、1980年代から1990年代（第1節で述べたように早期に貿易自由化を実施したチリの場合は1970年代後半）においてこれらの財が相対的に大きな関税率の減少を経験したために賃金格差が拡大したことを示す実証研究としては、アルゼンチンを対象にした Galiani and Porto［2010］、チリを対象にした Beyer, Rojas, and Vergara［1999］、Murakami［2014a］、コロンビアを

対象にした Attanasio, Goldberg, and Pavcnik［2004］と Goldberg, and Pavcnik［2005］、メキシコを対象とした Hanson and Harrison［1999］、Robertson［2000］、Feliciano［2001］[6]などがあげられる。

　第三に、ラテンアメリカ諸国の中でも中進国の場合は、中国、インド、バングラディシュといったより所得の低い貿易相手国にとっては、相対的に技能労働豊富国である可能性がある［Winters, McCulloch, and McKay 2004; Anderson 2005; Atolia 2007; Goldberg and Pavcnik 2007］。例えば Wood［1997］では、1980 年代から 1990 年代にかけて貿易自由化を行ったラテンアメリカ諸国において技能・非技能労働者間の賃金格差が拡大したのは、この期間は中国をはじめとするアジアの発展途上国が国際市場に参入したため、中所得のラテンアメリカ諸国の比較優位は低技能労働ではなく、中程度以上の技能労働になった可能性を指摘する。またメキシコを対象にした Robertson［2000］でも、メキシコで貿易自由化以降に技能労働集約財の価格が上昇したことは、これらの低所得国が世界貿易に参入したことでメキシコがむしろ技能労働豊富国であると想定すれば、ストルパー＝サミュエルソン定理に適合的である点を指摘している。

　しかし Goldberg and Pavcnik［2007］は、これらの説明ではいずれも完全に前述の矛盾を説明できるわけではないことを指摘する。例えば第一の点に関しては、土地ないし天然資源集約的部門での賃金が上昇したのならそれらの部門へ労働の再配分が起こっているはずだが、そのような証拠がみられるとは言えないとする。また第二の点に関しても、財の相対価格の変化と技能・非技能労働者間の相対賃金の変化とを正確に分析した研究が少なく、この点が必ずしも立証されたとは言えないとしている。さらに第三の点に関しても、貿易相手国ごとの輸出財の技能集約度に関して正確に分析できていないことなどを指摘している。

　さらに、貿易自由化以前の保護パターンに着目した研究の中にも、関税率と相対賃金との間に有意な関係はなかったとする研究もある。例えば 1987 年から 1998 年のブラジルを対象とした Pavcnik et al.［2004］や 2000 年か

ら 2006 年のチリを対象にした Murakami［2013］では、産業賃金プレミアムが低い産業ほど非技能労働者の雇用比率が高かったことを示しているが、その後の関税率の引き下げと産業賃金プレミアムとの間には有意な関係はなかったしている。これらの結果もヘクシャー＝オリーン・モデルの諸仮定の矛盾に着目するだけでは、これらの国々における賃金格差の経路を説明することができないことを示している。

（2） 技能偏向的技術変化に着目した研究

　ヘクシャー＝オリーン・モデル自体を妥当とする議論の最大の問題点は、産業間貿易を説明するこのモデルでは、先進国・発展途上国双方において産業内で技能労働者への需要の増加が高まっているという事実を説明できないことである［Harrison, McLaren, and McMillan 2011］。このような産業内における技能労働者の需要の増加を説明するのが、技能偏向的技術変化（skill-biased technological change: SBTC）であり、ICT のような技術進歩は非技能労働者を代替しその雇用を減らす一方で、高技能労働者の雇用を増やすというものである。

　貿易自由化以降のラテンアメリカ諸国においても産業内での技能労働者の雇用比率、相対需要、賃金プレミアムなどが上昇しているという点は、アルゼンチン［Gasparini and Cruces 2010］、ブラジル［Green, Dickerson, and Saba Arbache 2001］、チリ［Robbins 1994］、コスタリカ［Robbins and Gindling 1999］、メキシコ［Cragg and Epelbaum 1996; 浜口・西島 2007］などで指摘されており、これらの研究では、このような産業内の変化はヘクシャー＝オリーン・モデルでは説明できないことを指摘している。

　さらに、技能労働者の相対賃金または相対需要やジニ係数などの格差に関する指標を被説明変数として、技術変化と貿易自由化に関する変数との両方を説明変数として分析を行った結果、技術変化に関する変数のみが有意に格差を拡大させ、貿易自由化は有意でないか、貿易自由化は伝統的貿易理論の予測通り格差を縮小させるとする研究も存在する。

例えばHarrison and Hanson［1999］では、1984年から1990年のメキシコにおける企業内の技能・非技能労働者間の賃金格差を分析した結果、各企業の技術水準の代理変数とする販売に占める特許料支払い比率は賃金格差に関して有意に正である一方、当該企業の属する産業の関税率や各企業の輸入割合などの貿易自由化に関する変数は有意ではないとする。Mazumdar and Quispe-Agnoli［2002］でも、1994年から1997年のペルーの製造業において、各産業の輸入機械の比率が技能労働者の雇用比率と正に相関する一方、各産業の輸出比率や輸入比率は有意な変数ではないとする。Acosta and Gasparini［2007］でも、1991年から2001年のアルゼンチンの製造業において、各産業の機械設備の投資は産業固有な技能労働者に対する賃金プレミアムを有意に増加させるが、輸入浸透率などは有意ではないとする。1960年から1996年のチリを分析したGallego［2012］でも、世界的な技術変化の代理変数とするアメリカ合衆国の技能労働者の賃金プレミアムがチリの技能労働者の相対需要と正に相関する一方、GDPに占める輸出比率やストルパー＝サミュエルソン効果を表す非技能労働集約財の価格は有意ではないとする。

　さらに、Esquivel and Rodríguez-López［2003］では、北米自由貿易協定（NAFTA）発行前後の時期である1988年から1994年と1994年から2000年のメキシコを分析した結果、NAFTA前の時期では貿易自由化はストルパー＝サミュエルソン定理の予測する通り技能・非技能労働者間の賃金格差を縮小させたが、技術変化がそれを上回って格差を拡大させたため、格差が拡大したとする。さらにNAFTA後の時期では、貿易自由化が格差を縮小する効果はなくなったが、技術変化は引き続き格差を拡大させたとしている。また、先進国と発展途上国を含む51か国を対象に1981年から2003年に関してパネルデータ分析を行ったIMF［2007］でも、この間のラテンアメリカ・カリブ諸国において、格差拡大に貢献していたのは技術変化（指標は総資本ストックに占めるICT資本ストック比）や資本自由化（指標は対内直接投資比率）であり、輸出比率や輸入関税の削減といった貿易自由化に

関わる変数はむしろ格差縮小に貢献したとしている。

　しかし、これらの研究は技術変化をグローバル化と独立に生じる変数として扱っており、技術変化がグローバル化と無関係に外生的に生じると考えるのは不自然だという問題がある。実際に Acemoglu [2003] では、貿易自由化によって技能労働者と補完的な機械や中間財の輸入が容易になることで、発展途上国で内生的に SBTC が生じることを理論的に示している。従って、貿易自由化がどのように SBTC を引き起こし、産業内での技能労働者の需要増と賃金格差の増大をもたらすかを説明することができる理論モデルが必要であると言える。

（3）　産業内の工程間分業に着目した研究

　貿易自由化が SBTC を通して賃金格差を拡大させる点を説明するものとして重要なのが、産業内の工程間分業（オフショアリング）に関する理論である。ヘクシャー＝オリーン・モデルのような伝統的貿易理論では、国際貿易は産業間のみで起こるとし、最終財の生産まで同一の国で行われることが前提とされていた。しかし、1980 年以降の ICT 技術の発展による調整コストの低下は、同一財の生産を複数の国で行う工程間国際分業（フラグメンテーションとも呼ばれる）を可能にし、生産要素集約度の異なる生産工程を各国の生産要素賦存条件に合わせて配置することを可能とした［Baldwin 2011］。例えばある財の生産において、非技能労働集約的な一部の生産工程を発展途上国で行うことが可能になったのである。

　このように国境を越えてある生産工程ないし生産活動を海外に移転することを「工程間分業（オフショアリング）」と呼ぶ[7]。これは海外直接投資（FDI）を行って自社の子会社を海外に設立するか、海外に生産拠点を持つ自社外の他国籍企業または現地企業に海外アウトソースすることで実現可能となる。

　このようなオフショアリングが賃金格差にどのような影響を与えるかに関しては、いくつかの理論モデルがあげられる。代表的なのが Feenstra and

Hanson［1997］の理論モデルである。このモデルでは、最終財生産が技能集約度の異なる連続的な生産工程から成り、あるカットオフよりも非技能労働集約的な生産工程が先進国から発展途上国へオフショアされることで費用最小化が実現するとする。その上で先進国からのFDIなどでオフショアが促進されると、先進国にはより技能労働集約的な生産工程が残り、先進国から新たにオフショアされる生産工程は発展途上国にとっては今までオフショアされていた生産工程と比較して技能労働集約的となるため、先進国・発展途上国双方で技能労働者の賃金が上昇することを予測する。さらに実証分析として、1970年代から1980年代のメキシコにおいて、このモデルの予測通りマキラドーラのもとで行われるFDI流入（即ちアメリカ合衆国からのオフショアリングの指標）が産業内における技能労働者に支払われる賃金の比率を増加させたことを示した。

　しかし、先進国から発展途上国にオフショアされる生産工程は、必ずしも発展途上国にとって技能労働集約的ではない可能性もある。Khalifa and Mengova［2010］の理論モデルでは、最終財生産には技能労働者によって行われる生産工程（H）と非技能労働者によって行われる生産工程（L）があるが、先進国はある閾値以上の技能労働者の豊富度を持つ発展途上国にはHをオフショアし、それ以下の豊富度の発展途上国にはLをオフショアするとする。この場合、ある閾値以上の技能労働者の豊富度を持つ発展途上国では賃金格差が拡大し、それ以下の豊富度の発展途上国では賃金格差が縮小することになる。この理論モデルをもとに、1982年から2000年までについて、15か国のラテンアメリカ・カリブ諸国を含む29か国の発展途上国を対象としたパネルデータ分析を行った結果、技能労働者の豊富度にある閾値が存在し、それ以上の相対的に技能労働豊富な発展途上国ではオフショア（アメリカ合衆国からのFDIで計測）と賃金格差とに有意な関係はないが、それ以下の相対的に技能労働希少な発展途上国では、モデルの予測通りオフショアは賃金格差を縮小させたとしている。

　このように、ラテンアメリカ諸国において先進国からのオフショアリング

で賃金格差が拡大するのか縮小するのかは、その生産工程がラテンアメリカ諸国にとって技能労働集約なのか非技能労働集約的なのかに依存しており、それはその生産工程の特色やラテンアメリカ諸国の要素賦存によって決まると考えられる。

しかし、産業内のオフショアリングはグローバル化がSBTCを通して賃金格差拡大を起こす重要な経路であることは間違いないが、ラテンアメリカ諸国に関する実証研究は多くない。その要因として、ラテンアメリカ諸国がメキシコや一部の中米諸国を除いては域内外のバリュー・チェーンに統合されておらず、中間財貿易が希少であることがあげられる。また、オフショアリングの指標としては、海外アウトソーシングに関わるデータは利用が困難な場合が多く、FDI以外の有力なデータがないこともあげられる。とはいえ、メキシコや中米・カリブ諸国においてはこの経路が重要であることは間違いなく、一層の理論、実証両面での研究が必要と考えられる。

(4)「新々貿易理論」に基づく研究

産業内オフショアリングに加えて、近年有力となっているのがMelitz［2003］に始まる企業の異質性を考慮した貿易理論であり、これは「新々貿易理論」と呼ばれるものである。ただし、このメリッツ・モデル［Melitz 2003］では、貿易自由化によって低生産企業の市場からの退出や輸出企業が増加することで、企業の平均生産性の上昇が起きることは予測するが、このモデル自体からは賃金格差への影響は分析することができない［Harrison, McLaren, and McMillan 2011］。

そこで、このモデルを拡張することで、企業の異質性を主要な経路として貿易自由化の賃金格差への影響を予測可能とする理論モデルの構築が行われてきた。代表的なものとしては、Egger and Kreickemeier［2009］やHelpman, Itskhoki, and Redding［2010］のモデルがある。これらのモデルでは、摩擦の存在する労働市場をメリッツ・モデルに導入することで、貿易自由化は生産性の高い企業で雇用される労働者が高賃金を受け取るという効

果を強め、生産性の低い企業で雇用される労働者との賃金格差を拡大させることを理論的に示した。さらに、貿易自由化は生産性の低い企業の退出を促進するので、失業によって賃金が得られない労働者の存在を考慮すると、貿易自由化によって賃金格差は一層拡大することが明らかてある［Harrison, McLaren, and McMillan 2011］。

このようなラテンアメリカ諸国を対象とした企業の異質性に着目した実証研究としては、以下があげられる。メキシコを対象としたものとしてはまず、メリッツ・モデル登場以前の研究であるが、Robertson［2000］では、メキシコにおいて1987年以降に観察された産業内で技能労働者の需要と賃金が上昇する経路として、輸出企業が競争に打ち勝つために技能労働者と補完的な新しい技術を導入した可能性に既に言及している[8]。それによると、1991年と1995年時点のメキシコの製造業では、輸出企業の方が国内向け企業よりも新しい技術投資を行う傾向にあったとする。

Verhoogen［2008］では、高生産性企業ほど質の高い財を生産し、高い賃金を払い、輸出企業になれるとする。さらに自国通貨の減価は高生産企業にのみ輸出を増加させ、製品の品質を上げ、賃金を上昇させるとする企業の異質性に基づくモデルを構築した。そのうえで、メキシコの通貨危機に伴う自国通貨減価直後の時期である1993年から1997年において、モデルの予測通り、もともとの生産性が高い企業では、生産性の低い企業に比べて輸出を増加させ技能労働者の賃金を上昇させることを示し、このことが産業内の技能・非技能労働者間の賃金格差の拡大に貢献したことを示した。

またFrías, Kaplan, and Verhoogen［2012］でも、メキシコの企業レベルデータを用いて、1993年から1997年と1997年から2001年とを比較して、後者で輸出比率が増加すると、当該企業の賃金分布の低分位（第1十分位）には賃金への影響はないが、第1四分位以上の賃金分布では賃金を増加させる効果があり、その効果は賃金分布が高分位になるほど大きかったことを明らかにしている。従って、輸出が増加することは企業内で相対的に賃金の高い労働者の賃金をさらに押し上げるが、賃金の低い労働者には影響がなく、

両者の間の格差を拡大させることを示した。

アルゼンチンを対象とした分析としては、以下があげられる。Bustos [2011a] では Melitz [2003] のモデルを拡張し、企業は生産性に応じて、①市場からの退出、②低技術を使って国内市場に参加、③低技術を使って輸出、④高技術を使って輸出という行動をとるとして、貿易自由化は輸出企業の高技術を採用する生産性の閾値を低下させ、生産性の高い企業の間で高技術の採用を促進するという理論モデルを構築した。その上で、1992 年から 1996 年のアルゼンチンの製造業に関して、貿易自由化（ここでは MERCOSUR の発効によるブラジルがアルゼンチンに課す関税の減少で定義）はモデルの予測通り大規模（規模の分布において第3四分位以上）企業で技術投資を増加させていることを示した。

また Bustos [2011b] では、同様のモデル用いて、同じ期間のアルゼンチンにおいて貿易自由化が大規模企業の技能労働者の雇用シェアを増加させることで産業内の技能労働者の需要を増加させたことを示した。さらに Brambilla, Lederman, and Porto [2012] では、1998 年から 2000 年のアルゼンチンの製造業において、高所得国に輸出する企業は、低所得国に輸出する企業や国内企業よりも高技能労働者を多く雇い高い賃金を支払う傾向にあることを示した。

さらにチリを対象とした Namini and López（2013）でも、1990 年から 1999 年の製造業において、生産性が高い企業、規模の大きい企業、輸出を行っている企業は技能労働者へ高い賃金を支払っていることを示した。

これらの研究では、設定する理論モデルに若干の違いはあるが、輸出企業や大企業の行動に着目することで、貿易自由化がこれらの企業で技能労働者に補完的な技術を導入したり、より直接的に技能労働者の雇用比率や賃金を高めたりすることで、企業内および産業内の技能・非技能労働者間の賃金格差拡大に寄与した点を示している。ラテンアメリカ諸国は企業レベルのデータが利用可能な国も少なくなく、この経路に着目した研究から貿易自由化が格差に与える影響について今後さらに詳細な解明がなされることが期待される。

表2-1 ラテンアメリカ諸国における貿易自由化と所得分配に関する先行研究のまとめ

理論的枠組み	主要な経路	代表的研究(研究名：分析国，分析期間)
①伝統的貿易理論（ヘクシャー＝オリーン・モデル）の諸仮定と現実の矛盾	1. 技能労働者と補完的な天然資源の存在 2. 貿易自由化以前の非技能労働集約的な財への保護 3. 低所得国と比較して技能労働が豊富	1. Leamer et al. [1999]：ラテンアメリカ全域, 1980, 1990 2. Beyer, Rojas, and Vergara [1999]：チリ, 1960-96 Hanson and Harrison [1999]：メキシコ, 1984-90 Feliciano [2001]：メキシコ, 1984-90 Attanasio, Goldberg, and Pavcnik [2004]：コロンビア, 1984-98 Goldberg, and Pavcnik [2005]：コロンビア, 1984-98 Galiani and Porto [2010]：アルゼンチン, 1974-2001 Murakami [2014a]：チリ, 1974-2007 3. Robertson [2000]：メキシコ, 1987-1995 Wood [1997]：ラテンアメリカ全域, 1980年代と1990年代
②技能偏向的技術変化（SBTC）	産業内での技能労働者への需要増	Robbins [1994]：チリ, 1957-1992 Cragg and Epelbaum [1996]：メキシコ, 1987-1993 Harrison and Hanson [1999]：メキシコ, 1984-90 Robbins and Gindling [1999]：コスタリカ, 1975-1993 Green, Dickerson, and Saba Arbache [2001]：ブラジル, 1981-1999 Mazumdar and Quispe-Agnoli [2002]：ペルー, 1994-1997 Esquivel and Rodríguez-López [2003]：メキシコ, 1988-2000 Acosta and Gasparini [2007]：アルゼンチン, 1991-2001 浜口・西島 [2007]：メキシコ, 1992-2000 Gasparini and Cruces [2010]：アルゼンチン, 1974-2006 Gallego [2012]：チリ, 1960-1996

③産業内の工程間分業	先進国からオフショアされた生産工程が自国にとっては技能労働集約的	Feenstra and Hanson ［1997］：メキシコ, 1975-1988
④「新々貿易理論」に基づく企業の異質異性	生産性の高い輸出企業・大企業での技能労働者への需要増	Verhoogen ［2008］：メキシコ, 1986-2001 Bustos ［2011a; 2011b］：アルゼンチン, 1992-1996 Brambilla, Lederman, and Porto ［2012］：アルゼンチン, 1998-2000 Frías, Kaplan, and Verhoogen ［2012］：メキシコ, 1993-2001 Namini and López ［2013］：チリ, 1990-99

出典：執筆者作成

3 2000年以降のラテンアメリカ諸国における二つのタイプのグローバル化と所得格差

　このようにラテンアメリカ諸国における貿易自由化と所得格差に関しては、①伝統的貿易理論に基づいてヘクシャー＝オリーン・モデルの諸仮定と現実の矛盾に着目した研究、②SBTCに着目した研究、③産業内の工程間分業に着目した研究、④「新々貿易理論」に基づいて企業の異質性に着目した研究などがあり、それぞれの理論的予測に基づいてラテンアメリカ各国を対象とした実証研究が行われてきた（表2-1参照）。これらの先行研究は主にラテンアメリカ諸国において所得格差が拡大した1990年代までを対象にし、理論モデルとしても、なぜ発展途上国であるラテンアメリカ諸国で技能・非技能労働者間の賃金格差が拡大したかの説明を目的としたものである。
　しかし、「はじめに」で述べたように、ラテンアメリカ諸国では2000年以降にほとんどの国々で格差縮小が起こったことが確認されている。しかし、

これに関しては第2節でサーベイした先行研究で分析の対象となったとは言えない。従って2000年以降の格差縮小はグローバル化との関連で体系的に分析が行われる必要があると考えられる。さらに、「はじめに」で述べたように、ラテンアメリカ諸国で1990年以降生じている重要な傾向として、構造的特徴の違いに由来する異なったグローバル化のパターンが出現していることがあげられるが、これらの先行研究はこの点を踏まえて貿易自由化の所得格差への影響を分析したわけではない。

ラテンアメリカの構造的特徴として、「はじめに」で紹介した構造主義の議論に基づくと、伝統的構造主義はラテンアメリカ諸国の周辺性として一次産品依存を強調したが［Prebisch 1950］、その後のECLACの研究では一次産品依存だけでなく技術進歩の遅れ［ECLAC 1990］やGVCへの統合の遅れ［ECLAC 2014］を周辺性として強調していることが分かる。即ちECLAC［2014］では、ラテンアメリカ諸国の周辺性の特徴を、一次産品依存が高いだけでなく、内生的な技術進歩の遅れに加えて産業内貿易とバリュー・チェーンのプレゼンスが弱いことにあるとする。このような①一次産品依存の程度、②技術進歩の程度、③GVCへの統合の程度の3点から周辺性を特徴づける立場からは、その程度に応じて現在のラテンアメリカ諸国には主に二つのタイプのグローバル化が存在していると考えることができる［浜口・村上 2017］[9]。

この二つのタイプの特徴は表2-2にまとめられている。第一のタイプはメキシコやコスタリカなどの中米諸国にみられるもので、保税加工制度のもと積極的に外資を受け入れてGVCへの統合を進め、一次産品依存度も低い傾向にあるが、技術進歩は同程度の所得水準のアジア諸国と比較すると大きく遅れているというものである。第二のタイプはブラジル、チリをはじめとする南米諸国にみられるもので、自国に存在する豊富な天然資源を反映して一次産品依存度が高く、GVCの形成も遅れており、さらに技術進歩に関しては第一のタイプ同様に遅れているというものである［浜口・村上 2017］。

以下では、この二つのタイプにおいてグローバル化が近年（2000年以降）

表2-2 ラテンアメリカにおける二つのタイプのグローバル化

	メキシコ・中米型	南米型
3つの周辺性		
一次産品依存の程度	低い	高い
技術進歩の程度	低い	低い
GVCへの統合の程度	高い	低い

出典：執筆者作成

の所得格差に与える主要な経路とは何かを指摘し、それをさらに明らかにするには今後どのような研究が必要とされるかを論じる。

（1） メキシコ・中米型

　先行研究の結果によれば、このタイプに関しては、前述したFeenstra and Hanson［1997］などが示すように、北米のサプライチェーンへのメキシコや中米諸国の統合は、FDIや、海外アウトソーシングなどを通して北米からオフショアされた生産工程がこれらの国々で技能労働者への需要を増やすことで技能・非技能労働者間の賃金格差拡大に貢献してきたと考えられる。

　従ってSzékely and Mendoza［2017］も指摘しているように、今後も先進国（特にアメリカ合衆国）からのオフショアリングがこれらの国々の格差にどのような影響を与えるかは、オフショアされた生産工程がこれらの国々でどのような労働者が集約的に用いられるのか、即ち、それらの生産工程の技能集約度に依存すると考えられる。

　この点で考慮する必要があるのは、発展途上国側の技能労働者の供給増という要素賦存の変化である。事実、Campos-Vázquez, Esquivel, and Lustig［2014］ではメキシコにおいて1988年以降、一貫して技能労働者（高校卒業以上の労働者）の相対供給が増加していることを示している[10]。ここで第2－（3）節で紹介したFeenstra and Hanson［1997］のモデルを用いると、発

展途上国で技能労働者の相対供給が増加した場合、一層技能労働集約的な生産工程が発展途上国にオフショアされ、技能労働者への需要を増やすことになる[11]。これは Khalifa and Mengova［2010］のモデルや、Feenstra and Hanson［1997］のモデルを生産工程ではなく財貿易に読み替えて拡張した Zhu and Trefler［2005］のモデルの予測にも一致する[12]。即ち、発展途上国で技能労働者の供給が増大し、先進国の生産要素賦存に近づいたり、生産性が先進国にキャッチアップすると、発展途上国では一層、技能労働者の相対需要が増加する可能性がある。

　一方で、1994年以降に関してはメキシコでも格差縮小が報告されているため、この点はこれらのモデルの予測には一致しないことになる。これに関しては技能労働者の供給増加による賃金低下が、オフショアリングから生じる技能労働者の需要増加による賃金上昇を上回ったと解釈することが可能であろう。実際、Campos-Vázquez, Esquivel, and Lustig［2014］は1994年から2006年における技能労働者（大学卒業および高校卒業の労働者）の賃金プレミアムの変化を需要要因と供給要因に分解した結果、想定する技能・非技能労働者間の代替の弾力性によって結果は変わるものの、需要要因は引き続き格差拡大に作用するが、それ以上に技能労働者の供給増加による縮小効果が上回ったため、賃金プレミアムが縮小したことを明らかにしている。1990年代半ば以降のメキシコの所得格差の縮小要因についてサーベイした Lustig, Lopez-Calva, and Ortiz-Juarez［2013］でも、技能労働者の供給増が技能労働者の賃金プレミアムの基本的な要因であることを指摘している。さらに浜口・西島［2007］でも、1990年代後半（1996〜2000年）においては1990年代前半（1992〜1996年）と比較して学歴グループ（高校卒業未満と大学進学者を含む高校卒業以上の労働者）間の賃金格差の縮小や賃金プレミアムに対する学歴効果の縮小などがみられ、この要因として高校を卒業した労働者の供給が増加してその希少性が薄れてきたことを指摘している。

　従って、このような技能労働者の供給増加に伴う生産要素賦存の変化が、供給要因とオフショアされる生産工程の技能集約度の影響を受ける需要要因

を通して賃金格差にどのような影響をもたらしているのか、一層の研究が必要であると言える。

　また、このタイプにおいて生産性の上昇と持続的経済成長に不可欠と考えられるのが、参加するバリュー・チェーンの中で付加価値を増やすアップグレーディングを実現することである［浜口・村上 2017］。しかし、このようなGVCに統合された企業の生産工程の付加価値を上昇させることは、第2－(4)節で言及したVerhoogen［2008］ら企業の異質性に着目する研究が示しているように、これらの企業が技能労働者に補完的な技術を導入することを一層促進すると考えられるため、企業内および国内企業との間の賃金格差の拡大をもたらす可能性が高いと言える。

　一方で、多くのFDIに関する研究が示しているように、国内において生産性の高い企業が活動することは、模倣、観察、競争、後方・前方連関などのいくつかの経路を通して国内企業に技術スピルオーバーをもたらし、非技能労働者を多く雇用すると考えられる国内企業にも生産性や賃金の上昇をもたらす可能性もある。例えばJordaan［2008］では、1993年のメキシコ内の複数の州の製造業部門におけるFDIの国内企業の生産性への影響を分析した結果、同一産業内の外国企業と国内企業との生産性格差は、国内企業の生産性を有意に向上させることを示しており、同一産業内に高生産性企業が存在することは、生産性の低い国内企業の生産向上のためのポテンシャルとなることを示している。

　また、FDIの技術スピルオーバーに関する実証研究を包括的にサーベイしたMurakami and Otsuka［2017］では、特に発展途上国においては後方連関効果を通した産業間FDIが国内産業の生産性に正の効果をもたらすとする研究が多いことを明らかにしている。前述のJordaan［2008］でも、後方連関効果を通した産業間FDIがメキシコの国内企業の生産性を改善させることを示している。これらの結果は、外国企業が存在することで生産性の低い同一産業内の国内企業や中間財を供給する他産業の国内企業の生産性を向上させる可能性があることを示している。

従って、GVC に統合された高生産性企業がアップグレーディングを実現することは、一方でこれらの高生産企業で技能労働者の需要を高めるが、他方で高生産性企業からの技術スピルオーバーを通して非技能労働者を多く雇用する国内企業の生産性や賃金を高める効果も存在すると考えられる。しかし、例えばインフォーマルセクターのような GVC に統合された大企業からは断絶した国内企業の存在は、このような技術スピルオーバーの出現を妨げると考えられる。従って、GVC に統合された企業やそれらと国内企業との関係性にどのような特性があれば国内企業への技術スピルオーバーが起こり、国内企業の生産性や賃金を高めるのか、メキシコや中米諸国に関して GVC に統合された企業と国内企業双方の長期的な生産性や賃金の変化や両者の関係性に着目した研究が必要と考えられる。

（2） 南米型

　このタイプに関しては産業間貿易が主流であるために、産業内の工程間分業の影響はメキシコ・中米型と比べて限定的であり、依然として伝統的貿易理論を基本的枠組みとして貿易自由化の影響を論じることが可能と考えられる。従って、2000 年以降の資源ブームと所得格差の縮小との関係を分析するにあたっても、一次産品部門の技能集約度が重要であると考えられる。この時期は前述したように先立つ時期の貿易自由化によって非技能労働集約産業への保護が既に撤廃されているため、一次産品部門が非技能労働集約的であれば、輸出拡大によるストルパー＝サミュエルソン効果が格差縮小をもたらすと考えられるからである。

　ラテンアメリカ諸国の輸出部門の技能集約度に関する研究としては、以下があげられる。Wood［1997］では、1970・1980 年代においてブラジル、チリ、コロンビア、ウルグアイでいずれも輸出部門が輸入競争部門よりも非技能労働集約的であったことを指摘している。Perry and Olarreaga［2007］では、ラテンアメリカ諸国における一次産品輸出と技能集約度との関係を分析した結果、鉱物輸出が資本集約的である一方、食料品輸出は非技能労働集

約的であったことを明らかにしている。Székely and Mendoza［2017］でも石油採掘や鉱業部門の場合は通常、資本ないし技能労働集約的であることを指摘しているが、食料品を含む農業部門であっても土地所有が集中している場合は資本集約的な技術を導入することが多く技能労働集約的になることを指摘している。

またチリに関しては、2000年以降の資源ブームと賃金格差に関する近年の研究として以下があげられる。Pellandra［2015］では、2003年から2011年のチリにおいて、州別の非技能労働者の賃金の変化に対して、州別の貿易財価格の変化や一人あたり輸出額の変化が有意に正であったことを示している。Murakami and Nomura［2016］では、1996年から2006年の賃金格差の縮小要因として、非技能労働者の賃金プレミアムの上昇と非技能労働集約的な農業などでの産業賃金プレミアムの上昇があったことを明らかにしている。これらの研究は、チリにおいて輸出部門、特に一次産品部門が非技能労働集約的であり、これらの部門が資源ブームによって価格上昇を経験したことで、ストルパー＝サミュエルソン効果が生じて賃金格差が縮小したことを示している。

さらにラテンアメリカ全域を対象としたパネルデータ分析を行い、一次産品輸出依存度の高い南米諸国において特に交易条件の改善が格差を縮小させていることから、一次産品部門が非技能労働集約的でありその価格上昇が格差縮小をもたらしていることを支持する研究もある。Székely and Mendoza［2017］では、ラテンアメリカ18か国を対象に1980年から2013年に関してパネルデータ分析を行った結果、交易条件の改善はジニ係数を有意に低下させるが、その効果は南米諸国のほうがメキシコ・中米諸国よりも大きかったことを示している。従って、これらの結果はやはり南米諸国において、前述の通り、ストルパー＝サミュエルソン効果が生じて格差が縮小したことを示している。ただし、輸出部門の技能集約度は国や時期によって異なると考えられ、国ごとの一次産品部門の技能集約度や非技能労働集約財の相対価格と非技能労働者の相対賃金に関して、詳細な研究が必要である。

また2000年以降の所得格差縮小に影響を与えたのは、一次産品部門だけでない可能性もある。例えばGasparini and Cruces［2010］では、アルゼンチンにおいて2002年に固定為替制度（カレンシーボード制）を放棄し為替レートの大幅な減価を行ったことで、繊維産業のような非技能労働集約的な輸入競争部門の競争力が大幅に向上して輸入代替が進んだことも、2003年以降の格差縮小の重要な要因であったとする。

　さらに、資源ブームのもたらす所得効果によって、サービス部門が拡大したと考えられるが、このようなサービス部門が非技能労働集約的であれば、それによっても所得格差縮小に貢献する可能性もある。このように資源ブームの輸出部門への影響だけでなく、この時期の為替レートの影響を通した輸入競争部門やサービス業部門への影響も含めた研究も必要である。

　最後にこの南米型タイプにおける特徴として、対外的なショックに対する脆弱性から生じる景気後退やマクロ経済状況の悪化も所得格差に与える重要な経路になると考えられる［Thorbecke and Nissanke 2008］。対外的なショックとしては、1990年以降繰り返されてきた非整合的な為替相場制度のもとで生じた通貨危機や近年の金融危機をあげることができる。しかし、それらに加えて、このタイプの国々では、一次産品輸出先の景気動向の影響を敏感に受けやすく、さらには積極的財政金融政策を行うとインフレが発生しやすく、反景気循環的マクロ経済政策で景気を平準化させながら経済成長を維持することは困難であるため、対外的な経済環境の変化に対しても国内経済が脆弱であるという特徴がある［浜口・村上 2017］。一般に、低所得者層は所得に占める賃金所得の割合が高く、負の経済ショックが引き起こすインフレや失業率の増大によって直接的な被害を受けやすい［Thorbecke and Nissanke 2008; Nissanke and Thorbecke2010; 村上・久松 2014］。従って、このタイプでは対外的なショックに対する脆弱性から生じる景気後退やマクロ経済状況の悪化も所得格差を拡大する要因になると言える。

　実際、Gasparini and Cruces［2010］では、アルゼンチンにおいては1988年から1990年や1999年から2002年といった経済成長率の大きなマイナス

や高いインフレ率を経験した期間でジニ係数が大きく上昇していることを明らかにしている。その要因としては、前述のような低所得者層の状況に加え、不況期に労働需要が減少すると、以前は非技能労働者が行っていた職を技能労働者が代替することで、一層、非技能労働者の雇用が縮小することを指摘している。また第2-(2)節で紹介したIMF［2007］では技術変化に加えて資本自由化がラテンアメリカおよびカリブ諸国においても格差を拡大させていたことを明らかにしているが、その経路の一つとして、資本自由化によって金融上のボラティリティが上昇することで金融危機を引き起こし低所得者層に悪影響を与え、所得格差拡大を引き起こす可能性を指摘している。

その意味では、近年、南米諸国の多くが世界金融危機や中国経済の減速といった対外的なショックを受けて国内経済が減速傾向にあることを考えると、このタイプにおいては対外的な脆弱性がもたらす景気後退やマクロ経済状況の悪化を通しても所得格差に影響を与えていると考えられ、この経路に関する研究も必要であると言える。

おわりに

本章では、まず第1節でラテンアメリカ諸国の貿易自由化の進展を概観し、その開始時期と導入速度に相違はあるが、ラテンアメリカ諸国は1990年代前半までに輸入関税の引き下げをはじめとする片務的輸入自由化を断行し、さらに1990年代以降は片務的自由化だけではなく地域貿易協定を中心とした互恵的自由化によって貿易自由化を一層進めたことを指摘した。

ラテンアメリカ諸国は一般的に非技能労働が相対的に豊富であると考えられるので、ヘクシャー＝オリーン・モデルのような伝統的貿易理論に従えば、貿易自由化を行うと技能・非技能労働者間の賃金格差は縮小すると考えられた。しかし実際には、1970年代から1990年代を対象とした研究では、ラテンアメリカ諸国において貿易自由化を行うと格差が拡大したとするものが多い。そのため第2節ではこの矛盾を説明するため、これまでどのような理論

的説明が考えられ、それに基づいてどのような実証結果がラテンアメリカ諸国を対象とした研究で得られてきたかを詳細に明らかにした。

　それらをまとめると、ラテンアメリカ諸国に関して、①伝統的貿易理論に基づいてヘクシャー＝オリーン・モデルの諸仮定とラテンアメリカ諸国の現実の矛盾に着目した研究、②産業内のSBTCに着目した研究、③産業内の工程間分業に着目した研究、④「新々貿易理論」に基づいて企業の異質性に着目した研究が行われ、これらの経路を通して貿易自由化が格差拡大をもたらしたことが実証研究から明らかになったことが分かった（表2-1参照）。

　しかしながら、これらの研究では2000年以降のラテンアメリカ諸国の格差縮小に関しては分析の対象となっておらず、ラテンアメリカ諸国で生じている構造的特徴に由来するグローバル化のタイプの違いを考慮して貿易自由化の所得格差への影響が論じられてきたわけではない。そこで第3節では、現在のラテンアメリカ諸国においては「メキシコ・中米型」と「南米型」という二つのタイプのグローバル化があることを指摘し、それぞれのタイプにおいて、グローバル化が近年（主に2000年以降）の所得格差の動向に与える主要な経路は何かを指摘し、それを一層明確にするためには今後どのような研究が必要とされるかを論じた。

　その議論をまとめると、北米とのバリュー・チェーンに統合された「メキシコ・中米型」では、オフショアされる生産工程のこのタイプの国々にとっての技能集約度が所得格差に影響を与える重要な経路であると考えられる。従って、1990年代半ば以降のメキシコの所得格差縮小は、技能労働者の供給増加による賃金低下が、オフショアリングから生じる技能労働者への需要増加による賃金上昇を上回ったと考えられることを指摘した。その上で、このような生産要素賦存の変化が、供給要因とオフショアされる生産工程の技能集約度の影響を受ける需要要因を通して賃金格差に与える影響に関して一層の研究が必要であることを指摘した。また、GVCに統合された高生産性企業がアップグレーディングを実現することは、一方ではこれらの企業内部や国内企業との間の賃金格差を拡大させる可能性が高いが、他方では後方連

関効果などを通した GVC に統合された企業からの技術スピルオーバーによって非技能労働者を多く雇用する国内企業の生産性や賃金を高める可能性も考えられる。従って、このような技術スピルオーバーの国内企業の生産性や賃金への影響やそれが起こる条件や経路に関しても一層の研究が必要であることも指摘した。

一方、一次産品を輸出する産業間貿易が中心の「南米型」では、一次産品部門の技能集約度が所得格差に影響を与える重要な経路であり、一次産品部門が非技能労働集約的であれば 2000 年以降の南米諸国の所得格差縮小も伝統的貿易理論（ストルパー＝サミュエルソン定理）によって説明可能である。従って、伝統的貿易理論を基本的な理論的枠組みとして、国ごとの一次産品部門の技能集約度や、非技能労働集約財の相対価格と非技能労働者の相対賃金に関して、詳細な研究が必要であることを指摘した。またこのタイプの特徴として一次産品の輸出先の景気動向の影響を敏感に受けやすく対外的なショックに対して脆弱であるので、それから生じる景気後退やマクロ経済状況の悪化も所得格差に与える重要な経路であることも指摘した。

本章では、グローバル化が貿易自由化以外の側面を通して所得格差に与える間接的影響に関しては言及することはできなかったことも最後に付記しておく。このような中でも特に重要なのは労働市場の制度的側面であろう。ラテンアメリカ諸国は一般に労働者の解雇に対する規制が強く労働市場改革は最も遅れている分野だが［細野 2003］、グローバル化は労働組合の交渉力や組織率、また最低賃金や賃金インデクゼーションといった労働市場の制度的側面に影響を与えることを通しても間接的に所得分配に影響を与えると考えられる[13]。この経路に関してもその影響は国、時期によって様々であると考えられ、国ごとの詳細な分析が必要である[14]。

このような労働市場の制度的側面の影響も含め、ラテンアメリカ諸国におけるグローバル化と所得格差に関してより詳細な全体像を示し、それに基づいて実証研究を一層進めていくことが今後の課題である。

注

第 2 章　ラテンアメリカにおけるグローバル化と所得格差の関係　101

1　グローバル・バリュー・チェーン（GVC）とは、デザインから中間財生産、組み立て、マーケティングなどに至る一連の生産工程が多国籍企業の管理、調整のもとで様々な国々に連続的にオフショアされているような国際的な分業体制を言う。従って、オフショアリングは、GVC の不可欠な要素であり、本章ではオフショアリングの所得格差に対する議論は、基本的に GVC と所得格差に関する議論でもあてはまることを前提にしている。
2　この貿易改革指標の元となる関税データは単一のデータベースではなく様々な情報源から収集したものである。詳細は Morley, Machado, and Pettinato［1999］の 21 ページを参照。なお、この指標は関税以外の非数量的な貿易障壁に関しては考慮していない。
3　これらの 7 か国は第 2 節で紹介する実証研究の対象となっている国になっている（表 2-1 を参照）。
4　チリでは 1973 年 12 月時点では最高 220%、平均 94%であった関税率が 1979 年 6 月までに一律 10%まで引き下げられるに至った［Ffrench-Davis 1980, 43］。
5　WITS のデータベースにおける各関税率の定義に関しては https://wits.worldbank.org/wits/wits/witshelp/content/data_retrieval/p/intro/C2.Types_of_Tariffs.htm を参照。それによると実行関税率は（ある国のある財の貿易相手国からの輸入に関して）利用可能な最も低い関税率として定義され、MFN 税率より低い利用可能な税率が存在しない場合は実行関税率は MFN 税率に等しいとされる。各財の実行関税率はこれらの値を当該貿易相手国からの輸入額で加重平均して算出される。
6　ただし Feliciano［2001］では、関税率ではなく輸入割当が賃金格差に対して有意な変数としている。
7　これに対して、ある生産活動や生産工程が組織を超えて移転されることはアウトソーシングと呼ばれる。
8　Robertson［2000］は、メキシコの 1987 年から 1995 年において、非技能労働集約財ほど大きな関税率の減少を経験し、かつ非技能労働者の賃金は非技能労働集約財の価格と連動していることから、ストルパー＝サミュエルソン定理でこの間の賃金格差の拡大は基本的に説明できるとしている。ただし、技能労働者の需要増を産業内と産業間とに分解すると、両者共にほぼ同様の説明力を有しているため、産業間だけではなく産業内で起きた要因にも言及している。
9　Kuwayama［2009］は、一次産品依存の程度とグローバル・バリュー・チェー

ン（GVC）への統合のあり方からラテンアメリカ・カリブ地域の貿易構造を3類型に分類しており、本章や浜口・村上［2017］の分類もこれに基づいている。ただしKuwayama［2009］ではメキシコ・中米型と南米型の2類型に加え、観光、金融、輸送などのサービス輸出の割合の高いパナマ・カリブ諸国型も3番目の類型としている。しかし本稿ではカリブ諸国に関しては主要な分析の対象外であるためこの3番目の類型は考慮していない。

10　Campos-Vázquez, Esquivel, and Lustig［2014, 146］のFigure 7.3を参照。

11　これは、Feenstra and Hanson［1997, 375］のFig. 2をもとに考えると分かりやすい。即ち、発展途上国の要素賦存が先進国に近づき費用曲線の傾きがゆるやかになると、資本移動によって途上国の費用曲線が下方シフする場合同様、オフショアされる生産工程のカットオフが右に移動し、発展途上国に一層技能労働集約的な生産工程がオフショアされることが分かる。

12　Zhu and Trefler［2005］は、発展途上国が生産性で先進国にキャッチアップすればするほど、かつて先進国で生産された技能労働集約財の生産が発展途上国に移動し、発展途上国で技能労働集約財の輸出が増え、国内の技能・非技能労働者間の賃金格差が拡大するモデルを構築した。この結果は第2‐(1)節のヘクシャー＝オリーン・モデルの諸仮定と現実の矛盾に着目する第3の点にも合致しており、発展途上国がキャッチアップして中進国になると国内の格差が拡大する可能性を示している。

13　ラテンアメリカ8か国（アルゼンチン、ブラジル、チリ、コロンビア、コスタリカ、メキシコ、ペルー、ウルグアイ）の1990年頃までの賃金インデクゼーション制度に関しては例えばMarinakis［1993］にまとめられている。

14　例えば、Campos-Vázquez, Esquivel, and Lustig［2014］は、メキシコでは1994年以降に実質最低賃金や労働組合の組織率に変化はほとんどなく、これらは1990年代半ば以降の格差縮小を説明するものではないとする。一方Gasparini and Cruces［2010］は、アルゼンチンでは2002年以降の実質最低賃金の上昇や労働組合の交渉力の回復が2003年以降の格差縮小に貢献したとしている。従って、近年の所得格差縮小に関しても労働市場の制度的変化の影響は一様ではないと考えられる。

[参考文献]

アンソニー・B・アトキンソン［2015］『21世紀の不平等』(山形浩生・森本正史訳)東洋経済新報社。

浜口伸明・西島章次［2007］「メキシコの貿易自由化と賃金格差」『國民經濟雜誌』195(1): 67-85。

浜口伸明・村上善道［2017］「ラテンアメリカ中所得国経済の発展と停滞における構造問題」『ラテン・アメリカ論集』51: 33-53。

細野昭雄［2003］「ラテンアメリカにおける改革と制度の構築：主要国の比較分析」西島章次・細野昭雄編著『ラテンアメリカにおける政策改革の研究』神戸大学経済経営研究所、pp. 61-97。

西島章次［1993］『現代ラテンアメリカ経済論』：インフレーションと安定化政策』有斐閣。

村上善道・久松佳彰［2014］「貧困層を利する成長」ラテン・アメリカ政経学会編『ラテン・アメリカ社会科学ハンドブック』新評論、pp. 86-94。

Acemoglu, Daron [2003] "Patterns of Skill Premia", *Review of Economic Studies*, 70(2): 199-230.

Acosta, Pablo, and Leonardo Gasparini [2007] "Capital Accumulation, Trade Liberalization, and Rising Wage Inequality: The Case of Argentina", *Economic Development and Cultural Change*, 55: 793-812.

Anderson, Edward [2005] "Openness and Inequality in Developing Countries: A Review of Theory and Recent Evidence", *World Development*, 33(7): 1045-1063.

Atolia, Manoj [2007] "Trade Liberalization and Rising Wage Inequality in Latin America: Reconciliation with HOS Theory", *Journal of International Economics*, 71: 467-494.

Attanasio, Orazio, Pinelopi K. Goldberg, and Nina Pavcnik [2004] "Trade Reforms and Wage Inequality in Colombia", *Journal of Development Economics*, 74(2): 331-366.

Baldwin, Richard [2011] "Trade And Industrialisation After Globalisation's 2nd Unbundling: How Building And Joining A Supply Chain Are Different And Why It Matters." NBER Working Paper 17716, Cambridge, MA: National Bureau of Economic Research.

Behrman, Jere, Nancy Birdsall, and Miguel Székely [2007] "Economic Reform and Wage Differentials in Latin America", *Economic Development and Cultural Change*, 56(1): 57-97.

Beyer, Harald, Patricio Rojas, and Rodrigo Vergara [1999] "Trade liberalization and wage inequality", *Journal of Development Economics*, 59(1): 103-123.

Brambilla, Irene, Daniel Lederman, and Guido Porto [2012] "Exports, Export Destinations, and Skills", *American Economic Review*, 102(7): 3406-3438.

Bustos, Paula [2011a] "Trade Liberalization, Exports, and Technology Upgrading: Evidence on the Impact of MERCOSUR on Argentinian Firms", *American Economic Review*, 101(1): 304-340.

Bustos, Paula [2011b]. "The Impact of Trade Liberalization on Skill Upgrading. Evidence from Argentina." Working Paper 1189. Barcelona: Department of Economics and Business, Universitat Pompeu Fabra.

Campos-Vázquez, Raymundo, Gerardo Esquivel, and Nora Lustig [2014] "The Rise and Fall of Income Inequality in Mexico, 1989-2010." In Giovanni Andrea Cornia ed., *Falling Inequality in Latin America: Policy Changes and Lessons*. Oxford: Oxford University Press, pp. 140-163.

Cornia, Giovanni Andrea. ed. [2014] *Falling Inequality in Latin America: Policy Changes and Lessons*. Oxford: Oxford University Press.

Cragg, Michael Ian, and Mario Epelbaum [1996] "Why Has Wage Dispersion Grown in Mexico? Is It the Incidence of Reforms or the Growing Demand for Skills?" *Journal of Development Economics*, 51(1): 99-116.

Economic Commission for Latin America and the Caribbean (ECLAC) [1990] *Changing Production Patterns with Social Equity: The Prime Task of Latin American and Caribbean Development in the 1990's*. Santiago, Chile: ECLAC.

Economic Commission for Latin America and the Caribbean (ECLAC) [2014] *Regional Integration: Towards an Inclusive Value Chain Strategy*. Santiago, Chile: ECLAC.

Egger, Hartmut, and Udo Kreickemeier [2009] "Firm Heterogeneity and the Labor Market Effects of Trade Liberalization", *International Economic Review*, 50(1): 187-216.

Esquivel, Gerardo and José Antonio Rodríguez-López [2003] "Technology,

Trade, and Wage Inequality in Mexico before and after NAFTA", *Journal of Development Economics*, 72: 543-565.

Feenstra, Robert C., and Gordon H. Hanson [1997] "Foreign Direct Investment and Relative Wages: Evidence from Mexico's Maquiladoras", *Journal of International Economics*, 42(3): 371-393.

Feliciano, Zadia M. [2001] "Workers and Trade Liberalization: The Impact of Trade Reforms in Mexico on Wages and Employment", *ILR Review*, 55 (1): 95-115.

Ffrench-Davis, Ricardo [1980] "Liberalización de importaciones: la experiencia chilena en 1973-79", *Colección estudios CIEPLAN*, 4: 39-78.

Ffrench-Davis, Ricardo [2010] *Economic Reforms in Chile: From Dictatorship to Democracy*. 2nd ed. Basingstoke, Hampshire; New York: Palgrave Macmillan.

Frías, Judith A., David S. Kaplan, and Eric A. Verhoogen [2009] "Exports and Within-Plant Wage Distributions: Evidence from Mexico", *American Economic Review*, 102(3): 435-440.

Galiani, Sebastian, and Guido Porto [2010] "Trends in Tariff Reforms and in the Structure of Wages", *Review of Economics and Statistics*, 92(3): 482-494.

Gallego, Francisco A. [2012] "Skill Premium in Chile: Studying Skill Upgrading in the South", *World Development*, 40(3): 594-609.

Gasparini, Leonardo, and Guillermo Cruces [2010] "A Distribution in Motion: The Case of Argentina." In Luis F. López-Calva and Nora Lustig eds., *Declining Inequality in Latin America: A Decade of Progress?* Washington, DC: United Nations Development Programme (UNDP) and Brookings Institution Press, pp. 100-133.

Goldberg, Pinelopi Koujianou, and Nina Pavcnik [2005] "Trade, Wages, and the Political Economy of Trade Protection: Evidence from the Colombian Trade Reforms", *Journal of International Economics*, 66: 75-105.

Goldberg, Pinelopi Koujianou, and Nina Pavcnik [2007] "Distributional Effects of Globalization in Developing Countries", *Journal of Economic Literature*, 45(1): 39-82.

Green, Francis, Andy Dickerson, and Jorge Saba Arbache [2001] "A Picture of Wage Inequality and the Allocation of Labor through a Period of Trade

Liberalization: The Case of Brazil", *World Development*, 29(11): 1923-1939.

Hanson, Gordon, and Ann Harrison [1999] "Trade Liberalization and Wage Inequality in Mexico", *ILR Review*, 52(2): 271-288.

Harrison, Ann, and Gordon Hanson [1999] "Who Gains From Trade Reform? Some Remaining Puzzles", *Journal of Development Economics*, 59(1): 125-154.

Harrison, Ann, John McLaren, and Margaret McMillan [2011] "Recent Perspectives on Trade and Inequality", *Annual Review of Economics*, 3(1): 261-289.

Helpman, Elhanan, Oleg Itskhoki, and Stephen Redding [2010] "Inequality and Unemployment in a Global Economy", *Econometrica*, 78(4): 1239-1283.

International Monetary Fund (IMF) [2007] *World Economic Outlook, October 2007: Globalization and Inequality*. Washington, D.C.: International Monetary Fund.

Jordaan, Jacob [2008] "Intra- and Inter-Industry Externalities from Foreign Direct Investment in the Mexican Manufacturing Sector: New Evidence from Mexican Regions", *World Development*, 36(12): 2838-2854.

Khalifa, Sherif, and Evelina Mengova [2010] "Offshoring and Wage Inequality in Developing Countries", *Journal of Economic Development*, 35(3): 1-42.

Kuwayama, Mikio [2009] "Quality of Latin American and Caribbean Industrialization and Integration into the Global economy." Serie Comercio Internacional 92, Santiago, Chile: ECLAC.

Leamer, Edward E., Hugo Maul, Sergio Rodriguez, and Peter K. Schott [1999] "Does Natural Resource Abundance Increase Latin American Income Inequality?" *Journal of Development Economics*, 59(1): 3-42.

López-Calva, Luis F., and Nora Lustig. eds. [2010] *Declining Inequality in Latin America: A Decade of Progress?* Washington, DC: United Nations Development Programme (UNDP) and Brookings Institution Press.

Lustig, Nora, Luis F. Lopez-Calva, and Eduardo Ortiz-Juarez [2013] "Declining Inequality in Latin America in the 2000s: The Cases of Argentina, Brazil, and Mexico", *World Development*, 44: 129-141.

Marinakis, Andrés E. [1993] "Wage Indexation, Flexibility and Inflation: Some Latin American Experiences during the 1980s". ILO Occasional Paper 6, Geneva, Switzerland: International Labor Office.

Mazumdar, Joy, and Quispe-Agnoli, Myriam [2002] "Trade and the Skill Premium in Developing Countries: The role of Intermediate Goods and Some Evidence from Peru". Working Paper No. 2002-11, Atlanta: Federal Reserve Bank of Atlanta.

Melitz, Marc [2003] "The Impact of Trade on Intra-Industry Reallocations and Aggregate Industry Productivity", *Econometrica*, 71(6): 1695-1725.

Meller, Patricio [2009] "From Unilateral Liberalization to Regional Free Trade Agreements: A Latin America Perspective", *Economic Change and Restructuring*, 42(1): 85-103.

Morley, Samuel A., Roberto Machado, and Stefano Pettinato [1999] "Indexes of Structural Reform in Latin America." Serie Reformas Económicas 12, Santiago, Chile: ECLAC, 1999.

Murakami, Yoshimichi [2013] "Trade Policy and Wage Inequality in Chile since the 1990s." Documentos de Proyectos 518, Santiago, Chile: ECLAC.

Murakami, Yoshimichi [2014a] "Trade Liberalization and Skill Premium in Chile", *México y la Cuenca del Pacífico* 3(6): 77-101.

Murakami, Yoshimichi [2014b] "Achievements and Problems of Economic Liberalization in Chile", *Annals of Economics and Business* 63: 57-81.

Murakami, Yoshimichi, and Tomokazu Nomura [2016] "Determinants of Wage Equalization in Chile from 1996 to 2006: Decomposition Approach." RIEB Discussion Paper Series DP2016-24, Kobe, Japan: Research Institute for Economics & Business Administration, Kobe University.

Murakami, Yoshimichi, and Keijiro Otsuka [2017] "A Review of the Literature on Productivity Impacts of Global Value Chains and Foreign Direct Investment: Towards an Integrated Approach." RIEB Discussion Paper Series DP2017-19, Kobe: Research Institute for Economics & Business Administration, Kobe University.

Namini, Julian Emami and Ricardo A. López [2013] "Factor Price Overshooting with Trade Liberalization: Theory and Evidence", *Scottish Journal of Political Economy*, 60(2): 139-181.

Nissanke, Machiko, and Erick Thorbecke [2010] "Globalization, Poverty, and Inequality in Latin America: Findings from Case Studies", *World Development*,

38(6): 797-802.

Pavcnik, Nina, Andreas Blom, Pinelopi Goldberg, and Norbert Schady [2004] "Trade Liberalization and Industry Wage Structure: Evidence from Brazil". *World Bank Economic Review*, 18(3): 319-344.

Pellandra, Andrea [2015] "The Commodity Price Boom and Regional Workers in Chile: A Natural Resources Blessing?" Draft Working Paper, Pittsburgh, PA: Heinz College, Carnegie Mellon University.

Perry, Guillermo, and Marcelo Olarreaga [2007] "Trade Liberalization, Inequality, and Poverty Reduction in Latin America". Paper Presented at Annual Bank Conference on Development Economics (ABCDE) 2007. San Petersburg.

Prebisch, Raúl [1950] *The Economic Development of Latin America and Its Principal Problems*. New York: United Nations, Department of economic affairs.

Robbins, Donald [1994] "Relative Wage Structure in Chile, 1957-1992: Changes in the Structure of Demand for Schooling", *Estudios de Economía* 21: 49-78.

Robbins, Donald, and Tim H. Gindling [1999] "Trade Liberalization and the Relative Wages for More-Skilled Workers in Costa Rica", *Review of Development Economics*, 3(2): 140-154.

Robertson, Raymond [2000] "Trade Liberalisation and Wage Inequality: Lessons from the Mexican Experience", *World Economy*, 23(6): 827-849.

Rodríguez, Francisco, and Dani Rodrik [2001] "Trade Policy and Economic Growth: A Skeptic's Guide to the Cross-National Evidence", *NBER Macroeconomics Annual 2000*, 15: 261-338.

Székely, Miguel, and Pamela Mendoza [2017] "Declining Inequality in Latin America: Structural Shift or Temporary Phenomenon?" *Oxford Development Studies*, 45(2): 204-221.

Thorbecke, Erick, and Machiko Nissanke [2008] "The Impact of Globalization on the Poor in Latin America", *Economía*, 9(1): 153-196.

Verhoogen, Eric A. [2008] "Trade, Quality Upgrading, and Wage Inequality in the Mexican Manufacturing Sector", *Quarterly Journal of Economics*, 123(2): 489-530.

Winters, L. Alan, Neil McCulloch, and Andrew McKay [2004] "Trade Liberalization and Poverty: The Evidence So Far", *Journal of Economic*

Literature, 42(1): 72-115.

Wood, Adrian [1997] "Openness and Wage Inequality in Developing Countries: The Latin American Challenge to East Asian Conventional Wisdom", *World Bank Economic Review*, 11(1): 33-57.

Zhu, Susan Chun, and Daniel Trefler [2005] "Trade and Inequality in Developing Countries: A General Equilibrium Analysis", *Journal of International Economics*, 65(1): 21-48.

第 3 章

ラテンアメリカにおける所得分配と社会政策：

条件付き現金給付は「世代間の貧困の罠」を断ち切れるのか

内 山 直 子

はじめに

　第 1 章で見たとおり、ラテンアメリカは、特に 2000 年代の安定的な経済成長や貧困削減にもかかわらず、現在でも世界で最も所得格差の大きい地域であり続けている。そのような中、1990 年代後半からのラテンアメリカ地域における社会政策の主流は、条件付き現金給付（Conditional Cash Transfers: 以下、CCT）と呼ばれる貧困層にターゲットを絞った貧困削減プログラムである。CCT とは、就学年齢の子供のいる家計や貧困家計に対し、彼らの人的資本改善に資する教育や健康に関する条件を満たすことと引き換えに、現金または現物等を支給するプログラムの総称である。CCT には、①現金給付を通じた「最低限の所得保障」（現在の貧困削減）と、②人的資本投資の促進を通じた「世代間貧困の罠（inter-generatinal poverty trap）を断ち切る」（将来の貧困削減）という二大目標がある［Fiszbein et al. 2009］。1990 年代半ばにラテンアメリカで始まったこのプログラムは、2011 年には同地域の 18 か国で実施され、全人口の 19％に当たる 2,500 万家族、

1.13億人が裨益している［Cecchini and Madariaga 2011］。貧困層へのターゲティングを行うことによって、それまでの価格政策や物品配布といった間接的な貧困政策とは異なり、少ない予算で大きな効果が期待できる点が、このプログラムがラテンアメリカにおいて広く普及した要因の一つだと考えられる[1]。

　本章では、第1章で示されたラテンアメリカにおける貧困及び所得分配の問題を解決するための社会政策としてのCCTについて詳しく見ていく。2000年代におけるラテンアメリカの近年稀に見る貧困削減の実現については、高学歴労働者の賃金プレミアムの減少に加えて、折からの資源ブームの恩恵を受けた経済成長と財政支出による所得分配政策の拡充が果たした役割が大きいと言われている［Levy and Schady 2013］が、その政策の中心となったのがCCTによる現金給付であった。しかしながら、成果の一方で課題も多く指摘される。本章では、前半でラテンアメリカ全体のCCTについて成果と課題を議論したのち、世界で初めて同プログラムを導入し、最も多くの研究が蓄積されているメキシコの事例を検討する。メキシコはプログラム導入から20年が経過し、CCTの最終目標でもある「世代間の貧困の罠を断ち切る」ことができたか否かが議論の焦点になりつつある。最後に、第2章で議論された21世紀のグローバル化のもとでのラテンアメリカの更なる経済成長に対し、CCTはどのような役割を果たせるのか、今後のラテンアメリカの社会政策のあるべき姿を探る。

1　ラテンアメリカの条件付き現金給付プログラム

（1）概要

　前述のように、条件付き現金給付（CCT）には①現金給付による「現在の貧困削減」と、②人的資本投資による「将来の貧困削減」の二つの側面を持つ。表3-1は、ラテンアメリカ各国のCCTプログラムをまとめたものである。

第3章 ラテンアメリカにおける所得分配と社会政策 113

表 3-1 ラテンアメリカ地域 19 カ国の CCT プログラム一覧

国名	プログラム名	開始年	主な対象	受給項目と条件	主たる受給者	備考(以前のプログラムなど)
アルゼンチン	Asignación Universal por Hijo para Protección Social (AUH)	2009	貧困家計	所得	保護者	Familias por la Inclusión Social (2005-2010) Jefas y Jefes de Hogar Desocupados (2002-2005)
	Ciudadanía Porteña Con Todo Derecho	2005	貧困家計	所得	母親	
ボリビア	Bono Juancito Pinto	2006	子供	教育	保護者	
	Bono Juana Azurduy	2009	妊婦・授乳中の母親	健康	母親	
ブラジル	Bolsa Família	2003	貧困家計・子供	所得・教育	母親	Bolsa Alimentação (2001-2003) Bolsa Escola (2001-2003) Cartão Alimentação (2003)
	Programa de Erradicação do Trabalho Infantil (PETI)	1996	子供(児童労働)*	所得	母親	
チリ	Subsistema de Seguridades y Oportunidades - SSyOO	2012	貧困家計・子供	所得	母親	別名:Ingreso Ético Familiar - IEF、以前は Chile Solidario (2002-2012)
コロンビア	Más Familias en Acción	2011	貧困家計・子供	教育・栄養	母親	Familias en Actiónl (2001〜) の改訂版
	Subsidio Condicionado a la Asistencia Escolar-Bogotá	2005	貧困家計・子供	教育	母親	2012 年に終了
	Red Unidos	2007	貧困家計	所得	-	旧名称:Red Juntos
コスタリカ	Avancemos	2006	貧困家計・子供	教育	世帯主	Superémonos (2000-2002)
エクアドル	Bono de Desarrollo Humano	2003	貧困家計・子供・高齢者・障害者	所得	母親・当事者	Bono Solidario (1998-2003)
エルサルバドル	Programa de Apoyo a Comunidades Solidarias	2005	貧困家計・子供・高齢者	所得・教育・健康	母親・当事者	旧名称:Red Solidaria
グアテマラ	Mi Bono Seguro	2012	貧困家計・子供・妊婦**	教育・健康	世帯主	Mi Familia Progresa (2008-2011)
ホンジュラス	Bono Vida Mejor	2010	貧困家計	教育・健康・栄養	世帯主	Programa de Asignación Familiar (PRAF) (1990-2009) 旧名称:Bono 10,000
ジャマイカ	Programme of Advancement through Health and Education (PATH)	2002	貧困家計	健康	世帯主・当事者	

国	プログラム名	年	対象	給付内容	受給者	備考
メキシコ	Prospera	1997	貧困家計・子供・妊婦**・高齢者	所得・教育・健康・栄養	母親・当事者	旧名称：Progresa, Oportunidades 及び Programa de Desarrollo Humano Oportunidades (1997-2014) 2014 からは現在の名称。
ニカラグア	Red de Protección Social	2000	貧困家計・子供	所得・教育	母親	2006 年に終了
ニカラグア	Atención a Crisis	2005	貧困家計	所得・教育・職業訓練	母親・当事者	2006 年に終了
パナマ	Red de Oportunidades	2006	貧困家計	所得	母親	
パラグアイ	Tekoporã	2005	貧困家計・子供・妊婦・高齢者・障害者	所得・教育	母親・当事者	
パラグアイ	Abrazo	2005	貧困家計・子供（児童労働）	所得	母親	
ペルー	Juntos	2005	貧困家計・子供・妊婦	所得	父母	
ドミニカ共和国	Progresando con Solidaridad	2012	貧困家計・子供・高齢者	所得・教育・光熱費	世帯主・当事者	Programa Solidaridad (2005-2012)
トリニダード・トバゴ	Targeted Conditional Cash Transfer Programme (TCCTP) (2006)	2006	貧困家計	所得	世帯主	
ウルグアイ	Asignaciones Familiares - Plan Equidad (2008-)	2008	貧困家計・子供・障害者	所得・食料	世帯主・母親	Plan de Atención Nacional a la Emergencia Social (PANES) (2005-2007)
ウルグアイ	Tarjeta Uruguay Social	2006	貧困家計・子供・妊婦・性同一性障害	粉ミルク代	母親	旧名称：Tarjeta Alimentaria

注：* 非貧困家計で児童労働をしている場合。** 授乳中の母親を含む。
スペイン語名称は Fiszbein et al. [2009] Appendix I より抜粋（2006 年まで）。
出所：Cecchini and Madariaga [2011] Tables I.1, II.1 及び CEPAL Programas de transferencias condicionadas, Base de datos de programas de protección social no contributiva en América Latina y el Caribe (http://dds.cepal.org/bdptc/ 2017.09.14 アクセス）に基づき、筆者が作成。

　CCT の第一の特徴として、表 3-1 から分かるように、受給対象者（家計）に教育・健康・栄養に関する条件を満たすことを求めている点がある。例えば、受給家計の子供の就学のみならず一定以上の出席率や、乳幼児・妊産婦・成人の地域の診療所での定期的な健康診断の受診や予防接種、保護者の定期的な衛生講習会への出席を通じた病気の予防などである。CCT 実施機関は

学校の出欠記録や診療所の受診記録を元に現金・現物の給付を行う。

　現金付給の例としては子供の奨学金、所得補助、栄養補助（食料購入費補助）などがあり、現物支給の例としては学用品や栄養サプリメントの配布などが挙げられる。受給条件を満たさない場合は、対象家計であっても給付停止になる場合もある。

　第2の特徴として、CCTプログラムは通常、個人単位よりも家計単位をターゲットとする［Cecchini and Madariaga 2011］。また、表3-1から明らかなように、受給者に世帯主ではなく母親を指定している場合が多く、母親に主導的役割を与えている点が興味深い。これは、「家族全体の生活向上と、特に本当に子供のために必要な出費は何かを最もよく理解し、支給された現金や現物を私的な目的で使用することなく、家族のニーズに合わせて最も適切に配分できるのは母親である」との仮説に基づくものである。母親は受給者であると同時に、プログラムが課す受給条件（子供の定期検診や予防接種、各種講習会への参加など）を満たすことが求められる。このことによって女性のエンパワーメント効果（家計内での意思決定における地位向上）も期待されている。以上のCCTの枠組みを図示したものが図3-1である。

　CCTの第3の特徴は、貧困層へのターゲティング手法である［Cecchini and Madariaga 2011］。CCTでは一般的に複数のステップを経て受給対象家計が選定される。第一段階は地理的なターゲティングである。人口センサスや全国家計調査などの統計をもとに「マージナル指標（marginality index）」を策定し、最貧困地域が特定される。第二段階として、特定された最貧困地域から貧困家計が特定される。各家計の貧困レベルの決定に当たっては、所得や消費レベルだけではなく、様々な生活の質を表す変数を組み合わせた「多面的貧困指標（multidimentional index）」が用いられる例が多い[2]。プログラムによっては第三段階として、貧困家計の所属コミュニティによる選定を規定している場合もある。また、多くのCCTプログラム自体が非対象者への誤った支給よりも対象者の取りこぼしを減らす方に重点を置いている。

　ラテンアメリカの中でも制度面が脆弱な貧困国ではターゲティングの精度

図 3-1　CCT プログラムの概念図

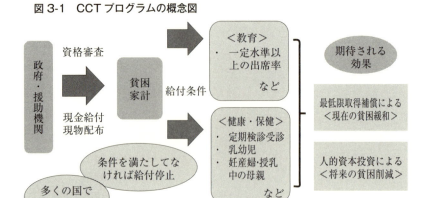

出所：筆者作成。

が相対的に低い［Cecchini and Madariaga 2011］など改善の余地は依然残るものの、全般的にターゲティング戦略は概ね成功していると言われている。プログラム内容の更なる詳細については、ラテンアメリカの中でも比較的研究が蓄積されている4か国（ブラジル、コロンビア、ホンジュラス、メキシコ）の各プログラム概要をまとめた表3-2を参照されたい。

（2）　CCT プログラムの成果と課題

① 　CCT プログラムの成果

今日の政策インパクト評価の主流となっているのが、プログラムに参加する「処置群（treatment group）」とプログラムに参加していない以外の属性が同じという条件を持つ「対照群（control group）」とを比較する実験的手法を用いる方法である［Cecchini and Madariaga 2011］。「ランダム化対照実験（Randomized Control Trial: 以下、RCT）」の実施が望ましいと考えられているが、RCT が行えない場合は統計的手法を使って実験に近い状態を作り出す「準実験的手法（quisi-experiment）」が用いられる。ラテンアメリカにおける CCT プログラムについては、この実験的手法をもとに貧困・所得格差、教育、健康・栄養状態、雇用、児童労働、女性のエンパワーメン

表 3-2 主要な条件付き現金給付の内容

国名	ブラジル
プログラム名	ボルサ・ファミリア（Bolsa Família）
開始年	2003 年
由来	Bolsa Escola, Bolsa Alimentação, Cartão Alimentação, Auxílio Gás をまとめた
対象者	極貧家計（月額一人当たり 35 ドル以下の家計） 貧困家計（月額一人当たり 35 ドル～70 ドルの家計）
受給条件	＜健康＞ ・産前・産後の定期検診受診 ・子供の定期健康診断受診 ・予防接種の記録 ・保護者が地元の保健チームによる健康と栄養に関するセミナーに参加すること ＜教育＞ 学校への出席率 ・85％以上（6 - 14 歳） ・75％以上（15 - 17 歳）
受給者数	13,872,243 家族（2013 年 3 月現在）
給付頻度	毎月
プログラム内容及び給付額	＜基本給付＞ 一家族あたり 70 レアル（約 35 ドル）が極貧家計に給付される（子供の数は関係なし）。 ＜健康・子供（教育）＞ 32 レアル（約 16 ドル）の手当が以下の条件に応じて極貧家計及び貧困家計に給付される（最大 5 つまで）。 ・15 歳以下の子供 ・妊婦（9 か月間のみ） ・授乳中の母親（6 か月間のみ） また、38 レアル（約 19 ドル）が 16 - 17 歳の子供を持つ極貧家計及び貧困家計に給付される（2 人まで）。 ＜その他＞ 極貧家計限定で、70 レアル（約 35 ドル）と一人当たり所得との差額が支払われる（2012 年から導入）。
国名	コロンビア
プログラム名	マス・ファミリアス・エン・アクシオン（Más Familias en Acción）

開始年	2011 年
由来	Familias en Acción（2001 年～）の改定版
対象者	・貧困家計（SISBEN* III による貧困スコアおよび情報システム Red Unidos を用いて同定） ・国内避難民登録者および先住民
受給条件	＜健康＞ ・7 歳未満の子供の定期健康診断受診 ・予防接種の記録 ・地元の保健チームによる健康教育セミナーへの出席（義務ではない） ＜教育＞ ・5～18 歳の子供の就学、80％以上の出席率（留年は 1 年生～11 年生の間に 2 回まで）
受給者数	2,083,315 家族（2012 年 12 月現在）
給付頻度	2 か月毎
プログラム内容及び給付額	＜健康と栄養＞ ・10 万コロンビアペソ（約 53 ドル）が 7 歳未満の子供のいる家計に支払われる（子供の数は関係なし）。 ・地域によっては 4 万コロンビアペソ（約 21 ドル）が 7～11 歳の子供のいる家計に支払われるが、上記の給付額と併用はできないので、各家計の上限は 10 万コロンビアペソとなる。 ＜教育＞ ・家計毎に子供一人あたり 3 万～12 万コロンビアペソ（約 16～63 ドル）が 4 つの市町村カテゴリーに応じて支払われる。 ・1 家計につき最大子供 3 人まで。地域によって上限となる在学年も異なり、小学生は対象外の地域もある。 ・ただし、先住民及び国内避難民は居住市町村にかかわらず、その子供の在学年に応じた最大額が支給される。
国名	ホンジュラス
プログラム名	ボノ 10,000（Bono 10,000, 現在は Bono Vida Mejor）
開始年	2010 年
由来	PRAF（Programa de Asignación Familiar, 1998 年～）の改定版
対象者	0～18 歳の子供または妊婦・授乳中の母親のいる貧困家計
受給条件	＜健康＞ ・6 歳未満の子供の定期検査受診 ・妊産婦の産前・産後健診受診

	<教育> ・就学及び80％以上の出席率 ・複数の子供のいる家計では、一人の子供が条件（教育または健康）を満たせば受給が可能（2014年まで）
受給者数	345,000家計（2012年7月現在）
給付頻度	半年毎
プログラム内容 及び給付額	<健康> 一人当たり2500レンピラ（約132ドル）が0〜5歳の子供と妊婦及び授乳中の母親に支払われる。 <教育> 一人当たり5000レンピラ（約263ドル）が6〜18歳の子供に対し支払われる。 <給付上限額> ・一家計あたり1万レンピラ（約526ドル）。 ・もし、健康と教育の両方の条件を満たす場合は教育が優先される。その場合は健康に関する条件は審査されない。
国名	メキシコ
プログラム名	プロスペラ（PROSPERA）
開始年	1997年（現在の名称は2014年〜）
由来	PROGRESA**（1997〜2002年）、Oportunidades（2002〜2012年）、El Programa de Desarrollo Humano Oportunidades（PDHO）（〜2014年）
対象者	政府の定める貧困ラインを下回る貧困家計
受給条件	<健康> ・家族全員の定期的な健康診断の受診。 ・毎月の健康に関するセミナーへの出席。 <教育> ・18歳未満の子供の就学及び定期的な出席。 ・18〜21歳の高校在学及び定期的な出席。
受給者数	5,845,056家計（2012年現在）
給付頻度	2ヶ月毎
プログラム内容 及び給付額	<教育> ・小学生：一人当たり330〜660メキシコペソ（約26〜51ドル） ・中学生（男子）：一人当たり960〜1070メキシコペソ（約74〜83ドル） ・中学生（女子）：一人当たり1020〜1240メキシコペソ（約79〜96ドル）

	・高校生（男子）：一人当たり 1620 〜 1850 メキシコペソ（約 126 〜 143 ドル）
	・高校生（女子）：一人当たり 1860 〜 2110 メキシコペソ（約 144 〜 164 ドル）
	＜健康・栄養＞
	・70 歳以上の高齢者一人当たり 690 メキシコペソ（約 53 ドル）
	・9 歳未満の教育給付を受け取っていない子供一人当たり 230 メキシコペソ（約 18 ドル）。ただし、上限は 3 人まで。
	・一家族あたり最大 890 メキシコペソ（約 69 ドル）までの栄養補助金給付。
	＜現物給付＞
	以下の条件を満たす場合に栄養サプリメントの配布
	・6 〜 23 か月の子供
	・24 〜 59 か月の栄養不良の子供
	・妊婦及び授乳中の母親
	＜給付上限額＞
	・小学生の子供のいる家計は 3,420 メキシコペソ（約 265 ドル）まで。
	・高校生のいる家計は 5,530 メキシコペソ（約 429 ドル）まで。
	＜その他（年 1 回）＞
	・学用品補助として、小学生には年当たり 330 メキシコペソ（約 26 ドル）、中高生には年当たり 410 〜 415 メキシコペソ（約 32 ドル）。
	・22 歳前に高校を卒業した学生に対し 4599 メキシコペソ（約 357 ドル）を給付。

注＊：SISBEN は Sistema de Identificación y Clasificación de Potenciales Beneficiarios para Programas Sociales（社会プログラム受給資格者認定システム、英語名：System of Identification and Classification of Potential Social Programs Beneficiaries）の略であり、一般に客観性と透明性の高い認定システムだと見なされている。認定ラインは居住地域によって異なる。

注＊＊：Programa de Educación, Salud y Alimentación（教育・健康・栄養プログラム）の略。英語名称は Education, Health and Nutrition Program。

出所：Paes-Sousa et al. [2013] より筆者作成。

ト（地位向上）などに関する様々なインパクト評価が蓄積されている[Cecchini and Madariaga 2011]。以下では項目別にその効果をまとめる。

　まず、貧困・所得格差に関して、国連ラテンアメリカ・カリブ経済委員会（Economic Comission for Latin America and the Caribbean: ECLAC）の年

次報告書によれば、ラテンアメリカにおけるCCT給付額は、平均で受給家計の一人当たり所得の10.3％に相当するという［ECLAC 2010］。Cecchini and Madariaga［2011, Table V.2］はラテンアメリカの14か国のCCTデータを集め、CCT受給家計の家計赤字額がCCT給付額によってどの程度相殺されているかを検証した。その結果、平均して給付額は極貧層の家計赤字の3分の1を超えないことが分かった[3]。ラテンアメリカ全体平均では、CCT最低給付額は農村の家計赤字平均の17％、都市の家計赤字平均の13.5％に相当し、最高給付額は農村・都市それぞれで53.4％と39.9％に相当する［Cecchini and Madariaga 2011］。

一方、貧困率、貧困ギャップ指標、貧困二乗ギャップ指標（これらを総称して「FGT指標」とよばれる）といった一般的な貧困指標を用いて計測した場合、アルゼンチン、ブラジル、エクアドル、ジャマイカ、メキシコといった幅広い層にそれなりの額が給付されている国々では、CCTによる貧困率や貧困ギャップ指標の改善が見られたという［Cecchini and Madariaga 2011］。一方で、給付対象及び給付額が十分ではなかったホンジュラスでは、貧困率がたったの0.02％ポイントしか改善しなかったとの報告もある［Osório 2008］。所得格差の改善に関しては、ブラジルやメキシコのように、受給家計の所得額に対してCCT給付額がある程度の割合を占めていることが鍵となることが指摘されている。受給額の占める割合が小さすぎると所得格差改善効果を持ち得ない。また、CCTプログラムが長期間にわたって持続することも重要だと言われる［Hanlon et al. 2010］[4]。

所得向上に伴う消費支出の変化に関しては、5か国（ブラジル、コロンビア、メキシコ、ニカラグア、パラグアイ）の事例からCCT受給家計の家計消費額が増加したことが示され、支出項目としては食料や子供（男女ともに）の衣服に関わる支出増加が顕著であったという。ただし、食料消費の増加が必ずしも健康的な食料（野菜・フルーツなど）ではなく、砂糖や肉類・炭水化物に関わる支出増加につながった例（ブラジルなど）もあり、現金給付と併せて栄養バランスに関するセミナーなどの必要性が指摘される。逆にホン

ジュラスのように支給額が小さいプログラムなど、家計消費そのものに有意な効果が確認できなかった事例も存在する［Cecchini and Madariaga 2011］。

　次に、教育に関する最も顕著な効果として、就学率の向上とドロップアウト率の低下が挙げられる。Cecchini and Madariaga［2011］によれば、就学率の伸びはもともとの就学年数が低かった国においてより顕著であったほか、家計単位においては最貧困家計の子供の就学率の向上に寄与したという。また、CCT によって小学校から中学校に進学する際のドロップアウト率の低下に特に効果が見られたと指摘している。一方で、Reimers et al.［2006］は、CCT による介入は初等教育における就学率向上には効果がなく、その効果は中等教育以上において顕著に見られたことを指摘しており、これは CCT 導入時点ですでに初等教育が十分に普及していたことによるものだとの見方を示している。

　健康・栄養状態に関して Hoddinott and Bassett［2009］によれば、CCT によって子供の定期健康診断における利用率の増加がみられたが、それが子供の健康や栄養状態の改善効果をもたらしたかどうかは一概に言えない（国によって効果が異なる）と指摘している。Cecchini and Madariaga［2011］のサーベイによれば、メキシコ、ジャマイカ、コロンビア、ブラジルの「ボルサ・ファミリア（Bolsa Familia）」、ニカラグアにおいては健康・栄養改善効果が確認されたが、ブラジルの「食糧手当（Bolsa Alimentação）プログラム」、パラグアイ、ホンジュラスでは効果が確認されなかったとしている。この点に関して彼らは、インパクト評価におけるプログラムの「間接効果」（例えば、診療所の利用や食料補助金、予防接種、サプリメントの配布がどれだけ健康・栄養状態を改善したか）を正確に捉えることの難しさを指摘している［Cecchini and Madariaga 2011］。

　雇用に対する影響について、CCT の受給が働く意欲を失わせるのではないかという議論については複数の研究で否定されており［Alzúa et al. 2013; Hanlon et al. 2010］、その理由として CCT 受給額は一般に家計消費の赤字をすべてカバーするには足りない額である［Cecchini and Madariaga 2011,

Table V2, V3］ことが指摘される。また、CCTプログラムによるビジネス支援（マイクロファイナンス）は新規ビジネス拡大に必ずしも成功していないこと、CCT受給がフォーマル雇用の拡大をもたらしていないことも指摘されている。後者に関してLevy［2008］は、メキシコの事例に鑑み、国の社会保障の不備と相まってCCT受給者が生産性の低いインフォーマル部門にとどまることを選択する結果になっているとし、社会保障制度全般の改革を提唱している。一方、児童労働の削減はいくつかの国のCCTの主要目標の一つに掲げられているが[5]、CCTの効果は国によってまちまちで、ある程度の削減効果が見られた国もあるが、全般的に学校に通わせながら子供を働かせている（女子の家庭内労働含む）家計が多く見られる［Cecchini and Madariaga 2011］。

　女性のエンパワーメントに関しては、質的調査において家計内やコミュニティ内での女性の交渉力や自尊心の向上が観察されており、表3-1に示すように、多くの国で母親が主たる受給者に指定されていることで、母親が家計内での資源配分決定に力を持てるようになったためだと結論づけられている［Cecchini and Madariaga 2011］。一方で、コロンビアでは家庭内暴力の減少にはつながっていないことが報告されている［Veras Soares and Silva 2010］。さらには、ブラジルやチリではCCT受給家計の女性の雇用率が増加したことも報告されている［Holmes et al. 2010］[6]。

　また近年では、銀行振込を通してCCTを支給する国が増えてきている（最も顕著な例がブラジルのCaixa Economicaである）。最初は現金引き出しサービスのみであったものが、銀行振込方式の拡大に伴い、その他の銀行サービス（普通口座や貯蓄口座、保険サービス等）が追加されるなど、貧困層の金融サービスへの取り込み（financial inclusion）の促進につがなることも将来的に期待される［Ibarrarán et al. 2017］。

② CCTプログラムの課題

　ここからはCCTに残された問題点や課題について見ていきたい。まず、

先述のように、最貧困層の取りこぼしにかなりの注意を払って実施されているプログラムではあるが、最貧困層ほどアクセスの悪い地域に住んでいることが多く、CCTの貧困削減達成のためには更なる努力が求められよう [Ibarrarán et al. 2017]。また、銀行振込での給付金支払いの増加に伴い、これらの地理的に隔絶された地域にいかに効率的に支払いを保証するかも重要な課題である。この点については、郵便局、くじ売り場、認証を受けたパン屋を窓口とする事例もある [Paes-Sousa et al. 2013] が、携帯電話によるオンライン口座の利用や民間参入も含めて今後の検討課題と言える。

　さらに、こうした慢性的貧困に陥っている最貧困層の人たちが完全に貧困から抜け出すには、長期的視野に立った持続的な支援が欠かせない。しかしながら、現在でもCCTプログラムは経済的変化や政治的決定に左右されやすい傾向が続いていると指摘されており [Cecchini and Madariaga 2011, Ibarrarán et al. 2017]、制度・実施面での体制強化が望まれる[7]。また、CCTプログラム拡充を支えたとも言える2000年代の資源ブームによる経済成長の終焉とともに左派政権にも翳りが見えつつある今日、マクロ経済状況や政治状況による政策転換で貧困層が不利益を被ることのないよう、制度を存続させられるかどうかが鍵となるかもしれない。

　一方で、教育や保健サービスの「質」に関する議論も忘れてはならない。CCTによって就学率や保健所の利用率は確かに上がったが、サービスを供給する側の質が向上しなければ、結果として教育によるスキルの向上や健康度の向上など将来的に高い所得を得るのに欠かせない「人的資本」の形成に十分な成果が上がらないことになる。教師不足、医療サービス従事者や医療機材・消耗品の不足などの問題は、CCTが直接影響を及ぼすことができる範囲ではないため、教育省や保健省など他省庁との協力体制が必要となる [Ibarrarán et al. 2017]。また、CCTだけでは十分にカバーしきれない分野（就労支援など）についてもセクター横断的な補完的プログラムの必要性が指摘されるようになってきている [Ibarrarán et al. 2017] ことから、今後はCCTを軸に各省庁間のプログラム調整がますます重要になるであろう。

では、CCTはラテンアメリカの「世代間の貧困の罠」を断ち切ることができるのだろうか。そのためには、受給家計の子供たちがより良い健康状態と教育を享受すること（人的資本の形成）によって、（フォーマルな）労働市場への参入に成功しなければならない［Ibarrarán et al. 2017］。しかしながら、次節のメキシコの事例で議論するように、20年目を迎えたメキシコのCCTはこの目標から程遠い位置にあることが明らかになってきた。さらには、メキシコのCCTの生みの親でありながら後に積極的な批判を展開するに至ったサンティアゴ・レヴィが、CCTが非効率な社会保障制度と相まって、図らずもインフォーマル雇用を促進する結果をもたらしたことが、メキシコ及びラテンアメリカの長期的な生産性の低迷につながっていると再三指摘していることにも留意すべきであろう［Levy 2008;（Levy and Schady 2013）］。

　CCTのもとで若者に「質の高い」教育と保健サービスをきちんと提供することで人的資本を向上させるのみならず、彼らに対してフォーマル雇用を保障することで経済全体の生産性を高め、持続的な経済成長と貧困削減・所得格差解消へとつなげるにはどうすれば良いのか、更なる議論が必要となろう。次節以降では、メキシコの事例に焦点を当ててCCTの効果と課題をさらに詳細に検討する。

2　メキシコの事例

（1）　概要

　メキシコのCCTプログラムは、1997年に「教育・健康・栄養プログラム（Programa de Educación, Salud y Alimentación: 通称 PROGRESA（プログレサ））」という名で社会開発省（Secretaría de Desarrollo Social: SEDESOL）を監督官庁とし、それまでの総花的な数々の貧困対策プログラムと置き換わる形で開始された[8]。プログレサは世界初のCCTプログラムとしても知られており、その成果は2000年から2005年ごろまでは世界銀行などの国際援助

機関からも高く評価され、ラテンアメリカを筆頭にアジア、アフリカなど多くの途上国にも導入されることとなった。

その後、2000年の大統領選挙で71年にわたって政権を担ってきた制度的革命党（Partido Revolucionario Institucional: 以下、PRI）が敗北し、中道右派の国民行動党（Paritido de Acción Nacional: 以下、PAN）が政権の座に着いた。これによってプログレサは「オポルトゥニダデス（Oporutunidades）」と名称が変更されたが、PAN政権のもとでもプログラムの内容は継続・拡大されることとなる[9]。

2期12年のPAN政権時代を経て、2012年にPRIが政権に返り咲く。PRI政権のもとでオポルトゥニダデスは「人間開発プログラム・オポルトゥニダデス（El Programa de Desarrollo Humano Oportunidades: PDHO）」と改名されたのち、2014年9月より「社会包摂プログラム（El Programa de Inclusion Social: PROSPERA（プロスペラ））」とさらに名称が変更され、補完的なプログラムが追加されながらも大枠は1997年導入時から変わることなく現在に至っている。本章では、先行研究等で最も頻繁に使われる初期の二つの名称を組み合わせ、以下、本章では「プログレサ＝オポルトゥニダデス（PROGRESA-Oportunidades）」と呼ぶことにする。

プログレサ＝オポルトゥニダデスは当初、プログラム予算5,880万ドルで最も貧しい農村地域を対象に6,344村、30万家計を対象に開始された［Levy 2006］。その後、農村地域で順次拡大され、2001年からは都市の貧困層も対象となった。開始から8年後の2005年時点で、予算規模は28億ドルとなり、メキシコシティを除く31州の全2,436市町村、86,091コミュニティの500万家計をカバーし、メキシコ国内の対象者ほぼ全員（メキシコ国民全体の4分の1に当たる）を網羅するに至った［Levy 2006］。

次に、プログレサ＝オポルトゥニダデスの受給者選定プロセスをSkoufias et al.［1999］に基づき紹介する。プロセスは3段階に分かれており、(1) 1990年国勢調査（センサス）及び1995年の人口調査（Conteo）に基づく最貧困地域（村単位）の特定、(2) 1段階目で特定された村における全数調査

（家計の社会経済状況に関する調査：ENCASEH）と当該調査結果から算出した多面的貧困指標（discriminant score）による対象家計の選定、(3) コミュニティ会合での受給対象者最終リストの正否に関する議論、及びコミュニティ会合からの助言に基づく対象者リストの改定及び最終決定、という手順を踏む。

ちなみに、(1) で策定される貧困指標に使われる主な変数は、15歳から49歳までの女性の数、世帯員数、世帯主及び配偶者の平均教育年数、働いている世帯員の数、過去3か月の食事を省いた回数、社会保険に加入している世帯員の数、送金の有無、家の所有形態、家の台所・トイレ・廊下の有無、家の床の材質、調理用燃料の種類、耐久消費材（車、冷蔵庫、パソコン、電子レンジ、DVDレコーダー、固定電話）の種類と有無、居住市町村の社会政策レベル及び人口規模をそれぞれ指標化したものである［Ibarrarán et al. 2017: Tabla 1.1］。これらの調査項目の根拠となったのが、アマルティア・センによる単一の尺度を用いることへの批判及び貧困に対する多面的アプローチに関する議論である。先行研究は、このようなプロセスを経たプログレサ＝オポルトゥニダデスは、貧困層のターゲティングに概ね成功していると評価している[10]。

プログレサ＝オポルトゥニダデスは、第1節で述べたように他のラテンアメリカのCCTプログラムと同様、所得移転による現在の貧困緩和とともに、教育や健康・栄養といった人的資本形成の諸側面に同時に介入することで、世代間を通じて貧困の罠に陥る悪循環を効果的に断ち切ることを目的とする。

まず、教育面においては、学齢期の子供の就学率向上を目指し、85％以上の出席率を条件に生徒の母親に奨学金として現金を給付する。奨学金の額は児童労働の機会費用（もしその子供が学校に行かずに働いた場合に得られる賃金）を考慮して決定されるため、学年に応じて異なる。さらに、女子の方が男子に比べてドロップアウトしやすいことから、金額は女子に傾斜配分されている。奨学金は導入当初は小学3年生から中学3年生を対象としていた

が、オポルトゥニダデスに改名された後に高校生にまで拡大されると同時に、成績優秀者への報奨金制度も導入された。また、小学1・2年生も新たに奨学金の対象とされた[11]。

健康及び栄養面においては、①妊婦・授乳中の母親及び乳幼児への栄養サプリメントの配布、②衛生及び栄養に関する教育セミナー、③食料購入のための現金給付がある。現金給付及びサプリメント配布に際しては、公立診療所での定期検診を受けることが条件とされている。プログレサ＝オポルトゥニダデスは特に5歳以下の乳幼児と授乳中の母親への支援に重点を置いている。

次にプログレサ＝オポルトゥニダデスの支給額を見てみよう[12]。Levy[2006]によれば、2005年時点[13]において、受給対象となった貧困家計の最低受給額は月額約15ドルの食料補助である。この食料補助は上述のように現金で支給されるが、どんな食料を必要とするかは各家計が最もよく知っており、よって使い方は各家計の判断に任されるべきとの考えに基づくものである。食料補助は世帯員数にかかわらず、一定額である。就学児童のいる家計は、これに就学児童の数と学年に応じて奨学金が上乗せされる。

全体の受給額平均は月額約35ドルであり、この金額は（プログレサ＝オポルトゥニダデス分を除いた）家計所得の約25％（農村）及び約15～20％（都市）を占める[14]。この受給額全体の平均的内訳は、約50％が教育奨学金、約36％が食料補助、約4％がサプリメント、約10％が診療所から受け取ったサービスである。よって、受給額全体の85％以上（教育奨学金＋食料補助）が現金で支給されていることが分かる。

一方で、各家計の受給総額に対して、子供の数や学校の出席率に関わりなく月額上限が設けられているが（表3-2参照）、これは夫婦が子供を必要以上に沢山産むインセンティブを持たせないようにするためである。また、2008年のリーマンショックによる経済危機以降、食料価格高騰に対応するために燃料費補助金及び追加的栄養補助金が導入された［Araujo and Suárez 2013］。

第 3 章　ラテンアメリカにおける所得分配と社会政策　129

　プログレサ゠オポルトゥニダデスの特筆すべき点として、プログラム開始当初からランダム化対照実験手法を用いて、厳格なプログラム外部評価を行ったことが挙げられる［Skoufias 2005; 浜口・高橋 2008］。Levy［2006］が述べるように、厳格な外部評価によってプログレサ゠オポルトゥニダデスの効果を内外に示すことは、政権交代がもはや避けられない状況にあった当時の PRI 政権には必須であった。Levy［2006］は、その著書でメキシコの数々の貧困政策は長年、政治的操作の道具になっており、ゆえに持続性もなく社会的効果も持たず、貧困層のニーズに応えることができなかったと繰り返し述べている。それゆえプログレサ゠オポルトゥニダデスの導入にあたっては、プログラムの費用や便益、効果に関する実証的な証拠を用いて広く内外での議論を巻き起こすことによってコンセンサスの形成を狙ったのである。

　この考え方に基づいて、プログレサ゠オポルトゥニダデスに関連するすべてのデータ及び報告書等は無料で公開されている。レヴィの狙いは的中し、2 度の政権交代を経てもなお、現在までプログラムは持続することとなった。同時に、データの積極的な公開は様々な研究者による実証研究を可能にし、特に最初の 10 年間には多くの研究成果が世界中で発表された。

（2）　効果と今後の課題——貧困と所得格差の解消をめざして

　上述のように、2006 年ごろまでにプログレサ゠オポルトゥニダデスのインパクト評価に関して実証分析を中心とする多くの学術成果が発表されたが、その理由はプログラムの厳密な RCT が行われたのが最初の 1 年半（1998 年～ 1999 年）であったことに起因する。また、RCT は農村のパイロット地域のみに適用されたため、以下のインパクト評価に関する記述は特に断りのない限り、農村地域を指すものとする。

　上記期間は半年ごとに農村パイロット地域の家計追跡調査が実施され、3 期間（1 年半）の完全なパネルデータが利用できる。当該農村パネル調査データは「家計評価調査（Encuesta de Evaluación de los Hogares: 以下、

ENCEL)」と呼ばれる。2000年以降は3～4年ごとに追跡調査が継続されているが、サンプル家計を完全な処置群（treatment gorup）と対照群（control group）とに分けることはできなくなっている。以下では、先行研究をもとにプログレサ＝オポルトゥニダデスの効果を検証し、「世代間の貧困の罠」の解消に向けたメキシコの課題を議論したい。

①　短期的効果と課題――好調な滑り出し

まず、CCTの第一の目標である「最低限所得保障による現在の貧困削減」効果を見てみよう。Skoufias［2007］及びUchiyama［2016 ; 2017］はそれぞれ、1990年代（3期間）及び2000年代（2期間）のENCELデータを用いて、リスク・シェアリング・モデルを応用したプログレサ＝オポルトゥニダデスの家計の脆弱性（消費変動リスク）に対する緩和効果を検証した。その結果、特に2000年代のデータを用いた中長期的影響について、受給期間が長いほど脆弱性緩和効果が高いことが実証された。また、Angelucci and De Giorgi［2009］は、プログレサ＝オポルトゥニダデスが流動性制約の改善を通して非受給家計に波及効果（消費レベルの増加）をもたらすことを明らかにし、Attanasio et al.［2013］は、シミュレーション分析から価格補助などの間接的政策よりもプログレサ＝オポルトゥニダデスによる直接的な所得移転の方が家計の脆弱性緩和に効果があることを示した。

上記のように「現在の貧困改善」に関わる研究成果はいくつかあるが、実はメキシコに関する先行研究のほとんどは、CCTの第二の目標である「人的資本形成による将来の貧困の削減」効果を実証したものである。上述の最初の1年半のパネルデータを用いた教育及び健康・栄養等に関する短期的効果の実証分析では、ほぼすべての研究で有意に正の効果を見出している。以下では、Parker and Todd［2017］、Fiszbein et al.［2009］およびLevy［2006］のサーベイに基づき、短期的効果をまとめる。

まず栄養面の効果に関しては、受給家計は非受給家計に比べ、カロリー消費を平均で8％増加させたほか、動物性たんぱく質や野菜・フルーツの消費

を増やすことによって食生活のバランスが改善されたことが示されている。健康面の効果に関しては、数々の研究で診療所の利用回数の増加や受給家計における病気日数の減少が確認されている。しかしながら、診療所に対する需要の増加に供給が追いつかず、診療所の過度の混雑と人手不足によるサービスの質の低下を引き起こす結果となっている。その一方で、産前ケアには一定の効果を上げており、乳幼児死亡率及び妊産婦死亡率は減少した。また、幼児の栄養不良も改善された。さらに、喫煙及び飲酒の減少は青少年の健康被害を改善させ、特に受給家計の若い女性の間での避妊手段の使用にも効果が確認されている。しかしながら、糖尿病や高血圧といった成人の慢性病予防及び青少年の性交渉リスクに対しては、ほとんど効果が見られていない。

次に、教育面の効果に関しては、種々の先行研究において就学率の向上、特に小学校から中学校に進学する際の留年率及びドロップアウト率が低下したことによる中学校の就学率向上への効果が確認されている。また、(奨学金の傾斜配分による)女子の就学率向上とドロップアウト率の低下も確認された。中でも、学年の早い段階でのドロップアウトの要因となっていた母親の就学年数が低い家計の受給児童の就学率向上により大きな効果があったことは、特筆すべきであろう。さらには、就学率の上昇とともに児童労働の著しい低下も観察された[15]。しかしながら、就学率の有意な向上にもかかわらず、受給家計児童の学業成績には有意な改善が見られなかった。このことは、健康面における問題点と同様に、教育サービスの「質」に関する議論を喚起することとなったが、今日まで目立った改善はなされていない。

ここで、教育・健康・栄養以外の副次的効果についても検討しておきたい。まず移民(国内・海外)への影響であるが、Angelucci [2015] によれば、プログレサ＝オポルトゥニダデスによる現金受給で消費の変動リスクと信用制約が緩和され、受給家計がリスク行動を取りやすくなった結果、海外移民の増加を引き起こしたと主張する。一方、青沼 [2009] や Uchiyama [2017] による分析では、プログレサ＝オポルトゥニダデスは逆に国内移民を増加させる効果があることを示している。Parker and Todd [2017] は、これまで

の研究結果から受給対象コミュニティの海外（米国）移民は1%に満たず、プログレサ＝オポルトゥニダデスは移民行動パターンにほとんど影響を与えていないと言えるが、さらなる研究の蓄積が必要であると指摘している。

その他、貯蓄及び投資効果に関してGertler et al. [2005] は、全受給額のうち、消費に使われるのは平均75%で、残りが貯蓄・投資に回されていると推計した。ただし、彼らは家計の消費性向は受給期間が長いほど大きくなること、また投資に対するリターンは農業資産を持たない家計についてはゼロと有意に変わらないことも示している。資産を持たない農村家計は受給者の40%を占めており、この推計結果はプログレサ＝オポルトゥニダデスが投資に対するリターンを保証するためには家計の初期資産が重要になることを示唆する。

② 中長期的効果と課題──貧困の罠は断ち切れるのか

続いてプログレサ＝オポルトゥニダデスの中長期的影響について考察しよう。Araujo and Suárez [2013] は中期的にも上述の短期的効果・課題と同様の結果が見られるとし、学校及び診療所といった供給側の「質」を改善する必要があると結論づけている。

しかしながら、導入初期の時点でSkoufias [2005] が、また最近ではParker and Todd [2017] やParker and Vogl [2018] が指摘するように、最終目標である世代間の貧困の罠を断ち切ることができたかどうかは、プログレサ＝オポルトゥニダデスの奨学金のもとで勉強し、卒業した若者を追跡することによってのみ明らかになる。大人になった彼らがどのような職に就き、どのような生活水準にあるかが鍵となる。Parker and Vogl [2018] は、2010年の人口センサスとプログレサ＝オポルトゥニダデス受給者リストを照合したデータを用いた実証分析を行い、受給家庭の女子の労働市場参入と所得向上における効果を確認したが、男子に対してははっきりした効果が確認されなかった。

一方、メキシコ政府も2008年及び2013年に若者に関するフォローアップ

調査を実施しており、以下、最新の全国を対象に行われた2013年のサンプル調査「オポルトゥニダデス・プログラム受給家庭の若者に対する追跡調査（Encuesta de Seguimiento a Jóvenes de Hogares del Programa de Oportunidades, 2013: ESJóvenes 2013）」[16]に基づく報告書［Gutiérrez et al. 2014］を元に中長期的影響を考察する。

　報告書によれば、受給家計の若者の平均教育年数はメキシコ全国平均よりも低いものの、プログレサ＝オポルトゥニダデス以前の世代に比べ2013年調査時に14歳から17歳であった受給家計の若者の教育レベルは、中学2年生から高校2年生と、ほぼ望ましいレベルにあることが確認された。しかしながら、若者の就職状況について見ると、約30％の若者が仕事に就いていないという。女子の場合はその割合がさらに高くなるが、プログレサ＝オポルトゥニダデスによる奨学金の傾斜配分にもかかわらず、家計内での無償家事労働に従事しなければならないことが理由と考えられる。家族の経済的事情により、彼らの働き始める年齢の平均は15歳であることを受け、Gutiérrez et al.［2014］は高校進学・卒業の機会費用に則した奨学金の見直しの必要性を指摘する。また、職に就いている若者のうち、男子の77％、女子の43％が農業賃金労働に従事している他、社会保険に加入しているのは15％に過ぎず、インフォーマル雇用がほとんどであることが見て取れる。

　調査対象の若者の仕事の見つけ方について、最も多い50％が「友人や知り合いを通して」、続いて13.2％が「家族や親戚を通して」と答えており、新聞（8.8％）、紹介機関（5.6％）、インターネット（6.6％）、学校（1.5％）など公的メディア・機関の利用は限定的である。また彼らは、仕事が見つからない要因は雇用機会の欠如（32.2％）、準備不足（19.9％）、経験不足（15.1％）であると認識し、就職に際して重要視する条件は賃金額（76.6％）、社会保険の有無（10.1％）、休暇（4.9％）、専門分野（1.3％）である［Gutiérrez et al. 2014］など、経済的に厳しい状況が裏付けられる。

　結論として、プログレサ＝オポルトゥニダデス世代の若者も、彼らの親世代よりも高い教育を受けたにもかかわらず、親世代と同じようなインフォー

マルかつ低生産性の第一次産業部門での雇用中心の状態から抜け出せず、結果として世代間の貧困の罠からも抜け出せずにいると言えよう。

　プログレサ＝オポルトゥニダデスの一つの限界として、プログラムのカバーする範囲が労働市場における「供給」側面に大きく偏っていることが考えられる。つまり、CCT の「教育・健康への介入を通した人的資本投資により、より良い就職と高い賃金を得ることを可能にし、貧困の罠から抜け出す」という目標には、実は労働市場における「需要」側面がまったく抜け落ちているのである。ゆえに、学校を卒業した若者に対して体系的な就職支援を行うなど、労働市場の需給ギャップを埋めるような補完的な政策の強化とともに、正規の賃金労働需要を拡大する産業の育成が急務であろう。

　さらには、国際市場と競争できるだけの生産性を実現するには労働者の「質」の向上も欠かせず、長年の懸案事項とされている公立学校及び公立診療所のサービスの質の改善も欠かせない。Parker and Todd［2017］は、OECD 学習到達度調査（PISA）などで測ったメキシコの公立校の学力は相変わらず低く、さらなる研究が必要であるものの、学校の質が低いままに就学年数を伸ばしても最適なリターンは得られないだろうことを指摘する。2014 年に雇用プログラムなど補完的プログラムが追加されたが、プログレサ＝オポルトゥニダデスによる質の高い人材育成と生産市場での雇用創出という両者が噛み合った時、メキシコの持続的経済成長と貧困の罠からの脱出が可能になるであろう。

　中長期的な効果が期待を下回る結果であったことの一因として 2008 年以降の世界経済危機と食料価格危機の影響は否定できない［Gutiérrez et al. 2014］が、すべての結果をこれらの予想外の外的要因に帰することはできない。この点において、前述のプログレサの生みの親サンティアゴ・レヴィは、国際社会においてプログレサ＝オポルトゥニダデスの目を見張る短期的効果に賞賛と楽観的ムードが漂っていた 2006 年時点で、既に次のように警告していたのである［Levy 2006］。メキシコを含むこれまでの、そしてこれからの CCT による貧困・所得格差改善効果を再検討するにあたり、彼の指摘

は 10 年の時を経た今、我々に重要な示唆を与えてくれる。

　　プログレサ＝オポルトゥニダデスは貧困削減の鍵となる政策に違いはないが、たった一つのプログラムで多面的要因を持つ貧困問題を解決することなどできない。プログレサ＝オポルトゥニダデス自体は経済成長を直接的に高めるものでもなければ、貧困そのものを直接的に解決するものでもない。それゆえ、プログレサ＝オポルトゥニダデスは価格安定政策、財政安定政策、投資やイノベーションや雇用創出刺激策など、経済成長に直接影響を及ぼすようなマクロ・ミクロ両面からの経済政策によって補完されるべきである。プログレサ＝オポルトゥニダデスはあくまでも、貧困家計がより生産的に人的資本へ投資できるような支援を行い、より健康かつ高い教育レベルを受けた労働力を少しずつ育成することによって、間接的かつ長期的な時間軸で経済成長に寄与することのみが想定されているからだ。（傍点は筆者による）

3　社会政策と格差・経済成長：
社会政策のあるべき姿とは

　これまで CCT を中心に議論してきたが、本節では、医療保険・年金・失業保険・生活保護などその他の社会政策との関連にも触れておきたい。前出のレヴィは、2008 年に著書『良い意図、悪い結果（Good Intentions, Bad Outcome）』において、これらの社会政策の制度的不備により、プログレサ＝オポルトゥニダデスはその期待された効果を十分に発揮することができず、結果としてインフォーマル部門の雇用が促進され、メキシコ経済全体の生産性が損なわれていることを指摘した［Levy 2008］。メキシコ経済本来の成長と貧困・所得格差の改善を実現するためには社会政策全般の改革が必要であると訴え、議論を提起したのである。

Levy［2008］が指摘する社会政策における制度的不備とは、「拠出型（contributory）」の社会保障（social security）プログラムと「非拠出型（non-contributory）」の社会保護（social protection）プログラムとの二分化が企業に対し、インフォーマルで活動しつづけるインセンティブを与えているというものである（詳細については5章を参照されたい）。結果、意図的にインフォーマル部門に残った企業は潜在能力を発揮することなく低生産性にとどまり、メキシコ経済全体の低成長を招くのである。そこで、Levy［2008］が提唱したのが「付加価値税（Value Added Tax、以下 VAT）」を原資とする「一元的な社会保障制度（Universal Social Entitlements）」である。社会保障の一元化は、企業がインフォーマル部門にとどまるインセンティブを無くし、フォーマル部門への参入を後押しすることよって、メキシコの低生産性と低成長の悪循環を断ち切り、貧困の削減を達成することができると Levy［2008］は主張する。

　この一元的な社会政策のもとでは、所得水準、居住地（都市・農村）、職業（賃金労働・自営業）の違いにかかわらず、国が全国民に一律の社会保障を提供する。その中には最低限必要な医療保険、老齢年金、障害年金、失業保険、所得補助（VAT引き上げ補償分）が含まれる[17]。貧困層に対しては、これに加えて従来のプログレサ＝オポルトゥニダデスによる現金給付が行われる。一方で、社会政策改革によって企業は拠出型社会保障の負担から解放されるため、積極的にフォーマル部門での労働者の雇用が行われる。また、これまでインフォーマル部門での雇用に甘んじていた貧困層も、フォーマル部門で雇用されれば従来よりも高い賃金を得ることができ、VAT引き上げによる損失分を補って余りある所得を手にすることができると考えられる［Levy 2008］[18]。

　さらに、Levy and Schady［2013］では、ラテンアメリカ各国も上述のメキシコと同じような二分化された社会保障制度と経済の低生産性の問題を抱えていることが指摘されている。彼らによれば、ラテンアメリカの多くの国で「拠出型」の社会保険（social insurance）に加入している労働者は半数

以下にとどまり、特に貧困層の間での加入率が低い［Levy and Schady 2013］。それゆえ、公的年金や医療保険など貧困政策としての「非拠出型」の社会保障がこの20年の間に拡大し、貧困率の削減（特に高齢者の）に貢献してきた一方で、拠出型と非拠出型との並存というラテンアメリカの社会政策のあり方そのものが、低い生産性や貯蓄率、財政の持続性などの問題を引き起こしていると指摘する［Levy and Schady 2013］。

他方、2000年代に各国で拡充されてきたCCTプログラムについても、Levy and Schady［2013］は労働市場参入への負の効果（クラウディングアウト）[19] や、結果としてフォーマル／インフォーマル労働市場の歪みの拡大といった問題を指摘する（詳細は5章を参照されたい）。しかし、これはCCTが貧困と所得格差の改善に寄与してきた事実を否定するものではなく、CCTが想定される最大限の効果を持ちうるために、あくまでもその他の社会政策の改革を通じてCCTプログラムを補完する政策を導入すべきであると主張する点［Levy and Schady 2013］で前節のLevy［2006］の議論と一貫性を保っている。

彼らがラテンアメリカに対して提案する社会政策の改革とは、高所得者層からの徴税の強化及び（不必要に非貧困層を裨益させる）光熱費補助金や付加価値税に対する免税措置の撤廃によって政府の税収を増加させ、部門（フォーマル／インフォーマル）や職種（賃金労働者／自営業者）によらないすべての労働者をカバーする教育、医療、社会保険制度の充実に予算を振り向けるというものである。これによってフォーマル部門の雇用が促進され、企業の生産性は上昇し、その結果として（特に貧困層の）所得水準の向上が可能となると主張する［Levy and Schady 2013］。

ただし、これら一連の社会政策の改革は技術的にも政治的にも複雑な課題であり、レヴィらの議論を皮切りにラテンアメリカ全体での問題の共有とコンセンサスの形成が不可欠であろう。

おわりに

　本章では、CCT の概要および成果と課題について「世代間の貧困の罠」という観点から、第1節でラテンアメリカ地域、第2節でメキシコのプログレサ＝オポルトゥニダデスに焦点を当てて分析を行うとともに、第3節で CCT 以外の社会政策全般についてのレヴィの議論を取り上げた。

　これまでに行われた実証分析の結果を総合すると、CCT は、給付額が貧困家計の所得額に占める割合があまりにも小さいなどの事例を除けば、完全ではないものの貧困削減及び所得分配の改善に一定の効果を持つと言えるだろう。その一方で、今後の政治的・経済的状況の変化に対して脆弱と見られる CCT プログラムも国によっては存在し、プログラムの持続性を保証するための制度・実施面での強化が望まれる。

　また、プログラム自体の効果として、就学率の上昇や診療所利用率の向上とは裏腹に、相変わらず生徒の成績や保健サービスといった「質」の問題は解決されていない。さらには、特に最も実施期間の長いプログレサ＝オポルトゥニダデスの事例で明らかになったように、CCT による給付を受けて学校を卒業した若者たちの就職状況は期待とは程遠いものであることが確認され、この傾向は将来的に他の CCT でも予想される結果と言える。若者の就職難については教育の「質」の問題とともに、受け皿としての市場における労働「需要」の問題が指摘されよう。Levy［2006］がプログラム初期に指摘したように、CCT プログラムは貧困削減の万能薬ではなく、あくまでも経済成長戦略と共存すべきものである。

　プログレサ＝オポルトゥニダデスをはじめとする CCT は、その当初の理念を失うことなく、これからも時代の要請に応じて柔軟に変化しながら、労働市場の需要に合わせて質の高い労働力を育成・供給することでラテンアメリカの経済発展、ひいては貧困削減に寄与していくことができるだろう。また、「世代間の貧困の罠」を断ち切るための CCT の長期的効果についての

第 3 章　ラテンアメリカにおける所得分配と社会政策　139

研究はメキシコをはじめとするいつかの国でその試みが始まったばかりである。CCT 関連のさらなる研究蓄積が待たれると同時に、レヴィらの投げかける議論を皮切りに、CCT を含むラテンアメリカの社会政策全体の改革がラテンアメリカの持続的な経済成長の実現と効果的な貧困・所得格差の改善に寄与することが望まれる。

注

1　Cecchini and Madariaga［2011］によれば、CCT 関連予算平均はラテンアメリカ地域の GDP の約 0.4％である。

2　Ibarrarán et al.［2017］は、このような貧困指標の見直しは 3 ～ 5 年に一度行われるのが望ましいと述べている。

3　一方で、ブラジルの Bolsa Familia やメキシコの Oportunidades の平均給付額は極貧家計を極貧ラインよりも上の位置に引き上げることが可能である。両国の最大給付額は家計赤字額平均の 100％を上回る。極貧層の家計赤字を相殺できる平均額を給付している国として挙げられるのはコスタリカとチリであり、平均赤字額の 50％をカバーできるのがエクアドルとパナマである。一方、ホンジュラスの CCT プログラムにはほとんど効果が見られなかった［Cecchini and Madariaga 2011］。

4　Hanlon et al.［2010］によれば、給付が持続的に行われることで貧困家計の生存可能な生活レベルを保障し、その結果、子供の健康・教育といった人的資本投資の他、農業投資やビジネス投資などに資金を振り向けることが可能となり、最終的には自立的に貧困から抜け出すことができるからである。

5　ブラジル（PETI）やパラグアイ（Abrazo）のように労働児童をターゲットとしたプログラムもあれば、CCT の教育奨学金の額を児童労働の機会費用を考慮して決定しているプログラムもある［Cecchini and Madariaga 2011］。

6　しかしながら、家庭内労働に加え、CCT プログラムが想定する共同責任を負わなければならないという母親に対する過度の負担への対応は遅れており、デイケアなどのサービス拡充が望まれるが、導入されている国はほとんどない［Cecchini and Madariaga 2011］。

7　ホンジュラスでは米州開発銀行（IDB）の支援が終わるとともに CCT プログラムも 6 年で終了となった事例［Cecchini and Madariaga 2011］や、いまだに

中米の国々やペルー、パラグアイなどで CCT プログラムが大統領や内閣の直轄とされている例が見受けられ［Cecchini and Madariaga 2011, Table Ⅵ.1］、政権交代がもたらす影響に対して脆弱な状況が見て取れる。
8　PROGRESA 受給家計はその他の貧困プログラムの権利を手放すことを条件とされた。
9　2000 年大統領選挙での PRI の敗北はかなり前から予見されており、それゆえに、政権交代後もプログラムが継続されるよう、ランダム化対象実験手法を用いて成果を確実に測る必要があったとプログラム立案・実施の中心人物であったサンティアゴ・レヴィは著書で述べている［Levy 2006］。
10　ターゲティングについての詳細は Skoufias et al.［1999］、Fiszbein et al.［2009］などを参照のこと。
11　Araujo and Suárez［2013］は、低学年への奨学金支給には効果がないとしている。
12　ペソ建ての支給額については浜口・高橋［2008］表 4 を参照のこと。
13　支給額は物価上昇率を加味して定期的に更新されている。
14　Levy and Schady［2013］は、その後、平均支給額は支給前家計所得の 40％にまで増加したと述べている。
15　ただし、女子の場合は学校に行きながら家事労働にも従事しているため、女子の児童労働減少率は男子に比べて小さいと推測される［Levy 2006］。
16　ESJóvenes 2013 は層化抽出法に基づき、全国の PROGRESA-Oporunidades 受給対象家計の中から 4,532 家計の 14 〜 25 歳の若者 5,203 人を対象に調査を行なったものである［Gutiérrez et al. 2014］。
17　全国民への一律支給を実現した場合でも、付加価値税を現行の 8％から国際水準の 15％に引き上げれば、必要な社会保障費は PROGRESA-Oporunidades も加えて GDP の 4.3％に収まると Levy［2008］は試算する。
18　追加的な各種社会保障サービスについては、民間が提供するサービスを各自の意思決定で利用すれば良いことになる［Levy 2008］。
19　メキシコでは、PROGRESA 導入当初は平均給付額が給付前所得の 20％で受給家計の労働時間に有意な変化（クラウディングアウト）は見られなかったと先行研究で報告されているが［Levy 2006］、のちに平均給付額が同 40％に引き上げられるにつれ、クラウディングアウトの可能性が指摘されるようになった［Levy and Schady 2013］。

[参考文献・引用文献]

青沼高志「貧困撲滅プログラムが移民に及ぼす副次的効果——メキシコ・Progresa-Oportunidades の事例」『ラテン・アメリカ論集』43 号、2009 年、19-36 頁。

浜口伸明・高橋百合子「条件付現金給付による貧困対策の政治経済学的考察：ラテンアメリカの事例から」『国民経済雑誌』197 巻 3 号、2008 年、49-64 頁。

Alzúa, María Laura, Guillermo Cruces and Laura Ripani. "Welfare Programs and Labor Supply in Developing Countries. Experimental Evidence from Latina America." *Journal of Population Economics 26* (4), 2013, pp. 1255-1284.

Angelucci, Manuela. "Migration and Financial Constraints: Evidence from Mexico." *Review of Economics and Statics* 97 (1), 2015, pp. 224-228.

Angelucci, Manuela, and Giacomo De Giorgi. 2009. "Indirect Effects of an Aid Program: How Do Cash Transfers Affect Ineligibles' Consumption?" *American Economic* Review 99 (1): 486-508.

Araujo, M. Caridad, Mariano Bosch, and Norbert Schady. 2016. "Can Cash Transfers Help Households Escape an Inter-Generational Poverty Trap?" *NBER Wroking Paper* No. 13838.

Araujo, M. Caridad and Paula Suárez Buitrón. "Programa de Desarrollo Humano Oportunidades: Evolución y Desafíos." Nota Técnica. IDB-TN-601. Banco Interamericano de Desarrollo, 2013. http://services.iadb.org/wmsfiles/products/Publications/38246339. pdf.［2015 年 12 月 1 日アクセス］

Attanasio, Orazio, Vincenzo Di Maro, Valérie Lechene, and David Phillips. 2013. "Welfare Consequences of Food Prices Increases: Evidence from Rural Mexico." *Journal of Development Economics* 104: 136-51.

Barham, Tania, Karen Macours, and John A. Maluccio. 2017. "Are Conditional Cash Transfers Fulfilling Their Promise? Schooling, Learning, and Earnings After 10 Years." *CEPR Discussion Paper*, No. DP 11937.

Barrera-Osorio, Felipe, Leigh L. Linden, and Juan Saavedra. 2017. "Medium- and Long-Term Educational Consequences of Alternative Conditional Cash Transfer Designs: Experimental Evidence from Colombia." *NBER Working Paper*, No. 23275.

Cecchini, Simone, and Aldo Madariaga. 2011. *Conditional Cash Transfer*

Programmes: The Recent Experience in Latin America and the Caribbean. ECLAC. Santiago: United Nations Publication,

ECLAC. 2010. Social *Panorama of Latin America 2009*. Santiago, Chile: United Nations publication, Sales No. E.09.II.G.135.

Fiszbein, Ariel, Norbert Schady and Francisco H.G. Ferreira. 2009. *Conditional Cash Transfers: Reducing Present and Future Poverty*. Washington, D.C.: The World Bank.

Gertler, Paul, Sebastian Maritínez and Martha Rubio. 2005, "El Efecto de Oportunidades Sobre el Incremento en el Consumo de los Hogares a Partir de Inversiones Productivas en Microempresas y Producción Agrícola." in *Evaluación Externa de Impacto del Programa Oportunidades 2004: Aspectos Económicos y Sociales*. eds. Hernández Prado, Bernardo, and Mauricio Hernández Ávila. Cuernavaca: Instituto Nacional de Salud Pública, pp. 105-154. 〈https://www.prospera.gob.mx/EVALUACION/es/wersd53465sdg1/docs/2004/insp_ciesas_2004_tomo_iv. pdf.〉（2016 年 3 月 7 日アクセス）

Gutiérrez, Juan Pablo, Zyanya Norman and Eduardo Alcalá. 2014. *Análisis Descriptivo del Cuestionario de Seguimiento a Jóvenes de PROSPERA Programa de Inclusión Social, ESJóvenes 2013*. Cuernavaca: Instituto Nacional de Salud Pública, 〈https://www.prospera.gob.mx/EVALUACION/es/wersd53465sdg1/docs/2013/ESJOVENES-20mzo.pdf.〉（2016 年 3 月 7 日アクセス）

Hanlon, Joseph, Armando Barrientos and David Hulme. 2010. *Just Give Money to the Poor: The Development Revolution from the Global South*. Sterling, VA: Kumarian Pr.

Hoddinott, John, and Lucy Bassett. 2009. "Conditional Cash Transfer Programs and Nutrition in Latin America: Assessment of Impacts and Strategies for Improvement." *Working Papers* No.9. Santiago, Chile: Food and Agriculture Organization of the United Nations (FAO). 〈http://citeseerx.ist.psu.edu/viewdoc/download?doi=10.1.1.459.154&rep=rep1&type=pdf〉（2017 年 11 月 20 日アクセス）

Holmes, Rebecca, Nicola Jones, Rosana Vargas and Fábio Veras. 2010. "Cash Transfers and Gendered Risks and Vulnerabilities: Lessons from Latin America." Background Note. Overseas Development Institute (ODI). 〈https://

www.odi.org/sites/odi.org.uk/files/odi-assets/publications-opinion-files/6042. pdf〉（2017 年 11 月 20 日アクセス）

Ibarrarán, Pablo, Nadín Medellín, Ferdinando Regalia, and Marco Stampini. 2017. *Así Funcionan Las Transferencias Condicionadas: Buenas Prácticas a 20 Años de Implementación*. Washington, D.C.: Banco Interamericano de Desarrollo.

Levy, Santiago. 2006. *Progress Against Poverty: Sustaining Mexico's Progresa-Oportunidades* Program. Washington, D.C.: Brookings Institution Press.

Levy, Santiago. 2008. *Good Intention, Bad Outcomes*. Washington, D.C.: Brookings Institution.

Levy, Santiago, and Norbert Schady. 2013. "Latin America's Social Policy Challenge: Education, Social Insurance, Redistribution." *Journal of Economic Perspectives* 27（2）: 193-218.

Osório, Rafael Guerreiro. 2008. "The Recent Impact of Government Transfers on Poverty in Honduras and Alternatives to Enhance Their Effects." Working Paper, International Poverty Centre, No. 47.〈https://www.econstor.eu/bitstream/10419/71781/1/583136907.pdf〉（2017 年 11 月 20 日アクセス）

Paes-Sousa, Romulo, Ferdinando Regalia, and Marco Stampini. 2013. "Conditions for Success in Implementing CCT Programs: Lessons for Asia from Latin America and the Caribbean." IDB Policy Brief, No. IDB-PB-192.

Parker, Susan W., and Petra E. Todd. 2017. "Conditional Cash Transfers: The Case of Progresa/Oportunidades." *Journal of Economic Literature* 55（3）: 866-915.

Parker, Susan W., and Tom Vogl. 2018. "Do Conditional Cash Transfers Improve Economic Outcomes in the Next Generation? Evidence from Mexico." *NBER Wroking Paper* No. 24303. http://www.nber.org/papers/w24303（2018 年 2 月 21 日アクセス）

Reimers, Fernando, Carol DeShano da Silva and Ernesto Trevino. 2006. "Where is the "Education" in Conditional Cash Transfers in Education?", *UIS Working Paper* No. 4, UNESCO Institute of Statistics.〈http://uis.unesco.org/sites/default/files/documents/where-is-the-education-in-conditional-cash-transfers-in-education-06-en_0.pdf〉（2017 年 11 月 20 日アクセス）

Secretaria de Desarrollo Social（SEDESOL）. 2008. *Evaluación Externa del Programa Oportunidades: A diez Años de Intervención en Zonas Rurales*

(*1997-2007*).〈https://www.prospera.gob.mx/EVALUACION/es/docs/docs2008.php.〉（2012 年 10 月 14 日アクセス）

Skoufias, Emmanuel, Benjamin Davis, and Jere R. Behrman. 1999. "An Evaluation of the Selection of Beneficiary Households in the Education, Health, and Nutrition Program (PROGRESA) of Mexico."〈www.prospera.gob.mx/EVALUACION/es/wersd53465sdg1/docs/2000/ifpri_2000_skoufias_target.pdf〉（2018 年 3 月 24 日アクセス）

Skoufias, Emmanuel. 2005. "PROGRESA and its impacts on the welfare of rural households in Mexico." Research Report 139, International Food Policy Research Institute (IFPRI).〈http://www.eldis.org/vfile/upload/1/document/0708/DOC22746.pdf.〉（2011 年 2 月 14 日アクセス）

Uchiyama, Naoko. 2016. "Consumption Smoothing, Risk Sharing and Household Vulnerability in Rural Mexico." *RIEB Discussion Paper Series*, No. DP2016-06.

Uchiyama, Naoko. 2017. *Household Vulnerability and Conditional Cash Transfers: Consumption Smoothing Effects of PROGRESA-Oportunidades in Rural Mexico, 2003-2007*. Kobe University Social Science Research Series, SpringerBriefs in Economics, Singapore: Springer.

Veras Soares, Fábio and Elydia Silva. 2010. "Conditional Cash Transfer Programmes and Gender Vulnerabilities: Case Studies of Brazil, Chile and Colombia", Working Paper, No. 69, International Policy Centre for Inclusive Growth (IPC-IG).〈https://www.econstor.eu/bitstream/10419/71801/1/637812174.pdf〉（2017 年 11 月 20 日アクセス）

第4章

ラテンアメリカの格差社会に対抗する連帯経済という選択：

市場の規制と消費者との連帯が拓くオルタナティブとしての可能性

小 池 洋 一

はじめに

　ラテンアメリカでは、左派政権の誕生や2001年のブラジルのポルトアレグレでの世界社会フォーラム（WSF）開催を契機に、各国において連帯経済の運動が活発になり、行政が公共政策と支援の対象にした。連帯経済は、協同組合、労働者自主管理企業、交換クラブ、地域通貨、コミュニティバンク、フェアトレードなど多様な形態をとって展開された。これらの経済活動の目的は、労働市場さらには社会保障や社会扶助から排除された人々が、労働や所得の場をえて生活をつなぐことにあった。つまり連帯経済は人々の生存のための戦略であったと言える。連帯経済が注目される以前には、教会やNGOなどが社会的に排除されて貧困や飢餓に直面する人々に労働や生産物販売の機会を与え、あるいは資金や技術的な支援を行っていた。このように、21世紀初頭に俄かに経済や政治の表舞台に登場したかに見える連帯経済は、もともとローカルな草の根レベルでの生存のための実践を引き継いだもので

あった。

　こうした経緯から、連帯経済は現在でも生存のための実践としての性格が強い。そのため経済的な制約が緩和すると人々は連帯経済への関心を失い、連帯経済が不活発になることがままあった。しかし、ラテンアメリカにある経済的な困難は、構造的で制度的なものでもあり、経済の回復によって緩和することがあっても解消するものではなかった。すなわち貧困や飢餓は、土地、税、教育、社会保障などの制度と深く関わっていた。歴代の国家はこれらの制度を放置あるいは強化した。こうしたなかで連帯経済は、刹那的な運動から徐々により永続的な運動に、また経済体制や制度を変革する運動へと変質をとげた。とくに連帯経済のリーダーや支援者たちは、ヨーロッパでの社会経済、連帯経済などの運動との交流をつうじて、連帯経済を国家や市場と並ぶ、あるいはそれらに代わる経済制度と捉えるようになった。

　連帯経済がラテンアメリカで広がった背景として、国家主導の開発の破綻、それに替わった市場主導の開発が貧困や格差を克服することなく、かえって悪化させたことが挙げられる。ラテンアメリカでは、国家が1970年代に非効率な投資や政治腐敗などによって財政を破綻へと導いた。財政赤字はインフレを引き起こし、社会に災禍をもたらした。これを克服すべくラテンアメリカでは1980～1990年代に新自由主義路線へと政策を転換したが、それは一時的な経済安定は実現したものの、通貨危機、失業、雇用のインフォーマル化、所得分配の悪化などを引き起こした。また「小さな政府」を標榜する新自由主義に基づく国家の後退は、行政サービスの縮小、質量双方の低下も招いた。市場では剥き出しの競争が展開され、夥しい敗者を生み出し、社会では対立、憎悪、暴力が増大した。こうしたなかで連帯経済は誕生したのである。

　本章では、経済危機のなかで政府の社会保障や社会扶助のセーフティネットからこぼれ落ちた人々が、連帯経済と呼ばれる相互扶助の制度をどのように築いて発展させたのかを論じる。既に述べたように、連帯経済は単なる生存のための相互扶助の制度ではない。それは市場、国家、市民社会からなる

多元的な経済制度の一つとして、さらには市場や国家のオルタナティブとして位置づけられてきた。しかし、2000年代半ばに以降資源ブームが終わり、左派政権が政治権力から後退しなかで、連帯経済は国家の支援を失いつつある。加えて左派政権は、それが「健在」であった時期においても、そしてそれが現在「健在」な国でも、国際的な資本と共同でアグリビジネスや資源開発を推進し、結果として連帯経済を抑圧してきた。こうした逆境のなかで連帯経済が、市場や国家と並ぶ開発制度の一つとして、経済格差を縮小し公正な社会を実現しうるか、その可能性が問われている。

以下、第1節では市場化と格差の問題をラテンアメリカのコンテクストで考察する。それは何故ラテンアメリカで人々が連帯経済を組織し活動するのか、その背景を知るためである。続く第2節ではラテンアメリカにおける連帯経済の生成と制度化を概観する。社会の底辺や辺境で主に展開される連帯経済の運動は、その実態が明らかではない。ましてや数量的な把握は難しい。そうしたなかで連帯経済に対する公共政策や制度が整備されたブラジルでは、連帯経済のマッピング調査が行われた。それに基づき第3節では連帯経済の実態を、次いで第4節では連帯経済の連帯性と経済性との関連を述べる[1]。後者は、連帯経済が持続的なものであるか、国家や市場と並ぶ、あるいはそれらに代わる制度になりえるかを知るためである。続く第5節では連帯経済が存続し発展するための公共政策を論じる。むすびでは本章での議論を要約する。

1 市場経済と所得分配

ラテンアメリカの開発政策と制度は、国家（主義）と市場（主義）との間で揺れ動いてきた。1980年代には、対外債務やインフレなどのマクロ経済不均衡を解決すべく、経済自由化を含む新自由主義へと政策を転換した。経済自由化は、インフレの収束には寄与したものの、成長率は低い水準にとどまり、他方で失業や貧困を増大させた。また繰り返される金融危機が経済を

疲弊させた。

　こうした経済的困難のなかで、2000年代には多くの国々で左派政権が誕生した。貧困者をターゲティングした左派政権の所得政策によって内需が拡大し、また国際的な一次産品輸出ブームもあって一時的には経済成長と分配の公平化が実現したが、固定投資と革新を伴わない成長は持続的なものでなかった。2008年のリーマンショックを契機に世界経済が後退局面に入ると、一次産品輸出価格が下落し外貨収入が減少する一方で、硬直的な社会支出制度が維持されたため、財政赤字が拡大した。その後、緩やかではあるが社会支出が削減され金利が引き上げられると、その影響による経済の後退と社会支出削減が人々を失望させ、左派政権は次々と姿を消した。代わって市場主義を標榜し経済自由化を進める政権が再び誕生した。

　このようにラテンアメリカでは経済の原理が目まぐるしく交替したが、いわゆる左派政権を含めて、経済の基本的な制度は市場であった。市場での競争は必然的に勝者と敗者を生む。市場競争の結果生じた勝敗を是正する再分配政策がとられないと格差は構造化する。ラテンアメリカを席巻する新自由主義は基本的に再分配政策をも否定する。勝者と敗者とを分けるのは能力と努力の差であり、勝者への制裁や敗者への救済には何らの根拠もないとする。それは自然淘汰が種を発展させるとするダーウィン主義の一種であり、社会的ダーウィン主義と呼ぶべきものであった。

　しかし、再分配政策の是非以前に、市場において常に公正な競争がなされるわけではないことを知るべきである。競争の開始時点で経済力や情報力の非対称性が存在する。ラテンアメリカのように構造的に著しい格差が存在し情報が偏在した地域ではなおさらである。貧者や低教育者などは、彼らが潜在的に優れた能力をもっていたとしても、はじめから社会的に排除されているのである。つまり、ダーウィン主義が言うように、優性な個体が常に選別されているわけでない。

　かつて「格差は経済成長を促す」とまことしやかに議論されたことがあった。「貧者は所得のすべてを食べてしまうが、富者は所得の多くを貯蓄し、

貯蓄は金融市場を経由して企業に移転し、企業は投資によって経済成長を促す」という論理である。経済格差は需要の側からも正当化され、「富者の高質の消費は高質の生産を促す」ともされた。しかし、富者の消費は奢侈的で顕示的な性格をもち、そうした消費は価格弾力性が小さい。その結果、生産性上昇による価格引き下げや高品質な製品の生産をもたらさない。そもそも消費が輸入品に向かえば、国内生産は引き起こさない。その一方で、貧者の劣化した消費も高質な生産をもたらさない。つまり不平等な分配、中間層の欠如や彼らの没落は、需要サイドから経済成長を抑制する。著しい格差はまた社会的不安や政治対立を激化させ、経済政策の一貫性を失わせ、経済のボラティリティを高める。格差は犯罪などの暴力を招き、治安維持のための公的および私的な費用を増大させる。さらには経済政策および経済の不安定性は貯蓄率を低下させ、資本逃避を助長する。こうして格差は多様な経路から経済成長率を抑制する。

　市場が不可避的に格差を生み出し、それが倫理的だけではなく経済的にも問題があるとすれば、再分配政策が必要となる。これは国家の役割である。しかし、ラテンアメリカにおける国家による再分配機能は限られたものであった。それは左派政権においても言える。国家による再分配が進まないのにはいくつかの理由がある。一つは社会支出の財源不足である。ラテンアメリカでは税制度の不備、徴税能力の不足、脱税の横行などから、政府の財政基盤は脆弱である。税収は間接税に大きく依存し、直接税の割合が小さい。個人所得税の税率が低く、累進率は小さい。土地などの資産課税や相続税はきわめて軽微である。間接税に偏向した税制は、逆進的な性格をもち、不公正な分配の重要な要因となっている。

　再分配が進まない理由のもう一つの理由は、雇用制度に関わる。ラテンアメリカではポピュリズムの伝統から労働者に対して手厚い保護や社会保障が与えられているが、それは正規の雇用に限られ、非正規労働者は保護と社会保障制度の外に置かれる。もともとラテンアメリカでは、商業やサービス業に限らず製造業においても零細な企業が数多く存在した。それらは家族を含

めて労働者と正式な雇用契約を結ぶことはなかったが、ポピュリスト政権による手厚い労働者保護は、正規雇用に伴う賃金や社会保障の負担を節約しようとする企業行動を生み、正規雇用の周辺に多数の非正規雇用を拡大させた。

国家の再配分が進まないのは、国家がしばしば市場と癒着するからでもある。国家は市場すなわち企業セクターの圧力によって法人所得税などの資本課税を軽減する。税の軽減は経済グローバル化のなかで産業の国際競争力を高めるために不可避であり、産業の競争力向上は労働者の雇用と所得を拡大するというのがその正当化の理由である。しかし、ラテンアメリカの経験が示しているのは、税引き下げおよび為替引き下げ競争は、国家間と国内において新たな格差をもたらし、総和としては何らの成果も生み出さないということである。

新自由主義のもとでは、国家は敗者に対して抑圧的である。新自由主義改革によって市場による統治が強まり、国家はその役割を縮小させ「小さな政府」をもたらすが、国家はあらゆる領域において市場への参加を強制するとともに、市場を攪乱させ歪める行為を断罪し排除する役割を担う。国家による強制や断罪が必要なのは、市場が自律的でないからである。とりわけ市場が未成熟な後発国では、市場が機能するための制度が必要であり、そこでは国家の市場創造の役割は欠かせないが、市場制度が発展した先進国でも市場は数多くの「市場の失敗」を犯す。国家にとって、「市場の失敗」による敗者の抵抗を抑圧あるいは懐柔し、他方で市場の推進者である勝者の利益を保護することは、市場経済を維持するうえで不可欠と理解される。その過程で国家はしばしば市場の受益者と癒着する。そして癒着は「市場の失敗」を深め、経済社会の持続的な発展を困難にする。

斉藤［2015］はフーコーの「自由主義的統治術」によって新自由主義のもとでの国家について論じている。自由放任あるいは小さな政府のもとでは、人々の自由な行動によって市場が効率的に機能するための環境を整備する一方で、自由な行動が引き起こすリスクを回避する措置を講じる必要がある。

その結果、国家は自由と正反対の管理・制約・強制といった手続きを課すことになる。斉藤は続いて、ナオミ・クライン［2011］を引用し、自由主義的統治は、市場競争がもたらす社会的弊害に取り組む志向を欠落させるだけでなく、破局を人為的に創出し、それを契機に新しいビジネス・チャンスと成長機会にすると断じている。

　ナオミ・クラインは、大惨事につけこんで実施されるショック・ドクトリンを「惨事便乗型資本主義」と呼び、米国政府とグローバル企業が、戦争や政変、ハリケーン等の自然災害などの危機につけこんで、あるいはそれを意図的に創造し、人々がショックと茫然自失から覚める前に市場原理主義に基づく改革を強行したと批判した［クライン 2011］。ラテンアメリカでも、1980年代から1990年代に高い失業率やハイパーインフレのもとで過激な自由主義改革が強行された。現在でも経済不況のなかで放漫財政の責任が糾弾され、左派政権がわずかに進めた社会政策や再分配政策が否定されようとしている[2]。

2　連帯経済の叢生と制度化

　ラテンアメリカでは、1990年代から2000年代にかけて連帯経済が叢生した。協同組合、ワーカーズコレクティブ、回復企業、フェアトレード、マイクロクレジット、フェアトレード、交換クラブなどがそれである。その背景には、新自由主義政策が引き起こした経済的困難とそれへの批判があった。すなわち新自由主義政策は、工業などでの生産活動の縮小（脱工業化）、雇用とりわけ正規雇用の減少、貧困の増大、格差の拡大、社会の分断、社会保障の削減などをもたらした。連帯経済はこうした新自由主義政策が引き起こした災禍への対抗運動であるが、その運動形態や目標は多様である。労働市場からの排除に伴う雇用や所得喪失を連帯経済によって回復しようとするもの、そうした生存の手段を超えて幅広い連携や政治的要求などをつうじて連帯経済を経済システムの一部として位置づけようとする——すなわち連帯経

済を多元的あるいは混合経済の一つとしようとするもの、さらには連帯経済を市場経済あるいは資本主義経済のオルタナティブとするものなどである[3]。

メキシコでは20世紀後半以降、国家からの自立と自治を目指す先住民運動や農民運動が現れ、連帯経済の先駆となった[4]。これらの運動は1980年代以降、国家に対して金融、技術支援やインフラ整備を要求した。1983年には憲法が改正され、メキシコの経済体制が公共セクター、民間セクター、社会セクターの三部門から成る混合経済であることが名文化された。次いで2012年には、社会的連帯経済法が成立した。同法によれば社会的連帯経済は社会セクターに位置づけられ、連帯、協同、互酬に基づく組織であり、労働と人間を優先し、コミュニティのニーズを満たすために経済活動を行う組織とされた。

メキシコの連帯経済運動のなかで特異なのは、サパティスタ自治区の運動である。国家による支援を求めず、コミュニティ・レベルで民族自立と、それを実現するための生産と流通の自主管理を目指した。サパティスタ自治区では「共同体社会主義」、すなわち土地や生産手段の共有、協同組合組織による労働、自家発電、無償での教育や医療の提供などをしている。

コロンビアにおいて連帯経済が経済制度の一つとして法的に認められたのは、1991年憲法によってである[5]。1991年憲法は第59条で、「国家はアソシエーションや連帯組織の共有財産を擁護し推進しなければならない」とした。憲法が公的部門、資本経済部門と並んで連帯経済を経済制度の一つとしたのである。こうした憲法の規定を受けて、1998年に連帯経済を規制する基本法として法律第454号が制定された。同法には改めて国家の連帯経済部門に対する責任が明記された。法律によれば連帯経済とは、経済の行為者でありまた目的である人間の統合的発展のための社会的・文化的・環境的な制度であり、連帯的・民主的・人道的であり、非営利・自主管理に基づく組織によって営まれるものである。連帯経済部門は、協同組合、互助会、従業員基金、労働者協同企業、アソシエーションなどの事業体と、それらを支援する非営利組織から構成される。

コロンビアでは連帯経済を推進するために、政策提案と諮問のための「全国連帯経済審議会（CONES）」、支援政策実施のための「連帯組織特別行政ユニット（UAEOS）」、連帯経済事業を監督・指導するための「連帯経済監察局（SUPERSOLIDARIA）」、連帯経済を資金的に支援するための「全国連帯経済基金（FONES）」が設立された。このうちFONESは2017年時点で活動を始めていない。コロンビアの連帯経済において一般的なのは協同組合、互助会、従業員基金であるが、それ以外については統計がなく、連帯経済全体の実態については把握できていない。

 エクアドルでは連帯経済は混合経済の構成要素と位置づけられているが、それは民衆による多様な自主的な組織に限定されず、連帯に基づく国家による再分配や公共財の供給、企業の市民団体のフィランソロピーなどの活動を含んでいる［Corragio 2011：Ⅶ］。2008年憲法は、経済体制が公的部門、私的部門、混合部門、民衆部門の4つから構成されることを明記し、これら多元的な体制によって「ブエン・ビビール（Buen Vivir、善き生活）」を実現すると定めている。憲法を受けて2011年には「民衆連帯経済・金融部門組織法（LOEPS）」が制定された。

 LOEPSによれば、民衆連帯経済は生産、交換、商品化、金融、財とサービスの消費の経済過程において、連帯性、協力、互酬の原理に基づき、ブエン・ビビールを目指す経済活動とされる。民衆連帯経済は、大きく「民衆連帯経済組織（OESP）」と「民衆連帯金融組織（OSFPS）」の二つから成り、前者のOESPは生産協同組合、消費者協同組合、住宅協同組合、サービス協同組合、生産アソシエーション、コミュニティ組織から、後者のOSFPSは貯蓄貸付協同組合、貯蓄連帯金庫、中央金庫、コミュニティ銀行から構成されるとした。連帯経済を支援する制度として2009年に経済社会包摂省に「民衆連帯経済局（IEPS）」が設置され、その後12年に独立して「民衆連帯経済監督庁（SEPS）」となった。これらに先立って小規模な事業の資金へのアクセスを可能にするため「民衆連帯金融国家審議会（CONAFIPS）」が設立された。

ボリビアでも連帯経済は多元的な経済モデルのなかに位置づけられているが、基本法や専門組織は存在しない。多元的な経済モデルは、資本主義から社会主義への移行形態とされ、その中心には国家がある[6]。国家は、鉱業などの輸出部門から雇用を創出する国内部門への余剰の移転や貧困削減などの社会政策をつうじて、再分配政策を行う。多元的な経済モデルでは、市場と国家のほかに、多様なセクターで経済活動する社会協同組合（social cooperativa）部門と、村落で経済活動するコミュニティ部門（comunitaria）とがあり、これら四つの部門によって「ビビール・ビエン（vivir bien, 良く生きる）」を目指すとされる。社会協同組合部門は「労働・雇用・社会保障省（MTPE）」が、コミュニティ部門は「農村・土地開発省（MDRA）」が所管する。社会協同組合部門とコミュニティ部門が連帯経済に対応するが、ボリビアでは連帯経済に対する包括的な定義や制度は存在しない。また多元的な経済モデルと言いながら、開発における国家の役割が大きいのもボリビアの特徴である。

　ラテンアメリカで最も広範に連帯経済運動が展開され、公共政策と制度が整備されているのはブラジルである。ブラジルでは、国家の社会政策からの後退や経済自由化に伴う失業、格差などの社会問題が深刻化するなかで、協同組合や、倒産した企業を労働者が継承して経営する労働者自主管理企業、コミュニティバンクなどの連帯経済がその活動を広げ、教会、NGO、労働組合、地方政府などがそれらを支援してきた。

　2001年にポルトアレグレで開かれた世界社会フォーラムを契機に結集した連帯経済支援組織が、成立したばかりのルーラ労働者党政権に対して連帯経済に関する制度を整備するよう要求した。これを受けて政権は2003年に労働雇用省内に「国家連帯経済局（SENAES）」を設立し、政策立案のために「国家連帯経済審議会（CNES）」を組織した。さらに連帯経済を特定して支援するために「連帯経済情報システム（SIES）」を設立した。また、小規模ゆえ不利な取引を強いられる連帯経済を保護するために、生産から消費に至るすべての過程における公正な取引の推進をめざして、「国家公正連帯

取引システム (SCJS)」を設立した。

　SENAES が連帯経済とし認める組織は、自主管理、民主、協働、平等などを原理として組織運営される協同組合やアソシエーション、労働者自主管理企業、交換クラブなどである。ブラジルの連帯経済を理論的に主導し労働者政権で SENAES 局長を務めたパウロ・シンジェルは、自立した民衆による協同組合やアソシエーションに連帯経済の基本的な形態を求め、連帯経済の広がりに市場経済あるいは資本主義の揚棄の可能性を見出している [Singer 2002]。労働者党は連帯経済基本法制定を公約としたが、実現しなかった。

3　連帯経済の実態：
　　　ブラジルの例

　このようにラテンアメリカでは連帯経済への関心が強まったが、その実態については明らかではない。関心が高いにもかかわらず実態が不明瞭である状況は、ラテンアメリカに限らず他の開発途上国、さらには先進国でも同様で、連帯経済に関する実証的な研究の不足が指摘されている。加えて、連帯経済が国民経済においてどのような位置を占めているか、市場や国家に対してどの程度の比重を占めているか、その情報はほとんどない状況にある。その理由の一つは、連帯経済の定義が必ずしも明確ではないためである。またあったとしても国によってその定義が異なるため、国際比較ができない。このような状況下で、CIRIEC（公共・協同経済研究情報国際センター）やジョンホプキンス大学非営利セクター比較研究プロジェクトなどが、数量的な研究を試みている [CIRIEC 2012; Bouchard et al. 2016; Casey 2016] が、まだ研究や作業は緒についたばかりである。

　そうしたなかでブラジルでは、2006 年設立された連帯経済情報システム (SIES) があり、2005 年から 2007 年と 2009 年から 2013 年に連帯経済の確認作業と実態調査（マッピング）がなされた。2009 年から 2013 年のマッピ

ングの結果は Gaiger & Ecosol［2014］、Silva e Carneiro［2014］などで知ることができる[7]。マッピングでの連帯経済事業体（Empreendimentos Económicos Solidários: EES）の定義は、①家族の枠を超えて最低2人の参加者からなる集団組織であること、②アソシエーション、協同組合、労働者自主管理企業、生産グループ、交換グループなどの形態をとること、③法的に登記されているかどうかは問わないが、組織が継続的に存続していること、④生産、サービス提供、信用、商業などの経済活動を行っていることである。

2009年から2013年のマッピングで確定された EES は全体で1万9,708であり、その参加者は142万3,631人であった。ここで注意が必要なのは、これらの数は SIES がその調査で認定したものに限られ、現実には同様の組織をもち活動を行うものはさらに多数あることである。

EES の設立時期を組織形態別に見ると、図4-1のようになる。全体に1990年代以降、つまり経済自由化以降に増加しているのがわかる。とくにインフォーマル・グループとアソシエーションの増加が急激である。経済自由化に伴う失業や貧困の増加に対応して、EES のなかでもインフォーマル・グループとアソシエーション、とりわけ法的な手続きが不要な前者が数多く組織されたことがわかる。

マッピングで認定された EES を農村・都市別に見ると、54.8％が農村部、

図4-1　EES の形態、設立年別組織数

出所：Gaiger & Ecosol［2014: Tabela 5.21］から筆者作成

34.8％が都市部、10.4％が農村および都市部に位置しており、ブラジルの人口比からすれば農村部の比重が大きい［Gaiger & Ecosol 2014: 31-32］。地域別では北東部がブラジル全体40.8％と最も多く、次いで南部16.7％、南東部16.4％、北部15.9％、中西部10.3％の順である［Silva e Carneiro 2014: 70］。人口比で見ると、後発地域である北東部、早くから協同組合運動が活発であった南部の比重が大きい。

　SIESの質問票では、EESの活動分野を交換、生産、商業、サービス提供、信用・金融、消費に分け、うち交換、信用・金融、消費以外については細分化して尋ねているが、その結果は表4-1の通りである。

　EESを参加者規模で見ると、20人以下41.7％、21～50人32.6％、51～100人14.6％、101～500人8.9％、500人以上1.8％（不明0.5％）である。売り上げ規模では、1,000レアル以下が34.1％、1,001～5,000レアル25.6％、5,001～1万レアル10.0％、1万1レアル～5万レアル15％、5万1レアル～10万レアル2.5％、10万1レアル以上2.5％（不明・不答10.3％）である［Silva e Carneiro 2014: 74］。EESが参加者規模、それ以上に売り上げ規模

表4-1　EESの活動形態

EES 合計	19,708	家族農業	7,158
（−）製品・サービスの交換	−430	工芸	3,413
連帯貯蓄・信用・金融	−328	その他の自営労働	1,141
消費／財・サービスの共同利用	−3,945	適用不能あるいは優勢分野無	987
小計	15,005	農地改革の定住者	734
商業または商業化組織	2,628	失業者	613
サービスの提供	1,296	リサイクル	591
生産または生産と商業化	11,081	芸術家	196
		技能者、専門職	162
		鉱山労働	10
		小計	15,005

注：複数回答
出所：Silva e Carneiro［2014: 73-74］から筆者作成

で小さいことがわかる。

　EESを組織形態によって見ると、アソシエーションが60.0%と最も多く、次いでインフォーマルなグループ30.5%、協同組合8.8%、商事会社0.6%となる（図4-2）。アソシエーションは法的には民法典第53条によって「非経済的な目的で組織される個人の連合」とされる。つまりアソシエーションは会社と違って利潤を追求しない。他方でインフォーマルなグループはその名のとおり法的な組織ではない。アソシエーションは定款を作成し登記を必要とするが、インフォーマルなグループは当然必要ない。アソシエーションとインフォーマルなグループは、一般には経済活動を行う組織としては脆弱な存在と見做されてきた。他方で、それらへの参加や退出は自由で、参加者は平等な権利をもつ。自由に連合した個人がその基本的な性格である。

　組織形態別にEESの所在地を見ると、協同組合は農村34%、都市46%（残りは農村と都市、以下同じ）、アソシエーションは農村69%、都市21%、インフォーマル・グループは農村32%、都市59%、商事会社は農村31%、都市56%となっている。次に、活動分野を見ると、協同組合の場合、生産および生産と商業が47%、商業27%、サービス14%、貯蓄・信用7%、消費

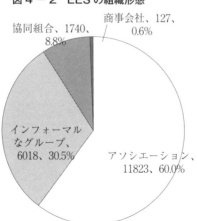

図4-2　EESの組織形態

出所：Silva e Carneiro［2014: 73］から筆者作成

4％となっている。アソシエーションの場合、生産および生産と商業が60％、消費が29％と多く、インフォーマル・グループの場合は生産および生産と商業が70％と圧倒的な割合を占める。商事会社では生産および生産と商業が60％、サービスが21％となっている［Gaiger & Grupo Ecosol 2014: 33, 35］。アソシエーションは農村を中心に生産活動を、インフォーマル・グループは都市を中心にいわゆる雑業を営む割合が大きい。これに対して協同組合は農村および都市において生産、商業、サービスを広く営んでいる。

こうした傾向は EES 設立の目的にも反映されている（表4-2）。全体に、

表4-2　組織形態別の EES 設立目的（％）

	インフォーマル・グループ	アソシエーション	協同組合	商事会社	合計
失業のオルタナティブ	57.6	40.4	46.8	41.7	46.2
協働してより大きな収益を取得	41.9	41.8	55.5	31.5	43.0
不足する所得の追加	59.9	43.3	48.4	42.5	48.8
すべてが所有者として活動	41.8	38.6	51.1	43.3	40.7
専門的な活動	14.7	13.7	18.0	23.6	14.3
資金、支援へのアクセス	5.3	29.6	17.6	7.1	21.0
倒産企業の再生	3.0	2.9	4.1	3.9	3.0
社会的動機、フィランソロピー、宗教	19.6	19.5	16.7	18.1	19.3
地域共同体の発展	23.1	31.9	26.7	15.7	28.6
オルタナティブな組織、教育訓練	13.2	16.5	22.9	15.7	16.0
公共政策による奨励	11.0	18.1	17.4	10.2	15.8
公共政策の受益者の経済組織	5.2	9.0	7.9	2.4	7.7
エスニック・グループの強化	7.8	10.6	10.2	4.7	9.7
有機、環境生産物の生産、販売	7.2	8.1	11.5	11.0	8.2
EES の形態別構成（％）	30.5	60.0	8.8	0.6	100.0

注：複数回答
出所：Gaiger & Grupo Ecosol［2014: 37］から筆者作成

雇用の確保、追加的所得の実現、それを可能にする協働といった経済的動機がEES設立の目的となっている。ただし、協同組合の場合、協働、（労働者ではなく）所有者として経済活動をすることが重要な目的となっている点に注目する必要がある。こうして経済的動機に重点が置かれている一方で、フィランソロピー、地域コミュニティの発展、環境の保全などの社会的な動機は総じて弱い。

EESがどのような属性、とりわけ雇用形態や所得水準の人々によって設立されているかについては情報がない。唯一あるのは人種についての情報である。EESのメンバーでどの人種が優位であるかを示したのが表4－3である。ブラジル全体について、「際立った人種の優位性がない」との回答を除いて、これを人種別の人口構成と比較すると、混血が優位とするEESが多い。黒人が優位なEESは、EES全体に占める割合は大きくはないが、人口比よりは多い。先住民は人口比では0.4%に過ぎないが、EESでは「際立った人種の優位性がない」との回答を含めてもその倍以上の1%を占める。白人、黄色人はその人口比に対してそれらが優位なEESは少ない。

地域別に見ると、北部では混血が優位なEESが圧倒的に多い。これに対して白人の割合は圧倒的に少ない。また、北部は他の地域に比べて先住民の数が多めの地域であるが、先住民が優位なEESは少ない。北東部も混血が優位のEESが多く、白人のそれは少ない。この地域では先住民は少ないが、先住民が優位なEESは多い。多様な人種が見られる南東部では、優位な人種が見られないEESが他の地域に比べて圧倒的に多い。これに対して白人が優位なEESは少ない。先住民の割合は少ないが優位なEESは多い。白人が多い南部ではEESも白人が優位である。これに対して混血が優位なEESは少ない。中西部は、人口比に対して混血が優位なEESが多く白人のそれが少ない。この地域は先住民人口が北部に次いで多いが、先住民が優位なEESの割合は北部より多い[8]。

このようにEESを人種別に見ると、全体で混血の割合が多く次いで黒人や先住民のそれが多い。これに対して白人や黄色人は少ない。連帯経済の運

動は、先に述べたように一つには失業や貧困に対抗して雇用や所得を創造することを、もう一つには現在の経済システムのオルタナティブを追求しているが、これらの理由や目標は EES の人種的な構成に反映されているかもしれない。ブラジルでは一般に白人や黄色人は所得が高く、反対に黒人や先住民は所得が低く、混血は中間に位置している。他方で失業や貧困状態にある者は必然的にそれらを改善、解決しようとする意識は高いものとなる。社会的排除は彼らの意識を強め、EES に社会変革の可能性を見出しているかもしれない。このことはとくに混血の場合に言えるだろう。しかし、失業や貧困状態は必ずしも意識を高めるものではない。教育や情報から隔離されている場合、EES 参加の動機や意欲は小さいものとなる。黒人や先住民がこれに当たるであろう。

EES は雇用や所得の創造その他を目的として設立されたが、こうした目

表 4-3　EES メンバーにおける優位な人種

		白人	黒人	黄色人	混血	先住民	無視*	優位無**	合計***
北部	EES	3.0	6.1	0.4	74.8	1.3	0.3	14.7	3,127
	人口	23.4	6.6	1.1	66.9	1.9	0.0	-	100.0
北東部	EES	9.4	9.9	1.0	57.0	0.7	0.9	21.1	8,040
	人口	29.4	9.5	1.2	59.4	0.4	0.0	-	100.0
南東部	EES	17.9	10.1	0.3	31.2	0.5	0.3	39.7	3,228
	人口	55.2	7.9	1.1	35.7	0.1	0.0	-	100.0
南部	EES	70.1	3.2	0.5	5.7	0.7	0.6	19.2	3,292
	人口	78.5	4.1	0.7	16.5	0.3	0.0	-	100.0
中西部	EES	21.1	6.0	0.5	43.1	2.9	0.4	26.0	2,021
	人口	41.8	6.7	1.5	49.1	0.9	0.0	-	100.0
合計	EES	21.1	7.8	0.7	45.5	1.0	0.6	23.3	19,708
	人口	47.7	7.6	1.1	43.1	0.4	0.0	-	100.0

注：*EES＝人種優位性無視、人口＝申告なし。**EES：優位な人種なし。
　　***EES：EES 数、人口合計（％）。
出所：EES……Gaiger & Grupo Ecosol [2014: 50]、人口……IBGE [2011]

的は達成されたのであろうか。そしてEESはどのような困難や課題をかかえているのだろうか。ESSの成果についての調査では、参加者の多くが「集団への統合（・協働）」、「メンバーの所得の創造・増加」、「自主管理・民主化」を挙げた。これに対して「地域コミュニティの発展（住環境など）」、「メンバーの地域社会へのコミットメント」、「政治意識・参加」を挙げる者は少なかった。

　他方でEESが直面する課題については、「メンバーの適正な所得創造」、「事業の経済的活性化」、「集団の団結維持」、「参加と自主管理の強化」、「他の連帯経済事業（や運動）との連携」などが多い。これに対して「メンバーの政治意識の強化」、「メンバーの環境意識の向上」などの回答は少ない（表4-4）。全体にESSが一定の成果を挙げているものの依然課題が多いことが明らかである。またEESの経済的役割への関心が高いが、社会や政治への関心は相対的に低いと言える。

表4-4　EESの成果と課題

	成果	%		課題	%
1	集団への統合	66.1	1	メンバーの適正な所得創造	73.6
2	メンバーの所得の創造・増加	59.0	2	事業の経済的活性化	66.5
3	自主管理・民主化	49.0	3	集団の団結維持	56.1
4	地域コミュニティの発展	37.6	4	参加と自主管理の強化	43.7
5	メンバーの社会参加	37.4	5	他の連帯経済事業との連携	42.9
6	政治的な約束の実行	17.8	6	メンバーの社会的保護	39.3
7	その他	12.3	7	メンバーの環境意識向上	37.0
			8	メンバーの政治意識の強化	34.1
			9	その他	15.8

　注：複数回答。サンプル数：19,708
　出所：Gaiger & Grupo Ecosol 2014, pp.133-134.

4 連帯経済と持続性

　連帯経済は、企業のように利潤を追求しないが、経済活動である限り生産の増加、効率性など経済的な成果が求められる。市場経済の優位ななかで連帯経済は企業との競争を強いられている。連帯経済の意義や重要性は消費者など社会からいまだに認知されていない。そうしたなかで連帯経済が存続し発展するには、市場に勝るか少なくとも同等の経済性を実現する必要がある。

　ルイス・イナシオ・ガイゲルはこうした関心から連帯経済を経済性との関連で考察してきた［Gaiger 2007, 2013］。Gaiger & Grupo Ecosol［2014］も、2009 年から 2013 年の連帯経済のマッピングの情報を使って、連帯事業体（EES）の連帯性（solidarismo）と企業者性（empreendedorismo）、それらの相関を分析している。ここで言う連帯性とは、①メンバーによる定期的な総会あるいは会合の開催、②管理・統制のための集団的組織の存在、③組織の方針、メンバーシップ、財産、会計に関する総会あるいは会合での決定、④最終総会あるいは定期集会への最低 3 分の 2 のメンバーの参加および日常の決定への参加、⑤メンバー以外の労働契約に対する制限、⑥連帯経済フォーラムあるいはネットワークへの参加あるいは代表者派遣、⑦社会運動、民衆運動、組合運動への参加、⑧社会、コミュニティ活動への参加、⑨生産、商業、消費あるいは信用ネットワークへの参加、⑩他の連帯経済からの購入、販売あるいは交換の 10 項目からなる。①から⑤は EES の自主的で民主的な運営に関わるものである。⑥から⑩は他の EES や地域社会との連帯や政治への参加に関わるものである。

　他方、企業者性とは①定款の存在、②前期における余剰または資金的余剰の有無、③労働するメンバーへの報酬、④労働するメンバーへの有償での休暇、⑤産休、社会・専門教育訓練、社会保障あるいは保健プログラムの有無、⑥過去 12 か月における資産超過、⑦資金調達の必要性あるいは困難性の不在、⑧商品販売、サービス提供における困難性の不在、⑨有機生産の認証取

得あるいは廃棄物の適切な処理、⑩支援組織へのアクセスの有無の 10 項目からなる。EES ごとにこれらの指標に該当すれば 1 を、該当しない場合は 0 とし、それらを集計して連帯経済の連帯性と企業者性を 0 から 10 で表わす。

　連帯経済全体で連帯性と企業者性の平均を見ると、連帯性は平均で 5.0、企業者性は平均で 3.9 になる。連帯性と企業者性との間には、概ね正の相関が見られる［Gaiger & Grupo Ecosol 2014: 142-148］。EES の連帯性と企業者性を組織形態、活動形態別に見ると図 4 － 3 のとおりである。連帯性は協同組合、アソシエーション、商事会社、非正規グループの順で、企業者性は商事会社、協同組合、非正規グループ、アソシエーションの順で高い。

　協同組合は、連帯性と企業者性ともに平均を上回る唯一の組織である。これに対してアソシエーションは連帯性で平均を若干上回り、企業者性は平均を大きく下回る。非正規グループは連帯性で平均を下回り、企業者性で若干平均を上回る。商事会社は連帯性で平均を下回るが、企業性で平均を大きく上回る。

　連帯経済をより具体的な活動形態で見ると、リサイクルゴミ収集業 EES が連帯性と企業性がともに高い。芸術家 EES と土地改革定住者 EES は連帯性で平均を上回るが企業性で平均を下回っている。家族農業は連帯性と企業者性でともに平均的な位置にある。工芸家 EES は企業性で平均だが連帯性では低い。採金あるいは鉱業労働者 EES は連帯性で平均を大きく下回るが、企業者性では逆に大きく上回っている。

　こうした違いがどのような要因によるものかは明瞭ではないが、労働において協働が重要かどうか、労働の価値や動機がどこにあるかどうかが影響しているものと想像される。例えば協同組合は明確な協働の意思と経済動機をもって組織されるので、連帯性と企業者性は高くなる。これに対してアソシエーションは独立した個人の緩やかな連合であり、設立の動機も経済的であるよりは福祉など社会的なものである。カタドーレス（零細廃棄物回収業者）EES などのリサイクルゴミ収集業では協働が重要で、金銭的な動機が明瞭

図 4-3　連帯性と企業性の相関

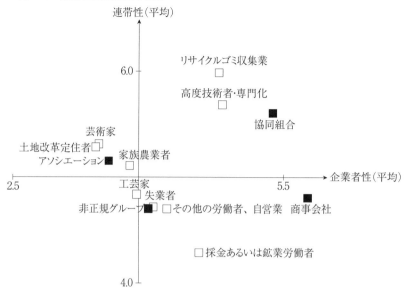

注：サンプル数＝13,527.
出所：Gaiger & Ecosol［2014: 149］を元に筆者作成

である。工芸家 EES では労働が独立的であるという事情があろう。そこでは連帯性と企業者性の乖離が見られる。

　連帯性と企業者性の視点からの Gaiger & Ecosol の調査は、連帯経済の持続や発展を考察するうえで興味深いが、連帯性と企業者性との関係が不明である。なぜ連帯性と企業者性との間で正の相関があるのだろうか。連帯性と企業者性とは矛盾する側面をもつ。すなわち連帯性を重視すれば企業者性は失われるかもしれない。反対に企業者性を重視すれば連帯性は失われるかもしれない。そうしたなかで連帯性がどのように企業者性を高めるのか、そして企業者性がどのように連帯性を高めるのか明らかでない。想像できるのは、EES 内での連帯がメンバー間の協力や集団学習を促し、企業者性を高めるだろうということである。連帯性の項目の半分（①から⑤）は EES 内に関わり、残りの半分（⑥から⑩）は外部 ESS などとの関係に関わっている。

外部との関係がEESの政治的または社会的地位を高め、あるいは製品販売、原材料や資金調達を容易にし、企業者性を高める可能性ある。他方で企業者性、すなわち高い経済成果は、メンバーのEESへの帰属意識を高め、連帯行動を促すかもしれない。

こうして連帯性と経済性との間には正の相関が見られたが、これら二つには本来的に対立的な性格をもつ。EESのメンバーの間には、またEESの間には当然ながら経済的な能力の高さに差異がある。このことはメンバー間やEES間の連帯に軋みを与え、連帯性と経済性との間で対立を生み、それを強める可能性がある。EES内部で平等意識が強固でない場合は、メンバーの間の能力差は連帯経済の持続を危うくする。EES間の能力差がある場合も、EES間の連帯に基づく取引を促進しない。EES以外との取引の方が少なくとも短期的には経済的利益が大きいからである。

連帯経済が持続的になるには、EES内ではメンバー間の協力が、他のEESとの関係では継続的な取引が、所得の増加など経済性を高めることを関係者が実感する必要がある。しかし、連帯経済は本来的に経済的利益の向上を優先的な目的にしているわけではない。平等や公正、自由や民主、環境との共生などにより高い価値を置いた運動である。経済性は連帯性によって制御される必要がある。

5　連帯経済と公共政策

ラテンアメリカの連帯経済は、現状では国民経済全体における位置や役割においてきわめて限られたものである。連帯経済が一つの経済制度として成立するには、脆弱な連帯経済を支援する制度を整備する必要がある。

連帯経済の支援は二重の意味で正当化される。一つは市場の失敗に関わる。零細、小規模な連帯経済は資金、技術などの生産要素を容易に調達できない。生産要素市場から排除されるか高コストでの調達を強いられる。排除は生産物の販売においてより深刻である。生産物と生産者についての情報が

不足または不完全な状況では、消費者は購入を控える。また、経済力の非対称性のもとで、バイヤーは連帯経済から不当な価格で生産物を購入する。地理的に辺境で活動することの多い連帯経済には輸送、通信などの社会的資本も決定的に不足している。このことは連帯経済の能力を低めるとともに、不公正な取引の要因ともなる。こうした不完全な市場のもとでの競争では、潜在的に高い能力をもつ連帯経済も市場から排除される。国家には金融、技術、流通などで、連帯経済を支援することが求められる。公共調達すなわち政府によるモノ、サービスの調達において、連帯経済からの購入を優先することは、連帯経済を直接的に支援する手段となる。

市場と連帯経済は公正な競争関係にない。市場は、安易な解雇や非正規な雇用によって、一方では貧困や苦痛を家庭に、もう一方では失業手当や貧困対策などの費用を政府に押し付け、社会的費用を節約している。市場はまた自然破壊や汚染など環境への負荷を一方では地域社会に、もう一方では環境政策の費用を政府に押し付け、社会的費用を節約している。これに対して連帯経済は、雇用の維持や公平な所得分配、あるいは環境保全によって、社会的費用を内部化している。公正な競争あるいは広く社会的公正を実現するには、企業に雇用や環境への責任を負わせる必要がある。そのために国家には、市場の放恣を規制し、社会的費用を企業に内部化させる制度が求められる。

しかし、連帯経済を支援するより重要な意義は、それが市場経済のもつ限界を克服することにある。資本主義システム下の市場経済は、本来は販売するために生産されるものではない労働力と土地、すなわち人間と自然を商品化する。新自由主義のもとでは、労働者の保護・規制は削減され、労働条件は不断に引き下げられる。自然もまた商品化によって破壊・劣化する。根井康之は、こうした矛盾を解決するために、労働力が「もの」として商品化されることで人間の生命活動の一側面である労働が市場経済システムに包摂されるという事態から解き放ち、労働を生命活動の他の諸側面、すなわち自然的・社会的側面と根源的に再結合する必要性を説く［根井 1989: 21］。連帯

経済はそうした営為の一つである。連帯経済の原理である平等や協力、自然との共生によって、市場での競争を代替する必要がある。

連帯経済がその活動領域を広げるには国家の支援が必要であるが、国家は常に理解者や庇護者であるわけではない。国家は、ときに市場の放恣を規制するよりも市場の利益を保護する支援者となる。左派政権に取って代わった新自由主義的な政権は、連帯経済に敵対的で連帯経済への支援制度を反故にしようしている。

左派政権もまた連帯経済に対してときに抑圧的であった。ブラジルのルーラ政権は、大豆など遺伝子組換え作物の栽培を承認し、アマゾンを縦断・横断する輸送網を整備し、先住民や零細な家族農業を営む人々や自然との連帯に基づく経済活動を抑圧した。エクアドルではコレア政権が、ヤスニITTイニシアティブ[9]を撤回し、国立公園内での石油開発を承認し、先住民共同体や、彼らの自然と共生する形での農耕や採集・狩猟経済を困難にさせつつある。エクアドルではまた北部インダグ地域で、アグロフォレストリー、フェアトレード、エコツーリズム、再生可能エネルギーの利用など、住民間の連帯と自然との共生によって地域開発を目指す住民運動を無視して、国際資本と共同で銅開発を進めようとしている。ボリビアのモラレス政権下でも、表示を条件に遺伝子組換え作物を承認し、国立公園など自然保護区での石油や天然ガス開発を計画し、先住民など地域住民に危機をもたらしつつある[10]。このように新自由主義政権はもちろん左派政権の場合でも、国家はしばしば連帯経済に敵対的であった。

現在の圧倒的な市場の支配のもとでは、資本主義市場を一気になくすことはできない。優勢な市場経済のなかで、また不十分な国家支援あるいは敵対的な国家のもとで連帯経済が存続しその活動領域を広げるにあたって重要なのは、まずは連帯経済相互の連携である。地域内あるいは地域を超えた生産チェーンの形成、生産と商業との連携、コミュニティ金融の創造と強化など、連帯経済間の関係強化が求められる。連帯経済がその活動領域を広げるには政治の変革が必要であるが、連帯経済の連携はその政治力を強化し国家

に対する発言力を増大させる。

　消費者との連帯もまた重要である。消費者の行動に資本主義的生産変革の可能性を見出したのは、柄谷行人であった。資本（および国家）への対抗において重要なのは労働者だが、労働力を売る人間である労働者は受動的な存在であり、資本主義制度変革の担い手とはなり難い。その一方で、労働者が唯一主体として現れる場がある。それは消費である。そこでは労働者が貨幣をもち買う立場になる。資本にとって利潤の源泉となる剰余価値は流通過程（消費）においてはじめて実現される。したがって資本は消費者と敵対できないのである。しかし、人々が生産過程と流通過程とに分離されている限りは、資本に対抗することはできない。そこで労働者＝消費者を、資本を介在することなく統合する必要がある。そこで柄谷は資本主義への対抗を、生産者協同組合と消費者協同組合との連携に求めた［柄谷 1999］。

　このように消費者とその運動は、資本主義制度変革の担い手になる可能性があるが、そのためには消費者の側での行動の転換が必要になる。自覚ある消費者、倫理的な消費者の広がりが必要である。

おわりに：
連帯経済は格差を克服するか

　ラテンアメリカでは、1980年代以降の急激な経済自由化によって失業が増加し雇用の非正規化が進み、これらに伴い貧困が広がり経済格差が増大した。こうしたなかで人々は生き延びるためにインフォーマルな生産や交換のための組織を作り、教会やNGOなどがそれらを支援した。社会の底辺でのインフォーマルな組織は「民衆経済」とも呼ぶべきものであったが、それが必要とされたのは国家が再配分機能を十分に果たさなかったからであった。生存のための民衆運動はときに政治的なプロテストにつながったが、これに対して国家は彼らを救済するのではなく抑圧した。国家が政治的自由を保障するのではなく抑圧の道具と化すのは、ラテンアメリカに限らず先進国を含

む新自由主義国家で頻繁に見られることであった。

　1990年代末から2000年代に市場原理に基づく構造改革が破綻すると、あるいはさしたる経済成果を生み出さなかったことが明らかになると、ラテンアメリカでは多くの国で左派政権が誕生し、民衆の政治参加が進み、また民衆経済の制度化や支援がなされた。既存の法制度のもとで、しかし自主管理、平等などの原則に基づく協同組合やアソシエーションや、あるいは新たな法制度や公的な支援に基づいた労働者協同組合、コミュニティバンクなど、今日「連帯経済」と呼ばれる組織が次々に設立された。NGOが始めたフェアトレードも、生産者と消費者による連帯組織とされた。これらは、はじめは生存のためのものであったが、連帯経済の指導者や左派政権は、連帯経済を市場、国家と並ぶ、あるいはそれに代わる経済制度と位置づけた。

　しかし、連帯経済はその起源からして、脆弱な存在であった。それは単に規模が小さく能力が劣るだけではない。メンバーの間の連帯意識が強固ではなく、経済困難状況が弛緩すると連帯経済は不活発になることがままあった。連帯経済が脆弱である理由としては、自助努力の不足とともに、公的支援が決定的に不足していることも挙げられる。連帯経済が持続し発展するには多様な制度の存在が重要となる。しかしラテンアメリカ諸国は、激しい所得格差が存在するなかで国家の再分配機能を果たしてこず、このことによって格差は構造的問題となった。1990年代に導入された新自由主義路線のもとでは、国家は市場に隷従してきた。左派政権は再分配政策を実施するとともに連帯経済支援制度を整備したが、いずれも不十分なものであった。加えて、資源輸出が俄かに多額の外貨収入をもたらすと、国際資本と協調する形で開発主義を進め、地域コミュニティを基礎とし環境との調和を目指す連帯経済を軽視あるいは抑圧した。

　連帯経済は、ラテンアメリカに広く見られる格差を克服する一つの手段である。連帯経済がそうした役割を担うには、多様な連帯経済の間での連携を強化し、活動領域を広げる必要がある。そのためには、平等や環境と共生などの連帯経済の原理によって、圧倒的に優勢な市場を規制していく必要があ

る。連帯経済と消費者との連帯は市場の規制において決定的に重要である。構造的な経済格差があるなかでは、国家による再分配もまた不可欠である。国家が連帯経済を強化し、また再分配機能を果たすには、政治を主権者である国民や市民、とりわけこれまで社会的に排除されてきた人々のもとに取り戻すことが求められる。

注

1 第3節と第4節は小池［2016］を加筆、修正したものである。
2 スターリングとペレスは、1980年から1990年代にラテンアメリカ各国で実施された構造改革について、「積極的な改革者（aggressive reformer）」と「慎重な改革者（cautious reformer）」とに分類したが、これを分けたのは経済危機の深さと統治能力の差であるした。経済の惨状が、為政者が国民に負担の大きい改革を強いることを可能にしたのである Stalling and Peres［2000］。
3 コラジオは連帯経済の運動を、既存の労働市場への参加を求めるもの、新しい経済組織の設立を求めるもの、市場や国家と並ぶあるいはそれらのオルタナティブな経済を求めるものの、三つに分類している（Corragio［2013］）。
4 メキシコ連帯経済については山本［2017］を参照。
5 コロンビアの連帯経済の制度についてはファハルド・ロハス［2017］参照。
6 ボリビアの多元的経済モデルと連帯経済については Wanderley［2016］。
7 2005年から2007年のマッピングについては ANTEAG［2009］を参照。
8 ブラジルの国勢調査における人種は申告制で、その結果、白人もしくは混血と申告することが多い。EESについての調査の場合も、その参加者が同様な意識をもつと想像される。
9 ヤスニ国立公園のイシュピンゴ・タンボコチャ・ティプティニ（ITT）地区にある油田開発をめぐり、国際社会が石油収入の半分を提供することを条件に、エクアドルが永久に開発を放棄することを約束するものであり、2010年に国連開発計画（UNDP）に基金が設立された。
10 左派政権の新自由主義への旋回、国際的資源資本との協調と市民社会との敵対については新木［2014］、松下［2017］。

[参考文献]

新木秀和［2014］「自然の権利とラテンアメリカの資源開発問題―エクアドルとボリビアの事例を中心に」『人文研究』（神奈川大学人文学会）第184号，2014年12月、41-72。

柄谷行人［1999］「資本主義への対抗運動」『状況』2（7）：6-17。

ナオミ・クライン［2011］『ショック・ドクトリン―惨事便乗型資本主義の正体を暴く』（上・下）（幾島幸子・村上由見子訳）岩波書店。

小池洋一［2016］「ブラジルの労働者協同組合：連帯性と経済性」『立命館経済学』65（1）：69-93。

斉藤日出治［2015］「グローバル・リスク社会から連帯社会へ―原発災害と市民社会」似田貝香門・吉原直樹編『震災と市民1 連帯経済とコミュニティ再生』東京大学出版会、25-47。

根井康之［1989］『市場原理と生活原理―マルクス・ケインズ・ポラニーを超えて』農山漁村文化協会。

ファラルド・ロハス、ミゲル・アルトゥーロ［2017］「資本主義に対するオルタナティブを提示する連帯経済の可能性―コロンビアの経験からの一考察」『立命館経済学』（幡谷則子訳）66（2）：47-64。

松下冽［2017］「新自由主義に対峙する『左派政権』―その可能性と諸困難」後藤政子・山崎圭一編『ラテンアメリカはどこへ行く』ミネルヴァ書房、15-35。

山本純一［2017］「メキシコの連帯経済について―資本主義のオルタナティブとしての可能性」『季刊ピープルズ・プラン』（77）：120-125。

ANTEAG (Associação Nacional de Trabalhadores em Empresas de Autogestão e de Participação Acionária) ed. [2009] *Atlas da economia solidária no Brasil 2005-2007*. São Paulo: N.T. Mendes Editora.

Bouchard, Marie J., Damien Rousselière and Centre International de Recherches et d'Information sur l'Economie Publique, Sociale et Coopérative (CIRIEC) eds. [2015] *The Weight of the Social Economy: An International Perspective*. Bruxelles: Peter Lang Pub Inc.

Casey, John [2016] "Comparing Nonprofit Sectors Around the World: What Do We Know and How Do We Know It?" *Journal of Nonprofit Education and Leadership*, 6 (3): 187-223.

CIRIEC [2012] *The Social Economy in the European Union*. Brussel: European Economic and Social Committee, European Union.

Corragio, José Luis [2011] *Economía social y solidaria: el trabajo antes que el capital*, Quito: Ediciones Abya-Yala.

Corragio, José Luis [2013] "Tres corrientes en la ESS", *Temas*, (75): 4-11.

Gaiger, Luiz Inácio [2007] "A outra racionalidade da economia solidária. conclusões do primeiro mapeamento nacional no Brasil", *Revista Crítica de Ciências Sociais*, (79): 57-77.

Gaiger, Luiz Inácio [2013] "A Economia solidária e revitalização do paradigm cooperativo", *Revista Brasileira de Ciências Sociais*, (82): 211-259.

Gaiger, Luiz Inácio & Ecosol [2014] *A economia solidária no Brasil: uma análise de dados nacionais*. São Leopoldo/RS: Editora Oikos Ltda.

Instituto Brasileiro de Geografia e Estatística (IBGE) [2011] *Censo Demográfico 2010*. Rio de Janeiro: IBGE.

Silva, Sandro Pereira e Leandro Marcondes Carneiro [2014] "Os novos dados do mapeamento de economia solidária no Brasil: apontamentos iniciais para o dabate", *Mercado de Trabalho*, (57): 69-82.

Singer, Paulo [2002]. *Introdução à Economia Solidária*. São Paulo: Editora Fundação Perseu Abramo.

Stalling, Barbara and Wilson Peres [2000] Growth, *Employment, and Equity: The Impact of the Economic Reforms in Latin America and the Caribbean*. Santiago, Chile: Economic Commission for Latin America and the Caribbean.

Wanderley, Fernanda [2016] "La economía solidaria y comunitaria en Bolivia", *Revista de Academia*, (21): 57-75.

第5章

メキシコにおける所得格差の変遷：
地域間格差、グローバル化、インフォーマル部門の考察から

咲川 可央子

はじめに

　メキシコは1982年に債務危機を経て、1980年代半ば以降に経済自由化、民営化、財政収支均衡などの構造改革を積極的に推し進めてきた。1994年の米国、カナダとの「北米自由貿易協定（The North American Free Trade Agreement：NAFTA）」のみならず、世界各国と積極的に自由貿易協定を締結し、北米市場の生産拠点として外国直接投資を呼び込むことに成功した。1994年に金融危機を経験したものの、2000年代以降、マクロ経済は安定し、基本インフラへのアクセス、住宅条件、教育水準、平均寿命など開発指標も改善を示している。しかし、経済成長率は伸び悩み、一人あたり所得水準は中進国の水準を脱することができない［Hanson 2010］。メキシコの平均的な所得水準は中進国並みだが、所得レベルが同水準の世界各国やその他のラテンアメリカ諸国と比較すると、その貧困率は高い（第1章参照）。国内総生産約1.2兆ドル（2016年世界第15位[1]）が、人口1.2億超（同年世界第10位）に不平等に分配されているのである。

本章では、このようなメキシコの所得格差について、地域間格差、グローバル化、インフォーマル部門という側面から考察する。①所得格差がどのような構造であるのか、すなわち地域間や部門間でどのように所得に偏りがあるのか、また②グローバル化が進む中で所得格差がどのように変遷しているのかを明らかにする。メキシコの所得格差は、経済的要因のみならず、スペインの植民地支配からの独立や米国との戦争、ディアス独裁政権とメキシコ革命などの歴史、天候や植生などの地理的特徴、米国に接するというメキシコ固有の立地、71年間にわたる制度的革命党（PRI）の政治的独裁の過去、人種や文化など様々な要因と強く関連している。したがって、メキシコの所得格差についての研究は経済学のみならず、歴史学、地理学、社会学、人類学、政治学などを含む多面的なアプローチが必要である。その必要性を認識しつつも、本章では経済学的な見解に焦点を絞って、データが入手可能な1980年代以降の所得格差について考察する。

　第1節では、1980年代後半から2014年までのメキシコの所得格差の変遷を、いくつかの代表的な不平等度指標によって確認する。第2節では、メキシコの州間で所得格差がどの程度であるか、また地域間格差がどのように変遷しているかを確認する。さらに、主にBarro and Sala-i-Martin [2004] によって提唱されたσ収束及び絶対的β収束を検証する。

　第3節では、第2章の議論と既存研究を元に、グローバル化がどのように所得格差、地域間格差に影響を及ぼし得たかについて考察する。ここで特に注目するのは、1980年代半ば以降の経済自由化政策と1994年のNAFTA発効が、格差にどのような影響を及ぼし得たか、という点である。第4節では、メキシコで多く見受けられるインフォーマル部門の存在が所得格差とどのように関わっているかについて考察する。①インフォーマル部門が労働力全体に占める割合はどの程度なのか、②その割合はどのように変遷しているのか、③地域間によってその特徴は異なるのか、④インフォーマル部門は開発経済学が取り扱うように貧困に陥るリスクが高いのか否か、⑤何故中進国メキシコにおいてインフォーマル部門が多く存在するのかについて考察す

る。

1　メキシコの所得格差の変遷

　本節では、様々な所得格差の指標により、メキシコの所得格差の変遷と現状を確認する。

　大竹［1995］が指摘する通り、所得格差を論じる際、所得の定義と使用する統計に注意しなければならない。所得データに年金や退職金を含むか否か、世帯人数の変化を考慮しているか否かなどにより、所得格差を示す指標の数値も異なった結果となるからである。

（1）ジニ係数

　図5-1に、世界銀行と国立ラプラタ大学（Universidad Nacional de La Plata）が構築したラテンアメリカのデータベース、Socio-Economic Database for Latin America and the Caribbean（以下 SEDLAC）が公表する1989年から2014年のメキシコのジニ係数の推移を示す。ジニ係数は0から1の間の数値をとり、1に近づくほど不平等である[2]。ジニ係数の算出には3種類の所得データが用いられている。「総家計所得」は家計全体の所得、「家計一人あたり所得」は家計一人あたりの平均的な所得、「等価所得」は家計における規模の利益を考慮した所得である[3]。

　図5-1を見ると、期間中「家計一人あたり所得」によるジニ係数が最も大きい。2000年代までは「等価所得」によるジニ係数が「総家計所得」によるジニ係数より大きいが、2000年代以降は同等か「総家計所得」によるジニ係数の方が大きい。

　また、「家計一人あたり所得」ジニ係数と「等価所得」ジニ係数は同じような動きを示している。すなわち、1989年から1996年までは上昇して1996年にピークに達した後、上下しつつも2010年までは低下傾向で2010年に下限に達し、その後再び上昇の傾向が見られる。ジニ係数が低下傾向にある

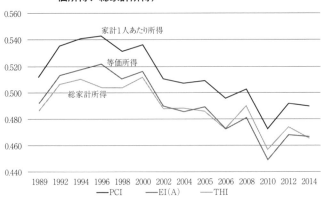

図5-1 ジニ係数（SEDLACデータ：家計一人あたり所得、等価所得、総家計所得）

出所：SEDLAC（CEDLAS and The World Bank）2016年12月版を元に筆者作成
〈http://sedlac.econo.unlp.edu.ar/eng/〉（2017年9月19日閲覧）

1996年から2010年において、2000年から2002年と、2008年から2010年にいずれのジニ係数も急低下している。なお、「家計一人あたり所得」ジニ係数は、ピークの1996年に0.543であったが、最も低い2010年には0.472まで低下し、直近の2014年には0.489となっている。

続いて、図5-2に都市・農村別のジニ係数を示す。図5-2から以下の点が明らかである。第一に、2002年と2004年を除くと、都市のジニ係数の方が農村のジニ係数よりも大きい。すなわち、都市の方が農村よりも所得格差が大きい傾向にある。貧困率は都市よりも農村の方が高く、全体として都市よりも農村は貧しい。

例えば、SEDLACのデータによると、2014年の1日US1.9ドル以下の貧困人口比率は、都市が3.1%に対して農村では14.3%である。農村の人々はそろって貧しいのに対し、都市には零細なインフォーマル部門から専門職や経営者まで様々な職業の人がいるため、所得格差がより大きいと考えられる。

第二に、都市のジニ係数の推移は、図5-1の（家計一人あたり所得と等価所得の）ジニ係数の推移と似ている。すなわち、1996年まで上昇傾向を示

図 5-2　都市、農村別ジニ係数

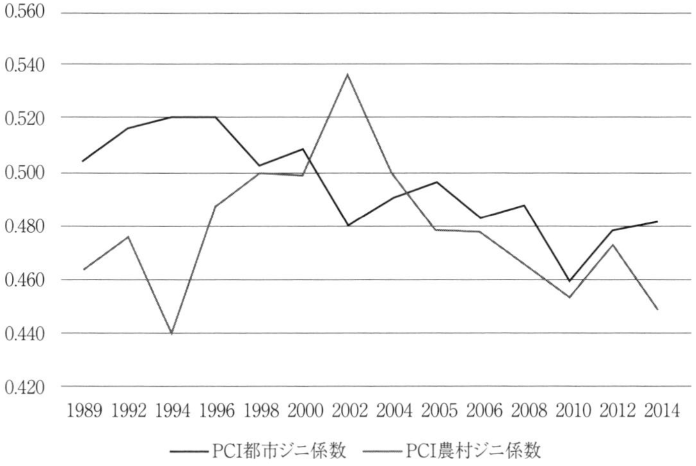

注：家計一人あたり所得
出所：SEDLAC（CEDLAS and The World Bank）2016年12月版を元に筆者作成
〈http://sedlac.econo.unlp.edu.ar/eng/〉（2017年9月19日閲覧）

した後、上下しつつも 2010 年まで低下傾向を示し、その後直近に再び上昇傾向を示している。しかし、期間全体として都市ジニ係数は低下傾向にあり、1980 年代から 1990 年代よりも 2000 年代から 2010 年代の方が都市の所得格差は小さいと言える。

　第三に、農村のジニ係数の推移と都市のジニ係数の推移は異なり、両者は反対の方向に動いている時期も多い。また、農村のジニ係数の方が上下の動きがより大きい。農村のジニ係数は上下しつつも 2002 年まで上昇傾向を示した後、低下傾向にある。1997 年に開始した条件付き現金給付政策「プログレサ（PROGRESA）」が、2002 年に「オポルトゥニダデス（Oportunidades）」、2014 年に「プロスペラ（PROSPERA）」と名称を変更しながら、対象を拡大して継続的に実施されたことが、農村の貧困緩和に貢献し、所得格差を低下させたと考えられる（第 3 章参照）。

(2) 十分位所得分配

表5-1に、メキシコの所得階層を十に分け、各所得階層の所得が全体に占める割合（％）を示す。D1とは最下位10％の所得が所得全体に占める割合であり、所得全体のわずか1-2％しか得ていない。D1からD7までの各所得階層は全体の10％に満たない所得しか得ておらず、上から2、3番目の階層D8、D9ですら所得の占める割合は10％台にすぎない。それに対し、D10で示される最上位10％の所得は、所得全体の4割近くを占めている。

Esquivel［2015］は、原データを適切に修正して推計すると、実際には最上位10％の所得は所得全体の50％から60％にのぼると主張している。また、2012年のメキシコの最上位1％の所得は所得全体の20％を超え、研究対象の24か国中最も大きいという結果を示している。正確なデータが入手不可能な資産となると上位層へのさらなる集中が予想される。

表5-1　メキシコの所得分配（％）

年	D1	D2	D3	D4	D5	D6	D7	D8	D9	D10	D10/D1
1989	1.4	2.7	3.6	4.5	5.5	6.8	8.5	10.7	15.2	41.2	29.9
1992	1.3	2.4	3.3	4.2	5.2	6.4	8.0	10.6	15.6	43.0	33.2
1994	1.2	2.3	3.2	4.1	5.1	6.4	8.1	10.7	15.5	43.3	36.0
1996	1.0	2.1	3.1	4.1	5.2	6.5	8.4	11.0	15.7	42.8	43.4
1998	1.1	2.2	3.2	4.3	5.4	6.7	8.4	11.0	16.0	41.5	37.1
2000	1.1	2.3	3.2	4.2	5.2	6.6	8.3	10.7	15.5	42.8	37.5
2002	1.3	2.6	3.5	4.5	5.6	6.8	8.4	11.0	15.9	40.3	30.4
2004	1.3	2.6	3.6	4.6	5.6	6.8	8.5	11.0	15.7	39.6	29.5
2005	1.3	2.5	3.6	4.6	5.7	6.9	8.6	11.1	15.5	40.1	31.5
2006	1.5	2.8	3.7	4.7	5.7	7.0	8.6	11.0	15.8	39.1	25.9
2008	1.4	2.6	3.6	4.6	5.7	7.0	8.7	11.2	15.7	38.7	28.3
2010	1.6	3.0	4.0	5.0	6.0	7.3	9.0	11.4	15.8	36.9	23.2
2012	1.6	2.8	3.7	4.7	5.8	7.0	8.7	11.1	15.5	39.1	25.0
2014	1.6	2.9	3.9	4.8	5.8	6.9	8.5	10.8	15.2	39.0	23.7

注：D1とは最も低い十分位層の所得が所得全体に占める割合、D10とは最も高い所得十分位層の所得が所得全体に占める割合。家計一人あたり所得データ
出所：SEDLAC（CEDLAS and The World Bank）2016年12月版を元に筆者作成
〈http://sedlac.econo.unlp.edu.ar/eng/〉（2017年9月19日閲覧）

第 5 章　メキシコにおける所得格差の変遷　181

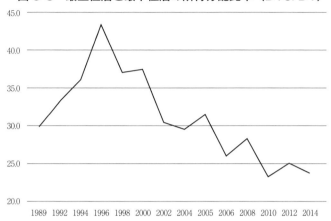

図 5-3　最上位層と最下位層の所得分配比率（D10/D1）

出所：SEDLAC（CEDLAS and The World Bank）2016 年 12 月版
　　　を元に筆者作成
〈http://sedlac.econo.unlp.edu.ar/eng/〉（2017 年 9 月 19 日閲覧）

　表 5-1 によると、1990 年代から 2000 年代にかけて、D10 の所得の割合はわずかながら低下傾向にある。ただし、Esquivel ［2015］によると、これもデータを適切に修正して推計すると、1990 年代以降の所得最上位層の所得の割合は上昇しているという。メキシコの所得は、依然として最上位 10％に集中していることは間違いない。

　図 5-3 に D10 の所得割合を D1 の所得割合で割った比率の推移を示す。1989 年に D10 の所得割合は D1 の所得割合の約 30 倍であったが、1996 年には約 43 倍へと上昇し、2010 年には約 23 倍まで縮小し、直近の 2014 年は約 24 倍である。すなわち、最上位層と最下位層の所得分配の比率は、1989 年から 1996 年まで上昇し、1996 年をピークに低下傾向を示している。しかし、依然として所得分配に大きな格差があることには違いない。

（3）　その他の不平等度指標

　次に、図 5-4 に 1989 年から 2014 年までのアトキンソン指数とタイル尺度を示す。アトキンソン指数については、2 種類の不平等回避度（$\varepsilon=1$, $\varepsilon=2$）

図 5-4　アトキンソン指数、タイル尺度

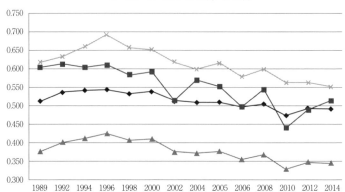

注：家計一人あたり所得。A（1）、A（2）はそれぞれ不平等回避度 $\varepsilon=1$, $\varepsilon=2$ のアトキンソン指数を意味する。
出所：SEDLAC（CEDLAS and The World Bank）2016 年 12 月版を元に筆者作成
〈http://sedlac.econo.unlp.edu.ar/eng/〉（2017 年 9 月 19 日閲覧）

を用いて算出されている。不平等回避度が大きいほど、社会的厚生評価において低所得者への比重が高まる。タイル尺度は、エントロピー概念に基づき分解可能という特徴を持った尺度である。アトキンソン指数は 1989 年から 1996 年まで上昇し、その後上下しつつも低下傾向にある。タイル尺度は上下しつつも 2010 年まで低下傾向を示した後、2010 年から 2014 年にかけて上昇傾向にある。2000 年以降、タイル尺度の上下の動きが大きい。他の指標以上に、タイル尺度は 2000 年から 2002 年と 2008 年から 2010 年に大きく低下を示している。

（4）　既存研究との整合性

既存研究においても、様々な出所の異なるデータを用いて不平等度の指標が計測されている。Esquivel, Lustig and Scott［2010］は、メキシコの家計調査（ENIGH）の①労働所得、②名目総所得、③名目貨幣所得、④移転を除いた名目貨幣所得、⑤海外送金を除いた名目貨幣所得のデータを用いて、

1984年から2006年までのジニ係数を算出した。そこでは1996年から2006年までを「格差低下の10年（A decade of falling inequality）」と呼び、特に2000年から2006年に格差縮小が著しいことを示している。

Campos, Esquivel, and Lustig［2014］は、同じく家計調査の①労働所得、②可処分貨幣所得、③総可処分所得及び④時給データを用いて、1989年から2010年までジニ係数を算出した。彼らは、1989年から1990年代半ばまでが格差拡大期で、その後1990年代半ばから2010年までが格差縮小期であることを示し、さらに格差縮小期のうち1994年から2006年には格差が急低下し、2006年から2010年までは格差低下の勢いが失われ幾分拡大傾向すらあることを示した。

Lustig and Lopez-Calva［2013］は本稿と同じSEDLACの家計一人あたり所得データを用いてラテンアメリカ諸国のジニ係数を算出し、メキシコのジニ係数は1989年から1996年まで3.1％ポイント上昇した後1996年から2010年までに6.8％低下したことを示し、特に2000年から2010年までの所得格差縮小に注目して分析している。

このように既存研究は、構造改革が進められた1980年代から1990年代半ばにメキシコで所得格差が拡大し、NAFTAの発効後1990年代半ば以降に上下しつつも縮小し、直近では格差縮小傾向が弱まっているという見解で一致しており、本稿において算出した所得格差についての指標と概ね同様の傾向を示している。

2　メキシコの地域間格差の変遷

メキシコの所得分配には、地域的に大きな偏りがある。本節では、メキシコの地域間格差の変遷と現状について確認し、地域間格差が所得格差にどのように関わっているのかについて考察する。

メキシコで歴史的に豊かな地域は首都メキシコ・シティ（メキシコ連邦区：Distrito Federal[4]）周辺及び米国に近い北部の州で、貧しい州は南部に集中

している。SEDLACのデータによると、2014年の1日US1.9ドル以下の貧困人口比率はメキシコ全体では5.7％にすぎないが、南部地域では18.9％にのぼる。また、同じく1日US4ドル以下の貧困人口比率がメキシコ全体で27.5％であるのに対して南部地域では55.2％にのぼり、半数以上の人口が1日4ドル以下の生活を送っている[5]。所得水準のみならず、基本インフラへのアクセス、住宅条件、教育水準、平均寿命などの経済開発指標においても、南部地域はメキシコで最も低い水準にある。

（1） 地域間の所得格差

各州の平均的な所得水準を確認するため、表5-2に一人あたり実質州内総生産（Gross State Product：GSP）を算出した。石油の産出の影響が大きいカンペチェ州とタバスコ州を除くと、一人あたり実質GSPが最も高いのはメキシコ連邦区である。最も低いのは、1970年代から1990年代には南部のオアハカ州であったが、2000年代以降は南部のチアパス州である。1970年には、最も豊かなメキシコ連邦区の平均的な所得水準は最も貧しいオアハカ州の5倍以上であった。直近の2015年においても、メキシコ連邦区の平均的な所得水準は最も貧しいチアパス州の約6倍であり、最も豊かな州と最も貧しい州との所得格差は縮まるどころか拡大している。

Esquivel［1999］は、メキシコの31州と1連邦区を7つの地域に分類している。この7地域の一人あたり実質GSPの推移を示した図5-5より、以下の点が顕著である。第一に、首都地域と北部地域の一人あたり実質GSPが比較的高い。他方、南部地域と中部地域の一人あたり実質GSPが比較的低い。この傾向は1970-2015年で変わらず、メキシコの地域開発の固定化が示唆される。

第二に、1980年から1985年に、首都地域の一人あたりGSPが著しく低下している。その他の地域の経済パフォーマンスは首都地域ほど悪くはない。メキシコは1982年に債務危機に陥り、1982年と1983年のGDP成長率はマイナスである（-0.6％及び-4.2％）。しかし、その後1984年と1985年に

表 5-2 一人あたり実質 GSP（2008 年価格、ペソ）

	1970	1975	1980	1985	1993	1995	2000	2005	2010	2015
首都地域	107,053	115,272	127,400	100,367	103,205	98,104	118,220	123,541	126,691	135,122
メキシコ連邦区	127,026	142,898	164,843	137,388	161,638	157,367	199,623	211,934	224,145	250,725
メキシコ州	71,234	77,206	83,687	66,524	56,469	52,842	61,918	67,770	70,712	74,447
中部地域	40,511	47,576	56,919	57,569	43,468	41,335	53,667	64,210	66,284	73,114
イダルゴ	35,442	42,380	56,544	56,903	40,219	35,189	43,262	63,224	70,453	81,104
モレロ	55,569	60,953	66,052	64,514	60,980	54,341	66,494	79,817	76,522	81,931
プエブラ	40,982	47,240	56,069	54,487	41,210	41,609	56,818	62,172	63,482	69,466
トラスカラ	30,042	42,768	47,537	65,191	34,669	33,842	41,707	52,853	55,108	59,557
中－北部地域	43,988	50,155	56,009	63,281	47,413	49,084	61,212	81,694	90,427	108,567
アグアスカリエンテス	52,059	59,942	68,078	68,213	66,713	72,876	97,350	101,713	108,884	132,565
デュランゴ	47,335	52,990	62,345	72,272	54,405	54,779	63,688	84,638	85,243	93,548
グアナファト	46,997	53,417	56,001	60,674	41,578	41,519	52,871	74,731	80,318	101,847
ケレタロ	51,888	66,311	74,064	89,763	62,675	69,790	88,397	112,278	124,664	155,726
サン・ルイス・ポトシ	38,520	42,622	50,286	55,948	46,524	47,529	57,114	79,384	86,202	97,569
サカテカス	33,973	36,201	40,607	50,001	35,276	36,299	40,260	56,893	84,166	89,814
湾岸地域	52,272	61,191	83,687	92,849	50,363	51,317	57,879	132,036	135,424	116,186
カンペチェ	55,379	59,699	65,585	457,617	118,366	132,840	135,285	865,957	678,449	380,440
キンタナ・ルー	65,929	91,757	103,246	91,062	113,053	99,646	118,289	136,085	129,689	139,958
タバスコ	47,812	79,464	216,241	141,959	44,057	43,507	48,548	126,067	160,664	129,354
ベラクルス	53,639	55,928	62,452	58,121	39,722	41,615	43,627	68,930	81,982	82,411
ユカタン	47,299	64,687	61,785	58,045	50,840	47,882	64,016	84,390	89,314	98,745
北部地域	84,983	93,858	103,027	102,649	88,526	93,252	113,128	127,120	127,267	141,771
バッハ・カリフォルニア	95,737	102,607	110,718	114,701	84,873	90,837	112,909	120,956	106,161	115,111
チワワ	66,755	77,287	81,450	88,075	90,835	94,140	121,748	95,058	92,086	108,358
コアウイラ	79,134	93,009	98,858	97,430	82,511	92,594	103,512	133,324	136,340	159,759
ヌエボ・レオン	109,993	119,515	135,924	128,586	111,245	113,081	142,209	169,186	178,005	196,677
ソノラ	91,464	91,825	93,558	96,918	79,093	85,592	92,624	112,575	120,511	134,839
タマウリパス	69,229	76,604	88,668	82,819	69,536	72,584	88,008	114,429	110,960	114,873
太平洋岸地域	65,134	74,170	79,377	78,667	62,894	58,358	72,080	94,462	96,773	108,409
バッハ・カリフォルニア・スル	91,808	100,220	109,316	87,906	85,143	81,770	91,998	140,619	138,511	135,595
コリマ	56,629	74,715	78,627	86,563	65,751	61,653	78,811	102,360	102,020	111,704
ハリスコ	68,533	78,468	86,925	86,574	65,054	61,655	78,491	97,650	99,383	114,370
ナジャリ	49,898	54,968	61,245	63,424	44,680	38,006	44,826	69,899	71,742	75,663
シナロア	61,754	68,450	65,315	64,019	59,993	52,851	60,563	84,262	88,973	98,238
南部地域	31,013	38,345	49,829	49,477	32,281	31,622	36,766	48,261	51,601	54,996
チアパス	32,606	39,191	75,301	62,353	30,041	29,140	31,030	41,428	44,160	42,713
ゲレロ	34,059	41,625	45,750	46,009	36,125	34,558	42,267	50,779	52,918	56,705
ミチョアカン	34,589	42,948	47,469	46,148	34,336	34,804	42,421	58,403	62,223	69,430
オアハカ	23,234	29,433	34,056	44,884	28,728	27,917	32,028	42,881	47,723	53,018
最大値	127,026	142,898	216,241	457,617	161,638	157,367	199,623	865,957	678,449	380,440
最小値	23,234	29,433	34,056	44,884	28,728	27,917	31,030	41,428	44,160	42,713
平均	58,330	67,729	79,644	88,909	63,636	63,591	76,335	117,583	116,303	115,821
標準偏差	23,914	25,468	36,894	70,930	29,938	31,057	37,533	139,493	108,083	63,616

注：地域の分類は Esquivel［1999］

出所：INEGI（Instituto Nacional de Estadística, Geografía, e Informática）の名目 GSP（1970-85 年、1993-2002 年、2003-2015 年）、World Development Indicators の GDP デフレータ（2008 年 = 1）、CONAPO（Consejo Nacional de Población）の州別人口データより筆者算出

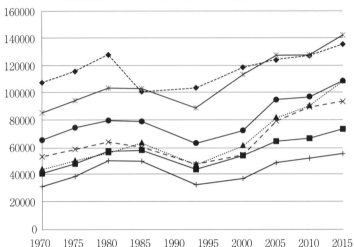

図5-5 各地域の1人あたり実質GSP（2008年価格、ペソ）

注：湾岸地域から、カンペチェ州とタバスコ州を除く
出所：INEGIデータ、World Development Indicatorsデータ、CONAPOデータより筆者算出

はGDP成長率はプラスへと回復している（3.6%及び2.6%）。経済危機のマイナスの影響が、首都地域において大きかった可能性がある。また、首都地域で1985年に地震があったことが影響しているかもしれない。

　第三に、近年、経済パフォーマンスの面でグループ化が観察される。すなわち、①首都地域、北部地域というより良い経済パフォーマンスのグループ、②太平洋岸、中−北部、湾岸という中くらいの経済パフォーマンスのグループ、③中部、南部という経済パフォーマンスの悪いグループである。特に南部地域の停滞が顕著である。

　第四に、近年、北部地域の首都地域へのキャッチ・アップが顕著である。2003年に北部地域の一人あたりGSPが首都地域を超えて以来、リーマン・ショックの影響の強い2009年を例外として毎年北部地域が首都地域を上回っている。これは、閉鎖経済における経済センター（首都地域）の解体と

開放経済における新しい経済センター（北部地域）の出現を主張するHanson［1998］とKrugman and Livas［1996］と整合的である。

　ただし、北部地域の首都地域へのキャッチ・アップは、必ずしもメキシコ連邦区が経済センターでなくなったことを意味するわけではない。首都地域で成長率がより緩慢なのはメキシコ連邦区ではなくメキシコ州である。これは部分的には、混雑費用を回避してメキシコ連邦区からメキシコ州へと人口流出が起こっているためであろうが、さらなる原因分析が必要である。これに対して北部地域の6つの州ではそろって一人あたりGSPが比較的高いが、依然としてメキシコ連邦区には及ばない水準である。

　第五に、1990年代以降の中－北部地域の躍進が顕著である。中－北部地域は1980年には南部地域に次いで一人あたりGSPの低い地域であったが、1990年代以降は目覚ましい成長を遂げ、2014年には太平洋岸地域を超え、北部地域、首都地域に次いで3番目に豊かな地域となっている。この地域は米墨間の輸出回廊となっており、近年自動車産業を中心に北米市場への輸出向けの海外直接投資流入が盛んな地域である。

　各地域に対する海外直接投資（FDI）の流入額を示した図5-6を見ると、首都地域と北部地域に海外直接投資が集中しているものの、中－北部地域に対する海外直接投資がNAFTA発効以降増加を続け、2010年代に入って急増していることが明らかである。日系企業についても、日産自動車（アグアスカリエンテス州）、トヨタ自動車（グアナファト州2019年操業予定）、本田技研工業（グアナファト州、ハリスコ州）、マツダ（グアナファト州）などの大手自動車企業をはじめとして、部品を供給するサプライヤーや関連会社が、バヒオと呼ばれる中部高原地域に盛んに進出している。

　メキシコではFDI流入が地場企業の育成や技術伝播につながらないという指摘がなされるものの、中－北部地域へのFDI流入は現地の雇用吸収と地域経済成長に貢献していると考えられる。

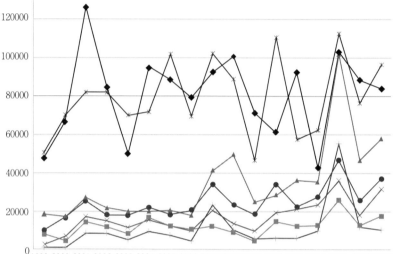

図5-6　7地域に対する海外直接投資（流入額、単位：100万ドル）

出所：INEGI, Estadistico Anuario por Entidad Federativa より筆者作成

（2）　地域間収束

　Barro and Sala-i-Martin［2004］を中心に広く知られる「収束」という概念からメキシコの地域間格差にアプローチする研究も数多い（例えば、Esquivel［1999］、Sakikawa［2012］）。図5-7に1970年から2015年における一人あたり実質GSPの対数値の標準偏差を示す。Barro and Sala-i-Martin ［2004］は、この標準偏差の低下を「σ収束」と定義している。石油産出の影響が大きいカンペチェ州とタバスコ州を除いて算出されたσは1970年に約0.17であったのが、1985年には約0.09に下がった。その後σは1993年に再び1970年同様の高値をとり、その後2000年まで緩やかな上昇傾向を示す。2002年から2003年にσは急低下して約0.15となって以降、2000年代には1990年代よりも低い値で推移している。

　次に、初期一人あたり実質GSPとその成長率の間の相関関係を確認する

図 5-7　σ収束

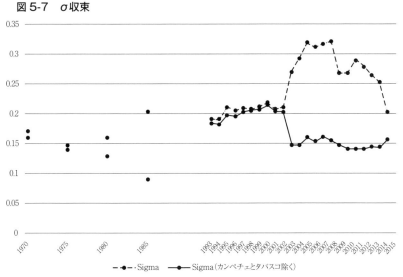

出所：INEGI データ、CONAPO データより筆者算出

ために、図 5-8、図 5-9 に散布図を示す。初期一人あたり実質 GSP のより小さな州がより高い成長を遂げれば、貧しい州が豊かな州にキャッチ・アップしているので、絶対的 β 収束を示唆する。すなわち、初期一人あたり GSP（対数値）とその成長率との間に負の相関がある時に、絶対的 β 収束の存在が示唆される。

期間全体と 4 つの期間に分けた散布図を示す。期間を分けるにあたって、前節における格差指標の変遷を踏まえ、INEGI のデータの制約、メキシコの政策転換を考慮し、1970 年、1985 年、1994 年、2010 年、2015 年を選択した。①1970 年から 1985 年は「輸入代替工業化政策（ISI）の最終段階期」、②1985 年から 1994 年は「関税及び貿易に関する一般協定（General Agreement on Tariffs and Trade：GATT）に加盟し経済自由化政策に転換した時期（第一段階貿易自由化期）」、③1994 年から 2010 年は「NAFTA 発効により北米との経済統合が進んだ時期（第二段階貿易自由化期）」、④2010 年から 2015 年は「北米におけるグローバル・バリュー・チェーンの成

熟期」である[6]。

　図5-8を見ると、1970年の一人あたり実質GSP（対数値）と1970年から2015年の成長率との間には、ごく緩やかな負の相関が観察される。しかし、期間を上記の4期間に分けると、興味深いパターンが観察される（図5-9）。1970年の一人あたり実質GSP（対数値）と1970年から1985年の成長率の間には明白な負の相関が観察されるが、1985年の一人あたり実質GSP（対数値）と1985年から1994年の成長率との間には正の相関が観察される。1994年の一人あたり実質GSPと1994年から2010年の成長率、2010年の一人あたり実質GSPと2010年から2015年の成長率との間には緩やかな負の相関が確認されるが、後者では前者よりも回帰直線の当てはまりが悪い。

　絶対的β収束の存在を統計的に検証するため、所謂Barro回帰[7]を行った結果を表5-3に示す。βが統計的に有意に正の値をとる時、絶対的β収束の存在が支持され、βが統計的に有意に負の値をとる時、発散を示す。図5-8、図5-9の散布図が示唆する通り、1970年から2015年には緩やかな絶対的β収束が存在し、自由化前の1970年から1985年には速いスピードで絶対的

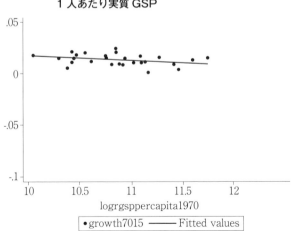

図5-8　成長率（1970-2015年）vs. 初期（1970年）1人あたり実質GSP

注：カンペチェ州とタバスコ州を除く

β収束があり、1985年から1994年には絶対的β収束なし（有意に発散）、1994年から2010年には絶対的β収束があり（ただし収束スピードは自由化前より遅い）、2010年から2015年には絶対的β収束がないという結果となった。

この結果を前節の所得格差の変遷と合わせて整理すると、1980年代から1990年代半ばまでは所得格差が拡大し、σは上昇し、絶対的β収束は存在せずに発散があった。Campos, et al［2014］が格差低下期と呼んだ1994年から2010年には所得格差は低下し、σは低下し、絶対的β収束の存在が統計的に支持された。2010年以降は、所得格差低下の傾向が弱まるか上昇傾向にあり、σは横ばいかやや上昇、絶対的β収束の存在は統計的に支持されなかった。

図5-9　上左：成長率（1970-1985年）vs. 初期（1970年）1人あたり実質GSP
　　　　上右：成長率（1985-1994年）vs. 初期（1985年）1人あたり実質GSP
　　　　下左：成長率（1994-2010年）vs. 初期（1994年）1人あたり実質GSP
　　　　下右：成長率（2010-2015年）vs. 初期（2010年）1人あたり実質GSP

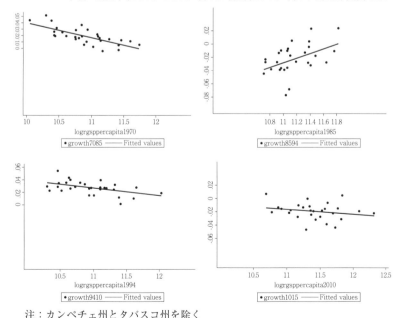

注：カンペチェ州とタバスコ州を除く

表5-3 メキシコの州間の絶対的β収束、1970-2015年

分析期間	β		R^2
(1) 1970-2015	0.006 (0.003)	*	0.111
(2) 1970-1985	0.030 (0.006)	***	0.522
(3) 1985-1994	-0.030 (0.008)	***	0.185
(4) 1994-2010	0.014 (0.005)	**	0.217
(5) 2010-2015	0.008 (0.006)		0.020

注：石油2州を除く30州が対象。有意水準　*10%、**5%、***1%
$(1/T) \cdot \log[y_{it}/y_{it-T}] = a - (1/T) \cdot (1 - e^{-\beta T}) \cdot \log[y_{it-T}] + u_{it}$
非線形最小二乗法を用いて推定。プラスのβが収束を示す。
括弧内はロバスト標準誤差。R^2は修正決定係数。

3　メキシコにおけるグローバル化と格差の関係

　格差の縮小や拡大は、無論グローバル化のみによって規定されるわけではない。グローバル化と直接的には関わらない様々な政策や要因も格差に影響を及ぼしており、グローバル化が格差に及ぼす影響のみを規定することは難しい。こうした点に留意しつつ、本節では、第2章の議論と既存研究を踏まえ、グローバル化とメキシコの格差について考察する。

（1）　メキシコの経済自由化政策

　メキシコは1980年代半ばに、貿易自由化、資本自由化、民営化など新自由主義（ネオ・リベラリズム）に立脚した市場志向的な構造改革を実施した。貿易自由化については、それまでの保護主義的な輸入代替工業化政策から転換し、1986年のGATT加盟を契機に関税率を引き下げ、輸入規制を緩和し

た（第一段階 貿易自由化期）。1980年代のユニラテラルな貿易自由化に対し、1990年代に入って貿易自由化は自由貿易協定（FTA）を中心とした第二段階に進む。1994年にメキシコは米国、カナダとNAFTAを発効し、特に北米との経済統合が進んだ。NAFTA発効によって、NAFTA域内からの輸入に対して、一部のセンシティブな農産物を除いて関税が撤廃された。一方、NAFTAの原産地規則が課されることとなり、例えば自動車の原産地規則は1996年に50％であったが、2001年以降は62.5％へと厳格化された。

資本自由化については、1980年代、1990年代に外国投資が自由化された。資本の自由化に伴い、1994年のNAFTA発効後にメキシコへのFDIの流入が著しく増加している（図5-10）。メキシコの北米市場への近接性と安い労働力と無関税の恩恵を求め、先進国企業が盛んに進出した。特に、自動車産業に対するFDIの流入が増加し、メキシコは北米市場に対する自動車の生産・輸出拠点となった。メキシコの自動車生産は2005年の世界20位から2015年には世界7位へと飛躍し、2015年の自動車輸出は世界4位となり、自動車部門はメキシコのリーディング産業となった［OECD 2017］。

メキシコはNAFTA発効後にも世界各国と積極的に自由貿易協定（FTA）や経済連携協定（EPA）を締結し、ラテンアメリカではチリと共に世界のFTA先進国として名高い。こうした貿易自由化政策や積極的なFTA戦略が功を奏して、メキシコはグローバル・バリュー・チェーンに組み込まれ、メキシコの貿易はGDP以上に拡大を続けてきた（図5-11）。

OECD［2017］によると、メキシコのグローバル・バリュー・チェーンへの組み込まれ方は、生産工程の上流から下流に向かって参加する前方参加ではなく、下流から上流に向かって参加する後方参加が主であるという[8]。すなわちメキシコは、主に他国から中間財や原材料などの供給を受けて、自国の生産工程を加えて輸出するという形でグローバル・バリュー・チェーンに組み込まれているのである。また地域別では、前方参加・後方参加ともNAFTA加盟国とのグローバル・バリュー・チェーンの割合が高い。

ただし、近年メキシコのグローバル・バリュー・チェーンへの後方参加指

標が低下を示しているという。2008年から2012年にいくつかの産業で後方参加指標の低下が示されており、特に自動車産業における後方参加指標の低下について言及されている。近年、こうした産業で、知識の普及とともに、

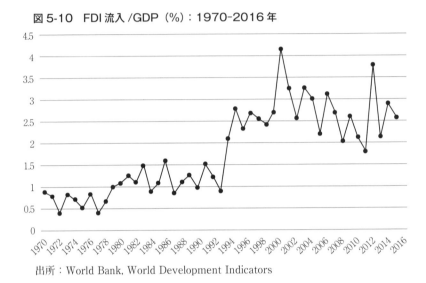

図5-10　FDI流入/GDP（%）：1970-2016年

出所：World Bank, World Development Indicators

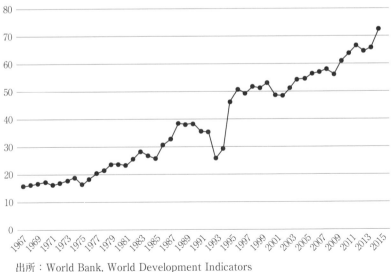

図5-11　貿易/GDP（%）：1967-2015年

出所：World Bank, World Development Indicators

グローバル・バリュー・チェーンの後方参加から前方参加へと変化しつつある可能性が示唆されている。

（2） グローバル化とメキシコの格差についての既存研究

　第1節及び第2節において、GATT 加盟の 1980 年代半ばから NAFTA 発効の 1994 年までの第一段階貿易自由化期に所得格差は拡大し、地域間収束が存在しないことが示唆された。また、NAFTA 発効以降の 1994 年から 2010 年に所得格差は縮小し、地域間収束の存在が示唆された。メキシコを組み入れたグローバル・バリュー・チェーンが成熟した 2010 年から 2015 年には、所得格差は横ばいか拡大傾向さえ見られ、地域間収束が存在しないことが示唆された。グローバル化とこうした所得格差の関係を取り扱った既存研究は数多い。

　Esquivel, et al［2010］は、メキシコの所得格差の最も重要な要素として、賃金格差を挙げている。技能労働者と非技能労働者間との賃金格差は、1980 年代に拡大した後、1990 年代半ばから縮小に転じた［Robertson 2007; 浜口・西島 2008; Chiquiar 2008; Esquivel et al 2010］。ヘクシャー＝オリーン・モデル、ストルパー＝サミュエルソン定理に従うならば、貿易自由化によって、非技能労働者が相対的に豊富なメキシコは非技能労働を集約的に用いる財を輸出することとなり、非技能労働への需要が増大して、その相対賃金が上昇するはずである。

　伝統的貿易理論は貿易自由化とともにメキシコで賃金格差が縮小することを予想するが、何故、理論に反して貿易自由化期に賃金格差が拡大したのかという視点の研究が数多くなされた。その原因として、自由化前に保護されていたのは非技能労働集約産業であったため、自由化により保護のなくなったこれらの産業に不利に影響したという見解［Hanson and Harrison 1999］、自由化後の農業部門への影響や農村・都市間の格差拡大に注目する［Nicita 2004］など、所得分布の下層の賃金低下を強調する研究がある。

　また、技能偏向的技術変化（SBTC）［Cragg and Epelbaum 1996］や海

外直接投資の増加［Feenstra and Hanson 1997］、輸出企業の質の向上［Verhoogen 2008］などにより、技能労働者に対する需要が増加し、所得分布の上層の賃金上昇を強調する研究もある。表5-4に、第2章に沿って、理論上の特色ごとに、第一段階貿易自由化期のメキシコの賃金格差に関する研究を分類した（詳細なレビューは浜口・西島［2008］、Moreno-Brid and Ros［2009］、Esquivel, et al［2010］）。

　以上のように賃金格差の拡大について論じる研究が多い一方で、NAFTA発効後に何故賃金格差が縮小したかについての既存研究は比較的少ない。NAFTA後に北米との結びつきが強まり、技能集約財の相対価格が低下し、技能労働者の相対賃金が低下したという見解［Robertson 2004］や、保税加工マキラドーラの急拡大による非技能労働者の需要が増加したという見解［Robertson 2007］など、労働の需要面を強調する研究がある一方で、メキシコで高学歴化が進み、学歴による技能労働への賃金プレミアムが減少した［Campos 2013］として、労働の供給面を強調する研究もある。

　Esquivel, et al［2010］は、教育及び経験別に労働者の割合の変遷を示し、NAFTA発効後に加速的に高学歴化が進んでいると主張した上で、これらの仮説のうち、技能労働者の数が相対的に増加したことによって賃金格差が縮小したという労働供給仮説を支持している。1990年代以降の高学歴化の要因としては、この時期にメキシコで社会政策支出が増大したこと、1997年に開始した「プログレサ＝オポルトゥニダデス（PROGRESA-Oportunidades）」の条件付き現金給付政策が貧困層に就学を促す効果があったとされている（第3章参照）。

　この期間の地域間格差に注目した研究として、Hanson［2003］が、貿易自由化とNAFTAによるメキシコ経済のグローバル化が海外市場アクセスの良い地域の技能労働者の賃金を上昇させたとしている。また、Chiquiar［2008］は、米国とより強い統合のある地域とそれ以外の地域との間では、同じ特徴を持つ労働者であっても賃金が異なるとして、米国とより強い統合のある地域で非技能労働者の賃金が上昇していることを示した。

表 5-4　第一段階貿易自由化期のメキシコの賃金格差についての既存研究[9]

理論上の特色	メキシコについての既存研究	主な見解
伝統的貿易理論の諸仮定の矛盾に着目	Robertson [2000]	メキシコは米国と比べると非技能労働が豊富な国だが、中国やインドなど世界の新興国と比較すると、技能労働が豊富な国である。
	Larudee [1998]	メキシコは非技能労働が豊富だが、非技能労働集約産業の技術的な低迷により、非技能労働集約産業に比較優位を持たない。
	Hanson and Harrison [1999]	自由化前に保護されていたのは非技能労働集約的産業であり、自由化によってこれらの産業の相対価格が下落して、非技能労働者の賃金が相対的に低下した。
	Robertson [2004]	（第一段階）貿易自由化期には技能集約財の相対価格が上昇して技能労働者の相対賃金が上昇したが、NAFTA加盟以降には北米との統合が強まり、技能集約財の相対価格が低下して技能労働者の相対賃金が低下した。
技能偏向的技術変化（SBTC）に着目	Cragg and Epelbaum [1996]	自由化は輸入資本財の相対価格を下落させ、資本集約的な技術が採用され、資本集約的な技術と補完的な技能労働者の需要が相対的に高まり、賃金格差が拡大した。
	Esquivel and Rodríguez-López [2003]	（第一段階）貿易自由化期に、ストルパー＝サミュエルソン効果が働くも、技術バイアス効果がより強く働いたため、賃金格差が拡大した。
産業内のオフショアリングに着目	Feenstra and Hanson [1997]	貿易自由化と資本規制の緩和により、先進国企業の工程間分業が生じ、先進国から見ると非技能集約的であるが、メキシコから見ると技能集約的な生産工程がメキシコにオフショアされた。
企業の異質性に着目する「新々貿易理論」を拡張	Verhoogen [2008]	為替引き下げから輸出が増加して、輸出企業の技能アップグレーディングが生じ、技能労働者の需要が増大して製造業部門の産業内で賃金格差を拡大させた。
その他	Ros [2001]	輸入競争と実質為替レートの上昇により貿易部門企業の収益性が下がり、非技能労働者の雇用が縮小した。

直近の研究では、OECD［2017］が、その他のOECD諸国と比べてメキシコではグローバル・バリュー・チェーンに参加する中小企業が少ないことを指摘している。輸出における国内付加価値の60％以上が大企業によってなされ、製造業に限ればその数値は88％にのぼるという。第2節で示されたFDI流入の地域的偏りに鑑みれば、メキシコがグローバル・バリュー・チェーンに組み込まれたことの恩恵は、一部の地域と一部の大企業に向かっている可能性が高い。

　こうした既存研究と第1節、第2節での分析の結果を踏まえると、メキシコの所得格差と地域間格差の変遷は、メキシコが採用した対外開放政策や北米との経済統合、グローバル・バリュー・チェーンに組み込まれたことと深く関わっていると考えられる。

4　インフォーマル部門の存在

　メキシコに行った経験のある人は、バスの車内や道端で食品や雑貨を売る人達の多いことに気が付くであろう。このような人々は、開発経済学では、インフォーマル部門に位置付けられる。本節では、メキシコのインフォーマル部門の存在が貧困や所得格差にどのように関わっているかについて考察する。

（1）　メキシコのインフォーマル部門

　開発経済学においてインフォーマル部門は、露天商、行商人、修理業など、資本がなくとも始められる零細で「生業的な」事業に携わる単純労働者で、社会保障によるセーフティネットのない脆弱な存在であると見なされてきた。農村を離れて都市に移動する人々は、より高い所得や効用を得られるフォーマル部門に就業したくてもできずに、創業資本がわずかで低い技能によっても就業が可能なインフォーマル部門に携わらざるを得ない。このような人々は、機会さえあればフォーマル部門に参入しようと待機している人々

と扱われてきた。

　しかし、1990年代から2000年代に、ウィリアム・マロニーを中心にインフォーマル部門についての新たな見解が示されるようになった［Malony 2004］。彼は、インフォーマル部門とフォーマル部門との間で自由な移動が可能であるとして、インフォーマル部門で働く労働者は、フォーマル部門に参入できるにもかかわらず、厳しい労働規制や高い税金、取引費用を避けて、敢えてフォーマル部門に参入しないと主張した。インフォーマル部門は、規制や法、上司に縛られない自由さ、政府が提供する財へのただ乗りを享受できる活気ある部門であり、こうした特徴を手放したくないがために彼らが進んでインフォーマル部門に留まっている可能性を示唆した。

　サンティアゴ・レヴィは、これらの見解に、特にメキシコに当てはまるインフォーマル部門についての分析を加えている［Levy 2008］。レヴィの定義によると、メキシコのフォーマルな労働者は、社会保険庁（Instituto Mexicano de Seguro Social: IMSS）に登録する企業に雇われている「賃金労働者（salaried）」である。彼らは所得税を課されるが、解雇規制や離職一時金などの労働規制によって守られている。これに対してインフォーマルな労働者とは、自営業者及びコミッショニスタと呼ばれる流通業者から手数料をもらって様々な商品を売る人々などの「合法な非賃金労働者（nonsalaried）」と、法を犯してIMSSに登録していない「違法賃金労働者」である。

　フォーマルな企業とは、賃金労働者を雇い、少なくともそのうちの何人かはIMSSに登録している企業である。これに対してインフォーマルな企業とは、コミッショニスタと合法的な非賃金労働関係を有する企業と、賃金労働者を雇っているものの1人もIMSSに登録していない企業のことである。フォーマル部門とはフォーマルな労働者及び企業のことで、インフォーマル部門とはインフォーマルな労働者及び企業のことを示す。

　レヴィの定義によれば、メキシコのインフォーマル部門は零細事業者とは限らず、企業の大きさによって定義されるものではない。また、全てのイン

フォーマル労働者が低所得、低生産性であるわけではない。例えば、訪問医として開業した個人経営の医者は、上記の定義ではインフォーマル労働者となる。この医者は、年金管理会社 Afore に積立をすることも、IMSS から健康保険を受けることも、住宅基金積立金 INFONAVIT で住宅ローンを組むことも強いられず、失業保険も離職一時金もないが、高所得を得ている。レヴィは、インフォーマル企業もフォーマル企業同様、生産要素を用いて利潤を最大化していると主張している。そして、企業は利用可能な技術の制約の下、インフォーマル部門またはフォーマル部門でいることのインセンティブに反応して、どの程度インフォーマルでいるかを決めるのである。

（2） メキシコのインフォーマル部門の数量的特徴

ここでメキシコのインフォーマル部門を数量的に把握したい。インフォーマル部門の研究は量的分析のみならず質的分析が必須であることは言うまでもないが、メキシコのインフォーマル部門がどの程度存在するのか、地域的にどのような違いがあるのか、その所得水準がどの程度であるのか、企業サイズはどの程度か、所得格差にどのように関わってくるのかについて、数量的に確認する。

図5-12 に、Levy［2008］から算出した、1991年から2006年までの、国家公務員共済庁（ISSSTE）及び IMSS に登録したフォーマル部門、インフォーマル部門、失業者の人数を示す。1990年代から2000年代半ばまで、インフォーマル部門が労働力の約6割を占めていることがわかる。1995年にインフォーマル部門と失業者の人数が増えているが、1994年12月のテキーラ・ショック後の不況の影響の可能性が高い。

図5-13 には、INEGI 公表の、直近まで含んだ 2005年から2017年までのインフォーマル労働者の占める割合を示す。INEGI のデータでも、2000年代半ばから直近まで、メキシコ全体では約6割が、都市部では5割弱がインフォーマル労働に従事している。いずれの統計を用いても、メキシコではインフォーマル部門が約6割をも占めており、その割合は1990年代から直近

まで大きく変化していないことがわかる。

次に、インフォーマル部門の地域的特徴を把握するため、表5-5に、州及

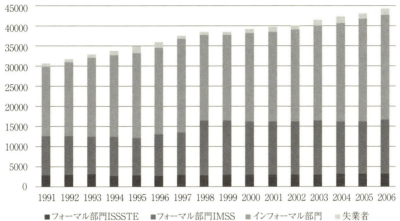

図5-12 労働力の大きさと構成（1000人）、1991-2006年

出所：Levy［2008: 90］より筆者作成

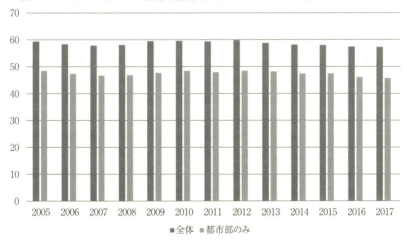

図5-13 インフォーマル労働の割合（%）、2005-2017年

注：15歳以上が対象。四半期データの平均を算出。2017年の数字は第2四半期までの平均値。
出所：INEGIデータより筆者作成

表 5-5　インフォーマル労働の割合、州別（％）

	2005	2010	2015	2017
首都地域	<u>54.9</u>	<u>53.6</u>	<u>54.7</u>	<u>51.9</u>
メキシコ連邦区	50.3	48.9	50.3	47.7
メキシコ州	59.5	58.4	59.2	56.1
中部地域	<u>72.2</u>	<u>72.7</u>	<u>71.1</u>	<u>71.3</u>
イダルゴ	75.1	75.2	72.0	74.0
モレロ	68.1	66.7	66.7	66.5
プエブラ	73.7	75.0	73.4	73.2
トラスカラ	71.8	73.7	72.1	71.3
中－北部地域	<u>56.7</u>	<u>56.5</u>	<u>54.7</u>	<u>53.0</u>
アグアスカリエンテス	45.6	48.4	43.7	43.7
デュランゴ	55.0	55.5	56.6	53.2
グアナファト	61.2	61.8	57.9	57.0
ケレタロ	50.8	48.4	45.8	46.1
サン・ルイス・ポトシ	61.5	59.5	58.4	55.6
サカテカス	66.1	65.3	65.5	62.2
湾岸地域	<u>60.6</u>	<u>61.2</u>	<u>60.7</u>	<u>61.8</u>
カンペチェ	60.7	61.1	61.5	63.5
キンタナ・ルー	49.9	51.1	47.5	48.5
タバスコ	63.6	65.1	63.4	66.0
ベラクルス	67.3	65.4	68.5	68.7
ユカタン	61.5	63.5	62.4	62.2
北部地域	<u>42.3</u>	<u>45.5</u>	<u>40.3</u>	<u>40.0</u>
バッハ・カリフォルニア	42.0	44.0	40.0	39.1
チワワ	39.1	45.7	37.4	36.3
コアウイラ	40.0	43.5	35.7	37.5
ヌェボ・レオン	40.0	41.8	36.6	35.0
ソノラ	46.8	48.1	44.9	45.6
タマウリパス	46.1	49.8	47.1	46.7
太平洋岸地域	<u>54.4</u>	<u>54.1</u>	<u>51.6</u>	<u>51.2</u>
バッハ・カリフォルニア・スル	41.9	42.7	40.5	39.7
コリマ	52.3	54.5	54.2	52.1
ハリスコ	57.6	55.9	49.8	50.3
ナジャリ	64.2	64.5	62.2	63.0
シナロア	56.0	53.0	51.4	50.9
南部地域	<u>77.5</u>	<u>76.8</u>	<u>77.8</u>	<u>77.0</u>
チアパス	79.6	77.6	78.8	79.0
ゲレロ	77.2	78.3	80.7	77.9
ミチョアカン	72.4	70.4	71.2	69.2

オアハカ	80.9	81.0	80.4	81.7
最大値	80.9	81.0	80.7	81.7
最小値	39.1	41.8	35.7	35.0
平均	58.7	59.2	57.4	56.9
標準偏差	12.5	11.6	13.3	13.5

注：15歳以上が対象。四半期データの平均を算出。2017年の数字は第2四半期までの平均値。各地域の値は、その地域に含まれる州の平均値。
出所：INEGIデータより筆者作成

び地域別にインフォーマル労働者の割合を算出した。北部地域のインフォーマル労働の割合が4割強であるのに対し、南部地域のチアパス州、ゲレロ州、オアハカ州では8割近くにのぼる。インフォーマル労働者の割合の地域差が顕著であり、また貧しい州ではインフォーマル労働の割合が多い傾向がある。首都メキシコ連邦区は大都市として労働者を引きつけ、インフォーマル部門がプールしているためか、平均的な所得水準は高いにもかかわらずインフォーマル労働者の割合が比較的高い。しかし、メキシコ連邦区と石油を産出するカンペチェ州、タバスコ州を除いて一人あたり実質GSPとインフォーマル労働者の割合との関係を散布図として描くと、明白な負の相関が確認される（図5-14）。これはインフォーマル労働が貧困、地域間格差、所得格差と関わっていることを示唆している。

　なお、男女別にインフォーマル労働の割合を確認すると、メキシコ全体では女性の方が男性よりもインフォーマル労働者の割合が高いが、南部地域のみ男性の方が女性よりもインフォーマル労働の割合が高い（図5-15）。南部地域では、家計の中軸である男性の多くがインフォーマル労働に従事している現状が明らかである。

　では、貧困に陥っているインフォーマル労働者がどの程度いるのか、表5-6[10]から確認する。表5-6における「高賃金」（F1、I1、I4）は最低賃金の3倍以上の所得の労働者、「低賃金」（F2、I2、I5）は最低賃金の3倍未満の所得の労働者、「Progresa」（F3、I3、I6）とは条件付き現金給付プログレサの受給対象労働者を示す。

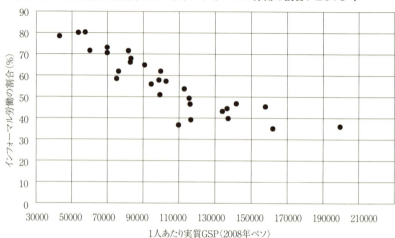

図5-14　1人あたり実質GSPとインフォーマル労働の割合、2015年

注：メキシコ連邦区（D.F）、カンペチェ州、タバスコ州を除く
出所：INEGIデータより筆者作成

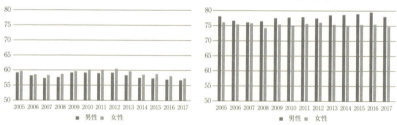

図5-15　左：国全体のインフォーマル労働の割合、男女別（％）
　　　　右：南部地域のインフォーマル労働の割合、男女別（％）

注：15歳以上が対象。四半期データの平均を算出。2017年の数字は第2四半期までの平均値。
出所：INEGIデータより筆者作成

　第一に、2006年の経済活動人口約4,445万人のうち、インフォーマル部門は約2,578万人と58％を占めている。経済活動人口の約6割がインフォーマル部門であることは、図5-12、13と整合的である。メキシコには多数のインフォーマル労働者が存在することは間違いない。
　第二に、インフォーマル労働者のうち、「高賃金」、「低賃金」、「Progresa」

表 5-6 経済活動人口（EAP）、2006 年

雇用の種類	経済活動人口（EAP）	各部門に占める割合（％）	EAP に占める割合（％）
1. フォーマル部門	17,069,018	100.0	38.4
ISSSTE とその他	2,988,651	17.5	6.7
F1（IMSS 高賃金）	5,986,441	35.1	13.5
F2（IMSS 低賃金）	7,457,138	43.7	16.8
F3（IMSS Progresa）	636,788	3.7	1.4
2. インフォーマル部門	25,777,123	100.0	58.0
2.1 違法賃金労働者	8,092,111	31.4	18.2
I1（高賃金）	2,922,849	11.3	6.6
I2（低賃金）	442,955	1.7	1.0
I3（Progresa）	4,726,307	18.3	10.6
2.2 自営業者とコミッショニスタ	17,685,012	68.6	39.8
I4（高賃金）	5,818,369	22.6	13.1
15（低賃金）	7,175,133	27.8	16.1
I6（Progresa）	4,691,510	18.2	10.6
3. 失業者	1,600,891	100.0	3.6
合計	44,447,032		100.0

注：各部門とは、フォーマル部門、インフォーマル部門、失業者を示す。「高賃金」は最低賃金の3倍以上、「低賃金」は最低賃金の3倍未満、「Progresa」は条件付き現金給付プログレサの受給対象
出所：Levy［2008:86］

の占める割合は、それぞれ33.9％（高賃金）、29.6％（低賃金）、36.5％（Progresa）である。インフォーマル労働者のうち、プログレサ受給対象の貧困労働者の割合が最も大きい。フォーマル労働者のうち、プログレサ受給対象者がわずか3.7％であることを考慮すると、貧困な労働者はインフォーマル部門に多いことが明らかである。フォーマル－インフォーマル労働者間の所得格差が見受けられる。

ただし、フォーマル労働者が豊かで、インフォーマル労働者が貧しいという単純な二元化は不適切である。フォーマル労働者として IMSS 加入の労働者の半分以上が「低賃金」であり、約4.5％はプログレサ受給対象の貧困労働者であるし、インフォーマル労働者の3割強が「高賃金」労働者である。

フォーマル－インフォーマル間の格差のみならず、フォーマル労働者間、インフォーマル労働者間にも所得格差が存在する。

第三に、違法賃金労働者のうち58.4%がプログレサ受給対象の貧困労働者であるのは注目に値する。貧困賃金労働者（合法F3と違法I3）のうち、88%が違法賃金労働者という実態が明らかである。

次に、こうした違法な企業と労働者の数が、企業サイズとどのような関係があるか確認したい。Levy［2008］は、2003年のINEGI経済センサスとIMSSに登録された企業と労働者の数を企業サイズ別に示し、その差を算出した（表5-7）。なお、INEGI経済センサスの「企業」は、農村地域、宗教組織、健康・社会サービスを提供する公共機関、公共行政機関、公共教育機関、都市輸送（バス・タクシーなど）機関が除かれている。また、固定資本

表5-7　INEGIとIMSSに登録している企業と労働者の数（企業サイズ別、2003年）

企業サイズ（労働者数）	INEGI(1) 企業	INEGI(1) 労働者	IMSS(2) 企業	IMSS(2) 労働者	INEGIとIMSSの差 (1)-(2) 企業	INEGIとIMSSの差 (1)-(2) 労働者
0-2人	2,118,138	3,011,902	350,459	488,727	1,767,679	2,523,175
3-5人	581,262	2,078,023	183,432	686,515	397,830	1,391,508
6-10人	153,891	1,135,021	95,886	725,253	58,005	409,768
11-15人	47,601	604,387	38,855	494,430	8,746	109,957
16-20人	24,361	433,741	21,342	379,795	3,019	53,946
21-30人	25,171	627,011	22,399	556,830	2,772	70,181
31-50人	20,927	812,729	19,125	743,225	1,802	69,504
51-100人	16,100	1,135,608	15,337	1,077,909	763	57,699
101-250人	10,898	1,683,740	10,526	1,629,298	372	54,442
251-500人	4,029	1,379,532	3,804	1,314,357	225	65,175
501人以上	2,636	3,199,628	2,626	3,082,169	10	117,459
計	3,005,014	16,101,322	763,791	11,178,508	2,241,223	4,922,814

注：INEGIの企業は、農村地域、宗教組織、健康・社会サービスを提供する公共機関、公共行政機関、公共教育機関、都市輸送（バス・タクシーなど）機関、固定資本を待たない企業を除く。

出所：Levy［2008: 180］

図 5-16　企業サイズ別の違法企業と違法労働者の割合（％、2003 年）

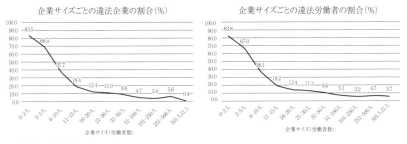

出所：表 5-7

を持たない企業も除かれているため、路上市場ティアンギスや路上自営商店などは INEGI の「企業」に含まれない。INEGI 経済センサス登録の企業・労働者から IMSS 登録の企業・労働者を差し引いた企業・労働者は、違法な企業・労働者を示す。なお、違法な企業・労働者の数はインフォーマル部門の企業・労働者数より小さな数字となる[11]。

　表 5-7 から、次のことが明らかである。第一に、INEGI 経済センサス登録企業・労働者のうち約 75％が違法企業であり、約 30％が違法労働者である。第二に、メキシコは零細・中小企業が多く、大企業や中規模の企業は少ない。労働者 5 人以下の零細・中小企業が全体の約 9 割を占める。また、違法な企業・労働者の割合は、企業サイズが小さいほど大きい（図 5-16）。すなわち、インフォーマル部門の一部を構成する違法な企業・労働者は、開発経済学が示唆するように、零細・中小企業に集中しているのである。そして、表 5-6 に示したように、こうした違法な労働者の多くは貧困に陥っている。

（3）　インフォーマル部門に留まる誘因

　何故メキシコではインフォーマル労働者が多数存在するのか。何故経済成長を遂げ経済全体の所得水準があがっても、インフォーマル労働者が多い状態に変化がないのか。その原因として、Levy［2008］、Levy and Schady［2013］はメキシコの社会保障と条件付き現金給付がインフォーマル部門からフォーマル部門に移動する誘因を低下させている可能性を示唆している。

メキシコの社会保障は、賃金労働者向けの社会保障（social security）プログラムと、非賃金労働者向けの社会保護（social protection）プログラムとに二元化されている。前者は賃金労働者と彼らを雇う企業、すなわちフォーマル部門の税金から拠出されて支払われるのに対し、後者は政府が一般会計を用いて提供している。よって、メキシコの社会保障の二元化は、フォーマル部門には税金、インフォーマル部門には補助金のような作用が働くという。

　さらに、近年のメキシコでは、インフォーマル部門向けの非拠出型社会保障が予算及び普及率とも急速に増加している。例えば、メキシコ政府は2004年に「Seguro Popular」を開始し、それまでの無料健康サービス・プログラムから飛躍的に普及率が上昇した。Seguro Popular は公表データによると2010年までに4,300万以上の人口をカバーしている。また、70歳以上を対象とする非拠出型年金プログラム「70 y Más program」は、2007年には2,500住民以下の都市に住む70歳以上のみ対象であったのが、2008年には2万住民以下の都市、2009年には3万住民以下の都市と徐々に条件が緩まり、2012年の選挙の年には住民数の制限がなくなった上、2013年には年齢が65歳以下へと引き下げられた。

　こうした非拠出型社会保障の普及率上昇は、インフォーマル部門にとってはリスクに対するセーフティネットとなった一方で、Maloney［2004］が示唆するように、インフォーマル部門に自ら留まる誘因を与えた。また、年金をもらえるようになった多くの高齢者が働くのをやめるなどの行動をとった。Levy and Schady［2013］は、このような社会保障の二元化が、国の貯蓄を低下させる割には社会保障の全体的な効力をも引き下げ、生産性の低いインフォーマル部門へと資源配分の非効率性を生じさせ、メキシコ経済全体に低生産性をもたらしていると主張している。

　Levy and Schady［2013］は、過剰な条件付き現金給付も市場の歪みをもたらし得ると警鐘を鳴らす。条件付き現金給付が過剰になると、貧困層に対して労働市場への参加をやめる誘因とインフォーマル部門に留まる誘因とを

与え得るという。貧困層が条件付き現金給付を受けるために貧困のままでいる方が良いと考え、労働市場に敢えて参加せず、敢えてインフォーマル部門に留まるのである。その負担は政府に税金を支払うフォーマル部門にかかる。すると、ますますフォーマル部門からインフォーマル部門に移行する誘因が生じるのである。

1997年にプログレサ として始められて以来、2002年にオポルトゥニダデス、2014年にプロスペラと継続されてきたメキシコの条件付き現金給付は、貧困層の子孫が貧困に陥るという世代を超えた貧困問題を断ち切ることを目指して、貧困層に保健衛生と教育を通じて人的資本形成を促すことを意図し、貧困削減と所得格差縮小に貢献した［Esquivel, Lustig and Scott 2010; Campos, Esquivel and Lustig 2014］[12]。こうした貢献が評価されメキシコの現金給付は増加を続けてきたが、その考案者であるレヴィが過剰な条件付き現金給付がもたらし得る弊害の可能性について示唆し始めている。

おわりに

本章では、1980年代半ばに市場志向型の構造改革を行い、1994年のNAFTA発効以降に米国市場向けの生産・輸出拠点としての地位を確立し、グローバル・バリュー・チェーンに組み込まれたメキシコにおいて、所得格差がどのように変遷しているかについて、地域間格差、グローバル化、インフォーマル部門の存在という側面から考察した。

メキシコが貿易自由化へと転換した1980年代から1990年代半ばまでは、伝統的貿易理論の予想に反して所得格差は拡大した。地域間格差の指標であるσは上昇し、絶対的β収束は存在せずに発散があった。NAFTA発効後の1994年から2010年には所得格差は低下し、σは低下し、絶対的β収束の存在が統計的に支持された。メキシコを組み入れたグローバル・バリュー・チェーンが成熟した2010年以降は、所得格差低下の傾向が弱まるか上昇傾向にあり、σは横ばいかやや上昇、絶対的β収束の存在は統計的に支持され

なかった。

　こうした所得格差や地域間格差の変遷について、メキシコの貿易政策やグローバル化と関連づけた研究が数多くなされてきた。ただし、メキシコの所得格差や地域間格差は、貿易政策やグローバル化によってのみ規定されるわけではない。表5-8に、メキシコの諸々の経済政策と所得格差、地域間格差の変遷を期間別に整理した。これらの政策はそれぞれ格差に影響を及ぼしており、さらなる詳細な分析が必要となろう。

　1990年代半ば以降メキシコの所得格差は縮小しているものの、国際的に見ても、依然としてその所得格差は大きい。グローバル化の機会を捉えてFDIが流入して発展し近代化する地域、産業、企業とその恩恵を受ける労働者がいる一方で、近代化に遅れて停滞する地域、産業、企業、労働者がい

表5-8　メキシコの政策と格差

	1989-1994年	1994-2010年	2010-2017年
マクロ経済	・1980年代の債務危機の余波	・1995年通貨危機と回復	・リーマン・ショック不況からの回復
	・緊縮的な財政政策、金融政策	・財政収支均衡（2006年法制化）	・低成長と低インフレ
	・準固定相場制度	・1999年以降中央銀行のインフレターゲティング	・変動相場制度
	・低成長	・変動相場制度	・トランプ政権発足（2017年1月）前後の為替変動
	・1989年以降インフレ抑制	・低成長（1人あたり所得成長率約1%）と1990年代後半の緩やかなインフレ＝＞2000年以降の低インフレ	
		・2008-09年の米国リーマン・ショックによる不況	

第5章　メキシコにおける所得格差の変遷

労働	・最低賃金と組合率の低下	・最低賃金の安定的な推移、組合率の安定的な推移 => 2005年以降わずかに低下	・2010-2014年に最低賃金の安定的な推移
経済開放	・1985年より貿易自由化、1986年にGATT加盟	・1994年NAFTA施行	・自由貿易協定
	・外国直接投資の自由化	・その他の自由貿易協定	・2017年NAFTA再交渉継続
その他の市場志向改革	・大規模な民営化（銀行部門と電気通信部門）	・社会保障改革	・2013-14年エネルギー改革、天然資源の民間・外資開放
	・規制緩和		
	・農業部門への価格政策の解除と生産・消費補助金の除去		
社会政策	・トルティージャへの小規模ターゲット補助金	・ターゲティングによる現金給付、1995年Procampo、1997年Progresa => 2002年Oportunidadesと名称を変更し、都市及び高校生へと対象を拡張	・ターゲティングによる現金給付、Oportunidades => 2014年Prosperaと名称を変更。
	・農村のインフラ拡張に焦点を置いた代表的な貧困対策 Programa Nacional de Solidaridad（ターゲティングによる現金給付ではない）	・2007年農村に非拠出型年金（70 y Más）	・非拠出型年金給付の条件緩和
所得格差	・拡大	・縮小	・2010-2014年に格差横ばいか拡大傾向あり
地域間格差	・1985-1994年にσ収束なし	・1994-2010年にσ収束あり	・2010-2015年にσは横ばいか緩やかに上昇
（収束）	・1985-1994年にβ収束なし（発散）	・1994-2010年にβ収束あり	・2010-2015年にβ収束なし

（出所）Campos, Esquivel, and Lustig［2014:159］に筆者加筆作成

る。インフォーマル部門の存在が顕著なまま、近代的な経済と伝統的な経済とが並立する二重経済がメキシコで色濃く残っている。メキシコの制度や政策が、こうした二重経済の解体を妨げている面も否めない。

注

1　World Bank, World Development Indicators
2　ジニ係数、十分位所得分配、タイル尺度の詳細は、ガルブレイス［2017］を参照。
3　「等価所得」は世帯所得を世帯人員の平方根で除して算出されるが、SEDLAC のデータにおいては、別の方法において算出されている。詳細は CEDLAS and the World Bank［2014］を参照。
4　2016年1月末に、メキシコ連邦区からメキシコ市へと呼称が変更されたが、本稿ではメキシコ連邦区と呼ぶ。
5　ただし、SEDLAC はメキシコを8つの地域に分類しており、Esquivel［1999］や本稿の地域分類とは異なる。
6　テキーラ・ショック、リーマン・ショックの影響を考慮して、期間の分け方を 1994年ではなく1993年、2010年ではなく2008年に変えて分析したが、本稿の結論は変わらない。
7　詳細は、Barro and Sala-i-Martin［2004］を参照。
8　OECD［2017］の前方参加指標は海外の輸出に組み込まれるメキシコの付加価値の割合として、後方参加指標はメキシコの輸出に組み込まれる海外の付加価値の割合として示される。
9　Verhoogen［2008］は第一段階貿易自由化期の研究ではないが、第2章の分類上、メキシコについての重要な参考文献となるため、表に掲げた。
10　表5-6のフォーマル部門における「各部門に占める割合（％）」の数値は、Levy［2008：86］を修正している。
11　2006年のインフォーマル部門のうち、違法な賃金労働者が約3割、（合法な）自営業者とコミッショニスタが約7割である（表5-6）。
12　メキシコの条件付き現金給付プログラムの詳しい内容と政策的効果については第3章を参照。

[参考文献]

大竹文雄［1995］『日本の不平等』日本経済新聞出版社。

浜口伸明・西島章次［2008］「メキシコにおけるグローバリゼーションと賃金格差」西島章次編『グローバリゼーションの国際経済学』勁草書房、121-145 頁。

ガルブレイス，ジェームス［2017］『不平等』（塚原康博・馬場正弘・加藤篤行・鑓田亨・鈴木賢志訳）明石書店。

Barro, Robert J. and Xavier Sala-i-Martin [2004]. *Economic Growth*. Cambridge, MA: The MIT Press.

Campos, Raymundo [2013]. "Why Did Wage Inequality Decrease in Mexico after NAFTA?" *Economía Mexicana Nueva Época*, 22 (2): 245-278.

Campos, Raymundo, Gerardo Esquivel and Nora Lustig [2014] "The Rise and Fall of Income Inequality in Mexico: 1989-2010". In Andrea Cornia (eds) *Falling Inequality in Latin America: Policy Changes and Lessons*. Oxford: Oxford University Press, 140-163.

CEDLAS (the Centro de Estudios Distributivos, Laborales y Sociales at Universidad Nacional de La Plata) and The World Bank [2014] *A Guide to SEDLAC*.

Chiquiar, Daniel [2008] "Globalization, Regional Wage Differentials, and the Stolper-Samuelson Theorem: Evidence from Mexico", *Journal of International Economics*, 74 (1): 70-93.

Cragg, Michael Ian and Mario Epelbaum [1996] "Why has Wage Dispersion Grown in Mexico? Is it the Incidence of Reforms or the Growing Demand for Skills?" *Journal of Development Eonomics*, 51 (1): 99-116.

Esquivel, Gerardo [1999] "Convergencia Regional en México, 1940-95", *El Trimestre Económico*, 66 (4): 725-761.

Esquivel, Gerardo and José Antonio Rodríguez-López, [2003] "Techonology, Trade, and Wage Inequality in Mexico before and after NAFTA", *Journal of Development Economics*, (72): 543-565.

Esquivel, Gerardo, Nora Lustig, and John Scott [2010] "Mexico: A Decade of Falling Inequality: Market Forces or State Action?" In Luis F. Lopez-Calva and Nora Lustig (eds) *Declining Inequality in Latin America: A Decade of*

Progress? Washington, D.C.: Brookings Institution Press, 175-217.

Esquivel Gerardo [2015] *Desigualdad Extrema en México: Concentración del Poder Económico y Político.* México, D. F. : Oxfam México.

Feenstra, Robert and Gordon Hanson [1997] "Foreign Direct Investment and Relative Wages: Evidence from Mexico's Maquiladoras", *Journal of International Economics,* 42 (3-4): 371-393.

Hanson, Gordon [1998] "Regional Adjustment to Trade Liberalization", *Regional Science and Urban Economics,* (28): 419-444.

Hanson, Gordon and Ann Harrison [1999] "Trade Liberalization and Wage Inequality", *Industrial and Labor Relations Review,* 52 (2): 271-288.

Hanson, Gordon [2003] "What Has Happened to Wages in Mexico since NAFTA?: Implications for Hemispheric Free Trade". NBER Working Paper Series 11027, Cambridge, MA: National Bureau of Economic Research.

Hanson, Gordon [2010] "Why Isn't Mexico Rich?" *Journal of Economic Literature,* 48 (4): 987-1004.

Krugman, Paul and Raul Livas Elizondo [1996] "Trade Policy and the Third World Metropolis", *Journal of Development Economics,* (49): 137-150.

Larudee, Mehrene [1998] "Integration and Income Distribution under the North American Free Trade Agreement: The Experience of Mexico". In Dean Baker, Gerald Epstein, Robert Pollin (eds) *Globalization and Progressive Economic Policy.* Cambridege: Cambridge University Press, 273-292.

Levy, Santiago [2006] *Good Intentions, Bad Outcomes: Social Policy, Informality, and Economic Growth in Mexico.* Washington, D.C.: Brooks Institution Press.

Levy, Santiago and Norbert Schady [2013] "Latin America's Social Policy Challenge: Education, Social Insurance, Redistribution", *The Journal of Economic Perspectives,* 27 (2): 193-218.

Lustig, Nora and Luis F. Lopez-Calva [2013] "Declining Inequality in Latin America in the 2000s: The Cases of Argentina, Brazil, and Mexico", *World Development,* (44): 129-141.

Maloney, William F. [2004] "Informality Revisited", *World Development,* 32 (7): 1159-1178.

Moreno-Brid, Juan Carlos and Jaime Ros [2009] *Development and Growth in the*

Mexican Economy. Oxford: Oxford University Press.

Nicita, Alessandro [2004] "Who Benefited from Trade Liberalization in Mexico?: Measuring the Effects on Household Welfare". World Bank Policy Research Working Paper 3265, Washington, D.C.: World Bank.

Organisation for Economic Co-operation and Development (OECD) [2017] *OECD Economic Surveys Mexico*. Paris: OECD Publishing.

Robertson, Raymond [2000] "Trade Liberalization and Wage Inequality: Lessons from Mexican Experience", *World Economy*, 23 (6): 827-849.

Robertson, Raymond [2004] "Relative Prices and Wage Inequality: Evidence from Mexico" *Journal of International Economics*, (64): 387-409.

Robertson, Raymond [2007] "Trade and Wages: Two Puzzles from Mexico", World Economy, 30 (9): 1378-1398.

Ros, Jaime [2001] "Del Auge de Capitales a la Crisis Financiera y Más Allá: México en los Noventa". In Ricardo Ffrench-Davis (ed) *Crisis Financieras en Países "Exitosos"*. Santiago, Chile: CEPAL and McGraw-Hill, 119-158.

Sakikawa, Kaoko [2012] "Regional Convergence in Mexico, 1970-2005: A Panel Data Approach", *Growth and Change*, 43 (2): 252-272.

Verhoogen, Eric [2008] "Trade, Quality Upgrading, and Wage Inequality in the Mexican Manufacturing Sector", *Quarterly Journal of Economics*, 123 (2): 489-530.

第6章

ブラジルにおける経済発展と格差縮小の要因：

マクロ経済の安定化と労働市場の変容から探る

河 合 沙 織

はじめに

　ブラジルは、世界で最も所得分配が不平等な国の一つである。この問題は、植民地時代の大土地所有制や奴隷制度に端を発し、独立やその後の経済発展を経てなお根強く存在する。南米大陸の約半分、世界第5位の広大な面積（851.5万平方キロメートル）を有するブラジルでは、国全体でとらえた際の貧富の差にくわえて、地域間の所得格差も著しい。地域間格差は、国内の人口移動や都市化によって生じる諸問題とも関連づけられ、これまで広く論じられてきた。

　不平等な所得分配は、国内における階層間の対立など社会不安を巻き起こし、持続的成長を阻害するという点で問題となる［Mendes 2015］。とくに発展途上国においては、経済成長のために、限られた資本や開発資金が相対的に所得水準の高い、より先進的な地域に集中して投入されることが多く、後進地域における貧困問題は、教育水準の低さや資本蓄積の不足と相まって、産業発展を遅らせ地域間格差の定着をもたらす原因となる［Leff 1972; Barros 2011］。

20世紀後半以降、ブラジル政府は、地域間格差の是正を目的としたさまざまな後進地域対策・地域開発政策を実施してきたが、いずれも成功には至らなかった［Baer 2008］。ところが、1990年代後半以降、ブラジルの伝統的な課題である格差問題に変化が生じ、2000年代に入るとより顕著な貧困削減、国内格差・地域間格差の縮小が確認された［Mendes 2015］。ブラジルにとって21世紀初頭は、グローバル化の進展と国際的な一次産品価格の上昇という経済面での追い風を受けた時代であったといえる。多様かつ豊富な天然資源を有し、2億を超える人口を抱える同国は、2000年代において資源輸出と国内市場の拡大に支えられ経済成長を加速させた。すなわち、21世紀初頭のブラジルでは所得分配の平等化をともなう経済成長が実現されたといえる。

　本稿では、ブラジルの所得分配について経済発展の軌跡とあわせて検討し、2000年代以降、所得分配の平等化をもたらした要因を整理する。はじめに、植民地時代以降の開発の経緯が、いかにブラジルにおける所得分配構造を形成してきたのかを明らかにする。第1節では、根強い格差がどのように形成され長期にわたって維持されてきたのかなど、ブラジル社会が抱える構造的な要因について議論する。つぎに第2節では、マクロ経済の状況と所得分配の動向に注目する。20世紀後半以降のブラジルは、インフレーションや対外累積債務など多くの経済問題を抱えてきた。マクロ経済の不安定さが所得分配におよぼす影響について検証することで、格差問題解消のためには安定的なマクロ経済運営が不可欠であることを明らかにする。

　第3節では、グローバル化と労働市場について論じる。1990年代以降、経済自由化政策にもとづく開発戦略を採用したブラジルは、グローバル化の進展とともに国際市場とのつながりを強め、2000年代には一次産品価格の上昇を受けて資源輸出国の一つとして脚光を浴びることとなる。この過程において、ブラジル国内の産業ならびに労働市場はさまざまな変化を遂げた。第3節では、とくに労働市場の変容に注目することで、グローバル化と所得分配との関係をブラジルのコンテクストにおいて理解することを試みる。く

わえて地域間格差についての考察をとおして、「地域」に注目することで明らかとなる所得分配の構造的な特徴を示し、経済発展との関連で分析を行う。本稿を通じて、所得分配を切り口にブラジル経済を論じることで、現在ブラジルが抱える諸課題を明らかにすると同時に、今後、同国が持続可能な発展を遂げる上でボトルネックとなりうる要因について検討する。

1　開発の軌跡と所得分配

　今日のブラジル国内の地域経済の特徴は、1500年にポルトガル人航海者ペドロ・アウヴァレス・カブラウ（Pedro Álvares Cabral）に「発見」されて始まったポルトガルによる植民地期以降の開発経路にルーツを持つ。植民地時代の開発は、天然資源および一次産品の産出地の立地と経済活動の局所的な発展に大きく依存したかたちで展開された。

　「発見」直後に重宝されたのは、マメ科の常緑高木であるブラジルボク（pau-brasil）で、国名の起源ともなっている。ブラジルボクは大西洋沿岸地域に自生する樹木で、ペルナンブコ（Pernambuco）州を中心に、北は現在のリオグランデドノルテ（Rio Grande do Norte）州マシャラングアペ（Maxaranguape）市に位置するカボドサォンロケ（Cabo do São Roque）から、南はリオデジャネイロ州カボフリーオ（Cabo Frio）にわたる沿岸部で伐採が行われた。ブラジルボクは家具の材料として、また幹から抽出される紅色色素（brazilin）は毛織物の染料としてヨーロッパで珍重された。ポルトガルにとって、先住民の労働力を用いてブラジルボクを採取し、本国に輸出してヨーロッパの市場で流通させる活動は、植民地初期の主要な取引となった。このように、資源輸出を通じてポルトガル領ブラジルはヨーロッパを中心とした世界に組み込まれていくこととなる。

　16世紀初頭に始まるポルトガルによる植民地支配下において、ブラジルの開発史は国際商品を軸にした景気変動に特徴づけられる。後述のとおり、ブラジルボクのブーム以降も、時代や場所を変えつつさまざまな国際商品が

登場する。ヨーロッパ世界で需要される一次産品は、当時のブラジルの景況を決定づけるとともに、国際商品が生産される地域が資本や労働などの生産要素をひきつけることで、国内の人口分布も、時の経済の中心地をたどるように変化を遂げてきたのである。

　植民地時代の入植経路に従って、最も早い段階で開発が始まったのは、北東部地域であった[1]。ポルトガル王室は、ブラジルに対して民間主導の定住型による植民地経営形態を採用した。カピタォン（capitão）と呼ばれる領主がそれぞれの領地を支配するカピタニア（capitania）制のもとで、領内に入植を希望する者には税を課して、セズマリア（sesmaria）と称される農牧地の分割譲渡を行う体制が整えられた。ポルトガルの小貴族、高級官僚、大商人による入植は、ラティフンディウムといわれる大土地所有制の確立を通じて、後の経済構造を大きく規定する要因となる。

　16世紀後半に始まった「砂糖の時代」には、北東部のゾナ・ダ・マッタ（zona da mata）と呼ばれる沿岸地域で奴隷労働を用いたサトウキビのプランテーション農業が行われた。当時の砂糖産業は、サトウキビの生産から製糖までの過程において大量の労働力を必要とした。栽培、刈り取り、運搬、製糖、蒔の供給など一連の労働集約的な工程には、アフリカ大陸から連れてこられた奴隷が動員され、エンジェーニョ（engenho）と呼ばれる搾汁装置が置かれた小屋を中心に展開された。多量の資本を要するエンジェーニョの設置は限られた農園主にのみ可能であったことから、少数の有力砂糖農園主層が海岸部に広大な土地を所有し、社会的・政治的に権勢を誇ることになる。これらの数少ない有力家は、権力と財産の維持を目的に同族結婚を通じて家族同士の連携を強めていった。

　後に砂糖農園そのものを指す用語と化したエンジェーニョは、農業とマニュファクチャを一体化させた砂糖産業の中心となり、大土地所有制、モノカルチュア、奴隷制にもとづく開発と社会階層の構成など、以後のブラジルに数世紀にわたって残る経済社会構造の端緒となった［Schwartz 1986］。砂糖の時代には国内人口もブラジル北東部に集中しており、1772年から

1782 年、1872 年の同地域の人口シェアはそれぞれ 47.4%、46.7%と最大規模を有していた［Baer 2008］。

　17 世紀、18 世紀には、南東部、現在のミナスジェライス（Minas Gerais）州に相当する地域で金やダイヤモンドの採掘が盛んになり、鉱業を中心とする同地域への国内経済拠点のシフトが起こっていった。1698 年、オウロプレット（Ouro Preto）で金脈が発見され、周辺地域も含めて金の採取が本格化した。内陸部に突如出現したゴールドラッシュを受け、沿岸部ならびにポルトガル本国から一攫千金を狙った人口流入が発生した。18 世紀初頭から 18 世紀半ばにかけて「黄金時代」を迎える内陸部の鉱山地帯では、採金業者と奴隷にくわえて、官吏・商人・聖職者など多様な職種の人々から成る社会が形成された。これは、砂糖の時代における砂糖農園「エンジェーニョ」による自己完結型の農村社会とは異なる内陸地域の発展基盤となった。

　同時に、内陸部での鉱業の発展は人口流入にともなう食料需要の増大をもたらし、生活必需品などと合わせて沿岸部からの供給経路が徐々に確立されていった。鉱業の中心地であるミナスジェライスに向けて、リオデジャネイロからは奴隷や食料、輸入品を運ぶための道路が建設され、ミナスジェライスからリオデジャネイロへは採掘された金が搬出された。サンパウロからはトロペイロ（tropeiro）と呼ばれるラバの荷馬車の隊商が輸送を担い、北東部バイーアからはサンフランシスコ河に沿って食肉用の牛が供給された。すなわち 17 〜 18 世紀の鉱業の隆興は、内陸部と沿岸部との接合を促し、部分的にではあるものの地理的一体化の高まりと国内市場の形成を誘起したのである。

　19 世紀には「コーヒーの時代」が到来した。サトウキビ栽培から製糖までの工程を一貫して行う砂糖農園に比べ、コーヒー豆の生産に特化したコーヒー農園は必要な資本の規模が小さいことから参入が比較的容易であった。当時の主要輸出産品であるコーヒー豆の生産は、現在のサンパウロ州、リオデジャネイロ州を中心とした地域で展開され、国内移民ならびに海外からの

移民も合わせて南東部に多くの労働力をひきつけた。結果、1900年の時点で南東部の人口シェアが44.9%になり、同年38.7%に人口シェアを減らした北東部を超えて最大地域となった。以降、百年以上経った現在まで、南東部は人口シェア40%以上の水準を保ち、引き続き人口シェアで最大地域となっている。

図6-1から、1900年時点では、南東部とともに南部の人口シェアの拡大が確認できる。南部には欧州からの移民が多く入植し、家族経営の農業生産、畜産業が営まれた。相対的に人的資本水準の高い移住者の存在は、財やサービスに対する消費需要や子弟への教育投資を通じて地域経済市場ならびに労働市場の発展に寄与し、その後の経済発展にも大きな影響をもたらすこととなる [Leff 1972; Barros 2011]。

表6-1に示すとおり、1920年時点での非識字率は、ブラジル全体では約76%、南東部、南部はそれぞれ約60%、約65%であるのに対し、北東部では人口の約83%が非識字者であった。これによって、当時から国内における人的資本水準の地域的な偏りが存在していたこと、ならびに19世紀後半から20世紀前半にかけて識字率の上昇傾向が確認されるなかで、北東部の状

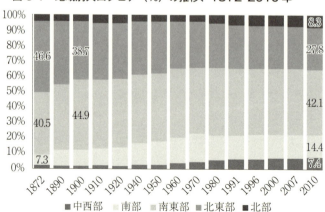

図6-1 地域別人口シェア（%）の推移、1872-2010年

出所：応用経済研究所（IPEA）のIpeadataより筆者作成[2]

表6-1 非識字率（%）、1872-1920年

	1872	1890	1900	1920
北部	79.5	79.7	69.2	71.4
北東部	84.4	88.3	78.7	83.1
南東部	85.3	84.5	72.2	59.9
南部	79.3	77.0	70.2	65.0
中西部	84.8	87.3	76.6	59.2
ブラジル	84.2	85.2	74.5	75.5

出所：応用経済研究所（IPEA）のIpeadataより筆者作成

況は他の地域に比べ停滞的であったことがわかる。

　20世紀以降、南東部、南部における経済活動のさらなる拡大がもたらされた背景には、一次産品輸出を中心とした経済発展プロセスから工業化プロセスへの移行が指摘される。それまでの輸出向け一次産品生産をよりどころとした地域経済の発展は、現在のようにグローバル化されていない世界においても、国際価格の変動など、少なからず対外的な要因に影響されていた。

　例えば、16世紀後半に開発が進んだ北東部地域におけるサトウキビ産業では、新たな原料として広まったテンサイ由来の砂糖生産の開始やカリブ地域のサトウキビ生産の拡大にともなう米国市場への輸出競争と国際価格の下落とが相まって、同産業の技術的発展に向けた投資が進まず国際市場でのシェアを縮小する結果となった。一方で、南東部のコーヒー生産については、拡大期には、英国などによるインフラ投資や欧州からの相対的に教育水準の高い人的資本となる移民の流入が生じた。ブラジルの輸出に占めるコーヒーのウェイトが高まるなかで、主たる生産地である南東部にもたらされる資金は、同地域の開発および工業化を進める上で重要な役割を果たした［Haddad 1999］。

　1930年代には、政府主導で輸入代替工業化が行われた。第一次世界大戦の勃発によって国外からの輸入に頼っていた製品の供給が途絶えがちになったことと、世界恐慌による深刻な経済不況などの国際情勢の影響もあり、国

内の工業化が進められた。

また、19世紀末にピークを迎えた移民の流入と農村からの労働力の流出の結果、都市が急成長を遂げたのも1930年代から1940年代である。ブラジルで初めて国勢調査が実施された1872年には3万人程度であったサンパウロ市の人口は、1920年には57万9,000人、1940年には132万6,000人に激増した。その後、恒常的な干魃のため深刻な貧困が慢性化する北東部から南東部への人口移動も進み、1940年代には30％程度であった都市人口は1960年代には農村人口を上回るほど増加し、20世紀半ばのブラジルは急速な都市化を経験した。

地域ごとの国民所得シェアは、1949年時点で北部1.7％、北東部14.1％、南東部66.5％、南部15.9％、中西部1.8％と明らかに南東部に集中していた。こうした傾向は、図6-2に示すとおり、GDPに占める工業部門のシェアが拡大した時期に顕著に確認され、1980年代半ばにかけてGDPの6割以上が南東部に偏在した［Baer 2008; Bonelli et al. 2013］。

南東部と南部における工業化の進展は、農業よりも速いスピードで成長する工業部門の特徴を反映し、植民地期以降に蓄積されてきたブラジル国内の

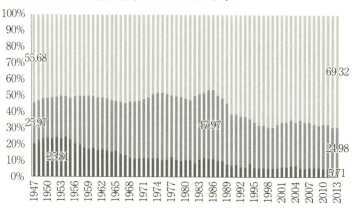

図6-2　GDPの構成（％）、1947-2013年

出所：応用経済研究所（IPEA）のIpeadataより筆者作成

地域間格差を拡大することとなった［Baer 2008］。「豊かな南」での工業活動の集積が進み、「貧しい北」とのコントラストが強まるなかで、とくに南東部に次いで2番目の人口シェアを有した北東部の開発の遅れは、貧困問題とともに1950年代以降の主要な政策アジェンダの一つとして位置づけられた。

　1950年当時、地域間不均衡の主因は1930年代以降の工業化による産業立地の偏りにあると認識され、後発の北東部地域の開発を進めるためには、同地域における工業化を達成する必要があると考えられた。ちょうど同じ頃、内陸部の開発と国全体の均衡的発展を図ることを目的として、リオデジャネイロに代わる新首都の建設が計画された[3]。中西部ゴイアス州内の東寄りのエリアに新たな首都として人工都市ブラジリアが創られることで、沿岸部の主要都市と内陸部あるいは他の地域の州都とを結ぶ広域幹線道路網の整備の必要性が高まることとなる。道路インフラの整備は、「50年（の進歩）を5年で」というスローガンのもと発表されたメタス計画（Plano de Metas）の中心に位置づけられた、サンパウロを中心とする自動車産業の発展のためにも不可欠であると考えられた［Uderman 2009］。

　政府主導による工業化は重工業やエネルギー・インフラ、耐久消費財など重点産業の育成を目的とし、公的融資や関税等の貿易措置など積極的な開発政策が展開された。ブラジルでは、産業を支える企業の構成を整理する際に、資本の所有形態にもとづいて①政府系企業、②外資系企業、③民族系（内資系）民間企業により形成される「三脚体制（tri-pé）」に注目する。輸入代替工業化期には、政府系企業は石油や製鉄、航空機、電力・通信等のインフラを担い、外資系企業は自動車や家電製品等の耐久消費財を、内資系民間企業は繊維・衣類、食品等の軽工業を担うなど、資本別にある程度の棲み分けが存在した。

　工業化の進展と所得分配との関係においては、国内の産業分布とあわせて民族系民間企業の出自を考慮する必要がある。堀坂［2004］によれば、産業化の過程における企業の出自として、①砂糖やコーヒーなど先進国市場に供

給する一次産品の生産に関与していた大土地所有者層、②ヨーロッパから消費財や機械・機器等の生産財を輸入していた貿易商、③技術・技能を持った移民たちの三つがあげられる。

　ブラジルの企業の構造、行動の経済分析を行った小池［1991］では、ブラジルの民族系（内資系）企業の特徴として、家族所有の多さを指摘している。輸入代替工業化期において、内資系民間企業の創設者らは個人企業から出発し、事業が発展するに従い親族を事業の共同出資者とするなど、家族を単位とした事業基盤の強化を進めていった。家族が経済・社会生活、延いては企業活動の軸に位置づけられる背景には、移民社会に起因する相互の信頼性の不足や資本市場の未発達があげられる。家族同士の連携を強めて権力と財産の維持を図る行為は、植民地時代の大土地所有者など支配層の間でみられたが、20世紀以降においても家族単位での相互扶助関係の維持と強化はブラジル社会の特徴として残っていく。

　他方、都市部における工業化の進展にともなう労働者の増加は、産業発展と所得分配問題に関する重要な変化として注目しなければならない。1930年11月に発足したヴァルガス（Getúlio Vargas）政権以降の現代ブラジルでは、寡頭支配層や軍人等従来の有力者にくわえて政治的・社会的変容をもたらす潜在的アクターとして都市の工場労働者を中心とした「民衆」が登場する。ヴァルガス政権では労働問題を社会問題としてとらえ、労働者保護のための制度の確立が行われるなど、地方の寡頭支配層や一部のエリートに集中していた政治的・経済的権力が、限定的ではあるものの徐々に民衆を取り込む方向へと向けられていく。しかしながら、1960年時点の25歳以上の総人口のうち修学年数が11年以上の人口の割合は1%程度であり、逆に25歳以上の約94%が8年未満、約75%が4年未満の教育しか受けておらず、当時の民衆の教育水準は低く教育機会は極めて偏った状況にあったといえる。

　1964年から1985年の期間には、軍事権威主義体制のもと成長重視の開発主義が採用された。1969年から1973年は、積極的な公共投資によって平均で年率10%以上の経済成長を実現し「ブラジル経済の奇跡（Milagre

図 6-3　実質国内総生産成長率の推移（％）、1946-2016 年

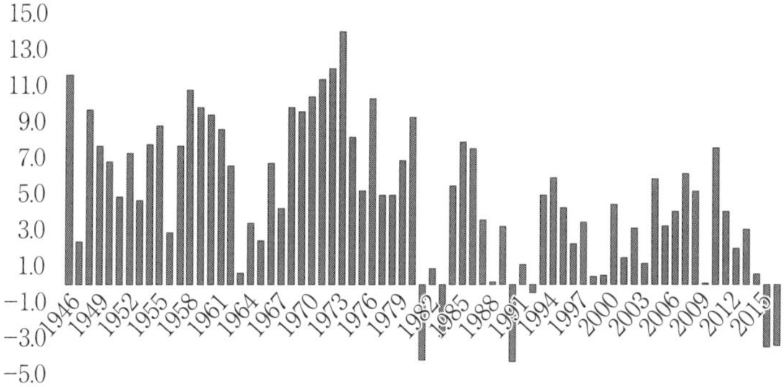

出所：ブラジル中央銀行（Banco Central do Brasil）の Séries Temporais より筆者作成

Econômico Brasileiro)」と呼ばれた（図 6-3）。軍事政権下においては、国営企業を中心にアマゾン横断道路、世界最大級のイタイプー（Itaipú）水力発電所の建設、カラジャス（Carajás）鉄鉱山の開発、内陸乾燥地域セラード（Cerrado）の土壌改良、ガソリンに代わるサトウキビを利用したバイオエタノールの生産奨励等が行われた。またその一方で、輸出産業の強化を目的として、自動車、電機、製薬、化学など高度な技術を要する分野では、欧米や日本の多国籍企業の進出を促した。積極的なインフラ開発や公共投資の拡大はインフレを加速させるとともに財政を悪化させ、マクロ経済面における経済成長の制約要因を顕在化した。また、外国からの融資や借款に支えられた軍事政権による開発主義は、海外からの資金借り入れ依存を高め、1980年代の対外債務危機ならびに経済成長の停滞を象徴する「失われた 10 年」に帰結する。

　本節では、植民地期以降の開発の経緯を概観し、ブラジルにおける所得分配構造の基礎を成す諸要因がどのように成形されたのかについて論じた。そのなかで、ブラジルの地域経済は入植や開発の経路を反映して発展したこと、一次産品輸出型経済から輸入代替工業化期へと移行する段階において、大土地所有者などの寡頭支配層や一部エリートに政治的・経済的権力が集中

する構造が形成されてきたことが明らかとなった。これらはブラジル社会が抱える著しく不平等な所得分配や根強い地域間格差の主因となる。

2 マクロ経済の安定化と所得分配

本節では、マクロ経済の安定化と所得分配との関係について論じる。先行研究では、マクロ経済の不安定さは経済成長を阻害するだけではなく、とりわけ低所得者層の経済状況を悪化させることが指摘されてきた [Bittencourt 2009; Mendes 2015; 浜口 1991]。以下では、ブラジルがマクロ経済の安定化を達成する過程を概観するとともに、貧困ならびに所得分配の動向を考察することで、2000年代の格差の縮小をともなう経済成長の実現や貧困削減の前提条件としてマクロ経済の安定化が位置づけられることを明らかにする。

ブラジル経済は、長い間インフレとの闘いに翻弄されてきた[4]。際限なく高進するインフレの存在は、物価の上昇にともなう経済的な混乱だけでなく、不確実性が増すことで設備投資が抑制されたり、社会不安定要因となって軍事クーデターによる権威主義体制の設立を招いたりもした。過去40年近く継続したインフレは、1994年に実施されたレアル計画（Plano Real）と呼ばれるドル・ペッグにもとづく為替レートの固定化政策によって沈静化された。レアル計画がもたらした経済安定化により、1990年代後半にはブラジルに大量の海外資金が流入した。

インフレの抑制に成功したレアル計画ではあったが、為替相場の固定化は必然的にレアルの増価を引き起こし、製造業の競争力低下をもたらした。1997年のアジア通貨危機、1998年のロシアのルーブル危機など、過大評価された新興経済国の通貨を対象とした投機的資金移動が激しくなる状況下で、ブラジルも固定相場でレアルを買い支えることができなくなり、1999年1月に変動相場制に移行した。このとき、①変動為替相場制、②インフレ・ターゲティングによる金融政策、③財政責任法のもとで設定するプライマ

リー財政黒字目標の履行の3本柱からなる新たな経済運営の枠組みが導入された。ポスト・レアル計画体制とも位置づけられる政策転換は、2000年代のマクロ経済安定化に大きな役割を果たし、カルドーゾ政権（Fernando Henrique Cardoso、2期、1995～1998年、1999～2002年）からルーラ政権（Luiz Inácio Lula da Silva、2期、2003～2006年、2007～2010年）へと政権交代をこえて維持された［Fishlow 2011］。

　インフレ・ターゲティング政策および健全な財政運営を通じたマクロ経済の安定化が優先事項として扱われた1990年代末以降、ブラジルの伝統的な課題である格差問題に変化が生じはじめた。マクロ経済の安定を前提に、経済成長のツイン・エンジンとして、コモディティ・ブームによる輸出の拡大と国内市場における財・サービス需要の拡大を経験した2000年代に入ると、より顕著な貧困削減、国内格差・地域間格差の縮小が確認されることとなる。

　マクロ経済のバランスは、所得分配の観点からも追求されるべき政策目標となる。インフレーションや経済成長率の低下、失業率の増大は、とりわけショックに対して脆弱な貧困層の状況を悪化させる。前節で論じたように、ブラジルにおける所得分配が大多数の貧困層と少数の富裕層という二重構造によって構成されているのであれば、貧困削減はすなわち所得分配の改善に貢献する。あるいは所得分配の改善が貧困削減をもたらすとの見方もある［Barros et al. 2010］。

　貧困状況の変化を測る貧困指標は、国内固有の状況を考慮したものから所得水準ベースで国際的に比較が可能なものまで複数存在するが、2000年代のブラジルはいずれの指標でとらえた場合においても明確な貧困削減が確認できる。例えば、応用経済研究所（IPEA）がブラジル国内を24地域にわけて「貧困ライン」を設定して計算した指標をみると、1980年代半ばには4割を超えた貧困家計の比率は、1990年代末から2000年代にかけて低下傾向をみせ、2007年には19.4%と2割を下回り2014年には9.97%にまで減少した。この指標は、国連食糧農業機関（FAO）や世界保健機関（WHO）などの国際機関が勧告するカロリーベースの必要摂取量を満たす食料バスケットを定

め、家計所得がこれを購入するために必要な金額を「極貧ライン」、その2倍の値を「貧困ライン」とした上で、都市・農村などの立地条件や地域物価等を考慮して計算される。貧困人口の絶対数は、2003年の6,181万人をピークに低下し続け、2013年には2,870万人と10年間で半分以下に減少した。

国際比較が可能な指標については、2015年を達成期限とした国際開発目標である「ミレニアム開発目標（Millenium Development Goals: MDGs）」の目標1にあたる「極度の貧困と飢餓の撲滅」に関して、ブラジルは2005年の時点で目標を実現した。国際基準にもとづけば、1990年時点には全人口の8.8％が極度な貧困状態にあるとされたが、2005年には同値は4.2％となり、ブラジルはいち早く国際目標を達成した。ポストMDGsとして2030年を達成期限とした「持続可能な開発目標（Sustainable Development Goals: SDGs）」の策定など、国際的な開発目標への関与に積極的であるブラジルは、自国の貧困削減の経験を生かしてアフリカ地域など他の後発発展途上国

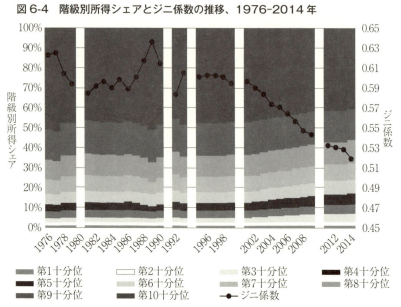

図6-4　階級別所得シェアとジニ係数の推移、1976-2014年

出所：応用経済研究所（IPEA）のIpeadataより筆者作成[6]

の開発に寄与することでグローバル・プレゼンスを高めている。

　階級別所得シェアと所得分配の不平等度を表すジニ係数の推移を図6-4に示す。十分位階級別所得割合は％目盛りで左側の縦軸に表した。ジニ係数は右側の軸で0から1の値をとり1に近いほど不平等度が高いことを意味する。階級別所得シェアに関しては、第10十分位すなわち上位10％の所得シェアが1976年から2014年の間に10ポイント縮小している一方で、それ以外の所得割合はいずれも拡大していることがわかる。ジニ係数に関しては、1990年代までは0.6周辺を維持して世界で最も不平等な国の一つとしてあげられていたが、2000年代に入って継続的に低下傾向にある。同傾向は、世界銀行の推計にもとづいて公表されているジニ係数の値からも確認できる[5]。

　本節では、長い間インフレとの闘いに翻弄されてきたブラジル経済が、1990年代末にかけてマクロ経済安定化政策を最優先事項とし、経済成長や貧困削減の前提条件を整備してきた過程を明らかにした。その上で、2000年代に入り、コモディティ・ブーム等の対外的な経済環境の変化や国内市場の拡大にともない、経済成長を実現するとともに貧困の緩和と所得分配の改善に成功したことを指摘した。1985年以降のブラジル経済について論じたFishlow［2011］では、2000年代のブラジルを「新しいブラジル」ととらえ、四半世紀のブラジルの経験から優れた経済政策は大きな変化をもたらし得ると指摘している。

　しかしながら、2011年1月に発足したルセフ政権（Dilma Rousseff、1.4期、2011～2014年、2015～2016年8月）は、ブラジル経済における政府の役割を拡大する政策をつぎつぎに打ち出した[7]。同政権では、前政権（第2次ルーラ政権）の経済政策を踏襲するかたちで経済運営を開始したものの、国内外の経済条件が大きく異なるなかでまったく別の結果をもたらすこととなった。第2次ルーラ政権の経済政策は、リーマン・ショックや世界的金融危機への対応を強いられたことから財政出動や金融緩和を用いた積極的な内需刺激策が中心であったが、それを引き継いだルセフ政権の継続的な財政出動の拡大はブラジルの財政状況を悪化させた。さらに、第1次ルセフ政権の

経済チームによる不正まがいの財政操作もくわわり、誤った経済政策運営は、後に大統領の弾劾、財相や国庫局長など関係者への処罰という政治的結末をももたらした。

　ルセフ政権による経済運営は、インフレーションや財政赤字などマクロ経済不均衡を引き起こした。その影響は図6-3に示されるとおり、経済成長率が2015年はマイナス3.55%、2016年はマイナス3.46%と、1990年のマイナス4.35%に次いで過去30年間で最も低い水準の成長率を記録するかたちで現れている。政策運営の失敗は経済の減速を引き起こしただけでなく、政財界の汚職事件の発覚にともなう政治不信や大規模なデモへと発展し、国内を分断するような政治的・社会的混乱をもたらした。

　西島章次が指摘するように、インフレの高進などマクロ不均衡がもたらす経済的混乱は、すべての階級に大きな社会的コストをもたらすだけでなく、階層間・セクター間の対立を激化させ、マクロ・ミクロ両面における経済調整へのコンセンサスを得られにくくする［西島 1991; 西島 2004］。マクロ経済のバランスを保ちつつ経済成長と所得分配の改善を実現した2000年代には、多くの人が貧困から抜け出し、とくに低所得者層が所得の上昇を通じて新たな中間層となって国内市場の拡大に貢献した。中間層の台頭や所得水準の上昇、人的資本の蓄積は、公共財や経済発展の方向性に関してコンセンサスを得やすくする。

　その意味で、元来階層間の対立が激しくなりやすい社会構造を有するブラジルにおいて、マクロ経済の安定化と所得分配の改善が達成された2000年代の動向は、長期的な社会変容において重要な意味を持つと考えられる。他方で、ルセフ政権以降のマクロ経済の不均衡や所得分配への影響は少なからず逆行作用を持つことが予想されることから、テメル政権（Michel Temer、2016年8月～）による政策運営とあわせて、長期的な意味でどのような位置づけが可能となるかが今後の検討課題となる。

3　グローバル化と労働市場

　1990年代のグローバリゼーションと新自由主義の流れのなかで、ブラジル経済は市場メカニズム重視の開発政策へと大きく方向を転換した。前節で論じたマクロ経済の安定化にくわえ、貿易・資本の自由化、民営化、財政健全化、規制緩和など多岐にわたる経済自由化政策が推し進められた。第3節では、グローバル化の進展とともに国際市場とのつながりを強めたブラジル経済を取り上げ、国内市場・地域経済の動向とあわせて、産業ならびに労働市場の変化に注目する。

　グローバリゼーション下での労働市場の変化は、2000年代以降に所得分配の平等化をもたらした要因の一つとして先行研究で取り上げられている［Neri 2010; Silveira-Neto and Azzoni 2012］。それ以外に既存研究では、所得分配構造の変化をもたらした要因として、1990年代以降の全国的な教育水準の向上［Ferreira et al. 2006］、政府による所得移転政策やボルサ・ファミリア（Bolsa Família）と呼ばれる条件付き現金給付（CCT）など社会政策の効果［Hoffmann 2006; Soares et al. 2007; Tavares et al. 2009］が指摘されてきた。また Barros et al.［2010］では、政府による所得移転政策の変化、賃金格差の変化、労働市場の変化、最低賃金の変化に注目して格差と貧困削減を論じている。

　本稿においてとりわけ労働市場に着目する理由として、①先行研究が指摘する諸要因が所得分配構造に変化をもたらす過程で直接的・間接的に労働市場が関わっていること、②グローバリゼーションの影響による経済活動の空間的・地域的な分布は地域間格差を論じる上で不可欠となり、地域経済の発展をとらえる指標として雇用の統計が有用であること、さらには③第1節以降論じてきたブラジル経済を長期的な視点で展望する上で重要な構造変化をとらえうることなどがあげられる。

　Silveira-Neto and Azzoni［2012］では、貧困削減を目的として実施され

た社会政策が、後進地域における貧困者層の減少をもたらし、結果的に地域間格差の縮小にも貢献したとして、社会政策の副次的な効果を評価している。ブラジルにおける主要な社会政策としては、世界最大級の規模を誇る条件付き現金給付政策であるボルサ・ファミリアがあげられる。Silveira-Netoらの分析によれば、この家計の可処分所得全体に占める割合が1.7%にも満たない社会政策由来の所得源が、1995年から2006年の間の所得格差縮小の24%以上を説明するという。これは、貧困層をターゲット化した社会政策の対象者が地域的に集中していたために、結果として地域政策の成果を持ったことにほかならない。くわえて同研究では、労働由来の所得源がもたらした格差縮小への貢献の重要性も指摘しており、グローバル化にともなう産業立地の変化や州ごとの個別の政策に起因する労働所得の地域的分散の可能性に言及している。

1992年から2008年の一人あたり所得水準と所得格差との変化を分析したNeri［2010］では、所得向上と分配の改善について、所得源別にわけて政府による社会政策の効果と労働市場の果たした役割について議論している。家計調査から算出される平均的な所得構成は、2008年の時点で労働所得が76.1%で最大となっており、最低賃金1単位以上の社会保障14.9%、最低賃金1以下のそれが4.7%、政府による移転所得が2.2%、不動産・配当・利子所得などその他が2.2%の順になっている。それぞれの変化率をみると、2003年から2008年の年平均値で労働所得が5.1%増、社会保障はそれぞれ4.4%、6.6%増、政府所得移転政策に由来する所得は21%増、その他は2.6%の増加がみられた。このことから、所得全体に占める労働由来の所得のウェイトが大きいことと、近年、政府による所得移転政策にもとづく所得の増加が著しいことが明示される。

また、ジニ係数の変化分を所得源別に分解し、所得格差縮小への貢献度を測った場合には、労働所得によるものが66.9%、政府による所得移転政策の一つであるボルサ・ファミリアが17.0%、社会保障が15.7%、その他となっている。これより、近年のブラジルの所得分配の改善には、労働由来の所得

の貢献が大きく影響をおよぼしていることが明らかとなり、労働市場に着目して議論を掘り下げる必要があることが示される。

地域的な視点にもとづいた Neri［2010］の分析によると、顕著な貧困削減が達成された 2003 年から 2008 年におけるブラジル全体での貧困削減への地域別の貢献度としては、北部が 7.4％、北東部が 44.7％、南東部が 32.0％、南部が 8.3％、中西部が 7.6％と、北東部の状況改善が果たした部分が大きかったといえる。立地区分としては、①州都、②州都以外の大都市圏、③大都市圏以外の都市部、④農村地域の四つにわけられ、それぞれの貧困削減への寄与度は 23.2％、10.5％、43.9％、22.5％と、大都市圏以外の都市部が群を抜き、州都と農村地域がそれに続く。

第 1 節でも述べたように、ブラジルでは伝統的に沿岸部の州都が中心となって経済活動・人口がその周辺も含めた大都市圏で拡大する都市化の進展が観察されてきたが、2000 年代の貧困削減はおもにそれ以外の地域で顕著に起こっている。すなわち、地方の小規模、中規模都市、さらには農村において貧困状況の改善に貢献しうる何らかの変化が生じたといえる。これは非常に興味深い指摘であり、近年のブラジル経済を分析する際に、地域的な切り口が重要となり、さらに従来は地域経済分析で用いられてきた大地域や州といった単位だけではなく、さまざまな規模の都市をとらえうる地理的単位、立地区分での考察が必要となることを示唆している。

先行研究によると、1990 年代のブラジルの労働市場では、経済自由化を背景に製造業部門での雇用の削減や大都市圏を中心としたインフォーマル化の進展が生じた［Passos et al. 2005; Ramos and Ferreira 2005; Ramos 2007］。また、労働市場における制度変化として労働法規の柔軟化や雇用形態の多様化が進められた。他方、2000 年代のブラジルの労働市場の特徴としては、「正規化」すなわちインフォーマル部門の縮小と正規雇用の増大があげられる。ブラジルの正規雇用については 2000 年代以降に顕著な増加が観察されている。世界の労働市場と開発について議論した世界銀行の『世界開発報告 2013 年』でも、過去 20 年間に 2,500 万件を超える正規雇用の増加

が起こった「Formalizing Country」としてブラジルに注目している[World Bank 2012]。

　ブラジルでは、労働雇用省（Ministério do Trabalho e Emprego: MTE）が毎年発表する社会情報年間統計（Relação Anual de Informações Sociais: RAIS）から、フォーマルな労働市場の状況を把握することができる。RAISは、フォーマル部門で操業するすべての法人・事業主に報告が義務づけられており、雇用人数、解雇・離職数、賃金水準、労働時間、企業規模、産業部門、地域等情報が集計されている。RAISによると、1990年代後半以降の正規雇用の増大は、全国的に増加しつつもとくに北部・北東部・中西部といった従来の経済活動の中心地以外の後進地域で起こったことがわかる。

　労働者の年齢や教育水準といった属性からは、労働力人口の全体的な教育水準の向上にともなって労働市場への参加年齢が上昇したことから、24歳以下ならびに30歳代のシェアが縮小し、40歳代、50〜64歳以上のシェアが増加した。さらに、この間に創出された正規雇用の約7割は、中等教育修了段階の教育属性を有する労働者によって埋められたことがわかる。南東部では、その割合は77％と最も大きく、逆に中西部では48％となっている。分析対象期間以前の1994年時点における労働市場の状況としては、ブラジル全体で7割弱の正規雇用ポストが中等教育未修了以下の教育属性を有する労働者によって占められていたことから、この間に、シェアがほぼ逆転するまでの状況の変化が起こったといえる。これは、ブラジル社会全体での教育水準の上昇を背景に、正規労働市場で新規に就業する労働者のほとんどが中等教育修了以上の属性を有し、時間とともにこうした傾向が蓄積されることで労働市場全体での教育水準の上昇として明確に現れたものである。

　他方で、地域的な属性の違いは、産業構造の違いを表しているとも考えられる。これは、グローバリゼーションとの関連にも注目すべき論点である。例えば、北部・中西部において観察された農林水産業における正規雇用の増大は、ブラジル中西部が、アグリビジネスを通じて「世界の食料庫」と呼ばれるほどの一大農業地帯と化したことと関係がある。20世紀以降、温帯地

域を利用して農業開発が進められてきた南部、1990年代に大豆の時代を迎えてから飛躍的に拡大してきた中西部での農業開発経験を経て、近年では農業フロンティアの拡大ならびに北上が生じている。これに起因して、中西部にくわえて北部においても大規模な農業経営状況の下での正規雇用ポストの創出が考えられる。

　内陸の平坦な土地で大規模に展開されるアグリビジネスでは、「センター・ピヴォット」と呼ばれる巨大な灌漑農法や、GPSを用いて畑内部を区分けし各区域の地質の違いに対応した施肥を行うなど、非常に高度な機械化が進んでいる。同産業の資本集約的な特徴から、直接的な雇用創出という意味では小規模農業に比べて限定的かもしれないが、農業機械の開発や製造、修理等関連部門などヴァリューチェーン全体でみるとアグリビジネスを軸とした新たな農業部門の果たす役割は従来の大土地所有制にもとづくモノカルチャー経済とは大きく異なる。さらには、アグリビジネスの展開は南部の製造業部門での雇用創出も説明しうる。RAISのデータにおいて産業分類を細分化して確認すると、農業生産地に近いエリアでは製造業のなかでも食品・飲料部門が拡大していることがわかる。

　グローバリゼーションとの関連においては、サンフランシスコ河流域の北東部地域で行われる果物栽培も注目に値する。北東部内陸部における度重なる干魃(かんばつ)や慢性的な貧困を受け、1970年代に連邦政府は積極的な地域政策の策定に乗り出した。このとき着手されたプロジェクトの一つに、「サンフランシスコ河流域開発プロジェクト（Programa Especial para o Vale do São Francisco: PROVALE）」がある。PROVALEは、南東部ミナスジェライス州に水源を有し、バイーア州、ペルナンブコ州、アラゴアス州、セルジッペ州を流れて大西洋に注ぐ同地域で最も重要な河川の一つであるサンフランシスコ河流域の土地利用を高めて農業開発を進めるためのプロジェクトであった。政府による灌漑の整備は土地の移譲にはじまり、水源管理団体の設立や民間資本の参入、「サンフランシスコ河流域開発公社（Companhia de Desenvolvimento dos Vales do São Francisco e do Parnaíba: Codevasf）」

による技術指導などを経て、現在では欧米市場を中心にブドウやマンゴーなどの果物を輸出する一大拠点となっている。

　グローバリゼーションの進展にともない、国外の市場とつながることで、欧米市場に近いという北東部の立地優位性を生かした産業開発が可能となる。果物生産は労働集約的であることからも、サンフランシスコ河流域の北東部地域では同部門による雇用創出が確認されている。政府主導で行われた地域政策が中長期的に地域経済の発展を実現する事例として、同地域ならびに周辺地域における経済・社会的変容についてはさらなる調査・研究が必要となる。

　2000年代のブラジルにおける正規労働市場は、グローバル化の影響だけでなく、国内市場の拡大の影響も大きく受けている。とくに、従来の経済拠点以外の後進地域ならびに大都市圏以外の地域で顕著な雇用創出が起こった背景には、先行研究で指摘された社会政策の効果にくわえて正規雇用の増加それ自体の影響も考慮する必要がある。Mostafa et al. [2010]、Neri et al. [2013] は、社会政策の間接的な効果としてのマクロ面さらには地域経済への影響を指摘している。すなわち、貧困層の所得増加にともなう消費需要の高まりが、近隣を含む地域市場の拡大ならびに雇用創出をもたらした可能性が存在すると論じているのである。この点については、今後、研究の蓄積が期待される分野として、家計・企業の財やサービスの需給パターンに関して地理的な範囲を考慮した分析を行うことで、ローカルな市場や地域経済の変容をとらえることが可能となると考えられる。

　正規雇用が増加した背景には、過去の不安定な状況との比較にくわえて、国内需要主導型の経済成長を遂げるブラジル経済に対する雇用主の評価、企業による将来的な人材不足に対する懸念にもとづく人材確保の前倒しが背景にあると考えられる。正規雇用の増加にともなって、最低賃金制度や社会保障制度の恩恵を受ける労働者が増加した。

　Barros [2011]、Barros et al. [2010] のように、2003年に発足したルーラ政権以降の労働者党政権下において積極的に行われた最低賃金の引き上げ

が、貧困削減や所得分配の改善に効果を持ったと指摘する研究もある。これは、賃金政策が都市のインフォーマル部門や農村地域に直接の影響を持たないという従来の政策的帰結とは異なる状況を作り出していることになる。すなわち、2000年代には雇用が「正規化」されることで、最低賃金制度や社会保障制度などの政策的効果が現れやすくなったとも考えられる。先述のとおり、「Formalizing Country」としてブラジルに注目した世界銀行の『世界開発報告2013年』では、その背景としてこうした政策的効果もあわせて論じられている［World Bank 2012］。

　正規労働市場における雇用は、安定的な収入の確保を意味し、近年急速に拡大しつつある信用市場へのアクセスをも容易にする。自動車市場に着目して国内需要主導型経済における消費者金融の役割を議論した浜口［2010］では、正規雇用の拡大と自動車ローンなどの個人向け融資の増加が相まって、自動車産業の急成長が生じたと指摘している。すなわち、正規雇用の拡大は、労働所得にくわえてクレジットの増大に起因する消費部分も支えており、こうした消費需要の高まりが国内生産を刺激し、さらなる雇用の創出につながっている可能性が考えられる。このような好循環が生じうると想定すると、一次産品を中心とした輸出部門と国内需要との二つに支えられた近年のブラジルの経済成長を理解する上で、正規労働市場を分析対象とすることの重要性が示唆される。

　とくに後進地域における所得機会の誕生は、国内の労働市場にさまざまな変化をもたらしうる。従来、北部・北東部からの移住者、非熟練労働者によってまかなわれてきた南東部・南部の農業部門や建設部門における肉体労働では、最低賃金1単位程度の賃金が支払われてきた。そもそも雇用機会または現金所得を得る機会が皆無な状況においては、こうした過酷な労働を目的とした出稼ぎや移住の選択は避けられないものであったが、社会政策による現金給付が行われることで、同部門において働くか・働かないかという労働者にとっての意思決定に影響をおよぼしているのかもしれない。

　つまり、貧困状況にあって、他に手段がない場合に仕方なく働いていた労

働者が、ボルサ・ファミリアによって最低限のニーズを補うための支給が確保されることで、家族・出身地から離れて地域間移動をし、最低賃金を得るという選択を行わなくなるのかもしれない。Silveira-Neto［2008］で議論されている移住者の帰郷行動なども、これに関連深い事象であると考えられる。Barros［2011］は、後進地域における雇用機会が創出された場合、文化的な背景や家族など人間関係や地域とのつながりも影響し、人々は出身地に留まる選択をしやすくなると指摘している。また河合［2011］では、人口移動のデータを用いて、北東部における正規雇用の創出が国内の人口移動パターンに影響をおよぼしている可能性を論じている。このことから、2000年代における後進地域での雇用創出や所得水準上昇は、潜在的な都市への人口流入を抑制する効果をも持ち得たと考えられる。

　つまり、社会政策としての貧困層への現金給付や地域経済の拡大にともなうローカルな労働市場での雇用創出など後進地域で起こった変化は、慢性的に肥大化するファヴェーラ（favela）と呼ばれるスラム地域などへの人口移動を抑え、都市化のさらなる進展や大都市圏への人口集中、中心部の混雑などにも関連して議論される必要があるものと考えられる。潜在的な人口・労働移動をも考慮した研究は、経済発展の過程における貧困削減や所得分配の分析に「地域」という視点をくわえて初めて成立する。2000年代におけるブラジルの経験は、農村からの人口流入による都市化の進展や中心部の過密化にともなう渋滞や大気汚染などのさまざまな問題を抱える他の発展途上国の開発を考える上で有用な視点を提供しうると考えられることから、産業間ならびに地域間の労働移動を考慮したモデルとそれに対応したデータを用いて、より厳密な検証を行われなければならない。

　また、正規雇用の増加をともなう国内市場の拡大は、ブラジル経済を長期的な視点で展望する上で重要な構造変化としてとらえることができる。1930年以降、政府主導で進められた輸入代替工業化が持続的な経済発展に結びつかなかった背景としては、限定的な国内市場の存在が指摘されてきた。西島［2004］は、輸入代替工業化期について国内市場の保護が非競争的な市場を

形成し、狭隘(きょうあい)な国内市場で多数の非効率な産業や企業を作り出したと指摘している。すなわち、比較優位を無視した輸入代替工業化は資源配分を歪めるだけでなく、バランスを失いかつ非効率な産業構造を配置した。

1980年代までのブラジル経済を企業の観点から論じた小池［1991］は、ブラジルでは所得分配が著しく不公正であるために、人口規模のわりに国内市場における実際の消費者は限られており、「有効な工業製品市場はみせかけの大きさに比べて小さく、底の浅いものである」と述べている。さらに、こうしたブラジルの市場は、国内市場の狭隘(きょうあい)さゆえに輸入代替から輸出志向型へ工業化政策を修正し、後に国内市場が拡大・深化したアジアの新興工業国とは好対照であるとも論じている［小池1991］。結果的に、1980年代に症状として現れたように、政府主導型の開発政策や保護主義的な輸入代替工業化政策によって経済成長のダイナミズムが失われただけでなく、国際収支不均衡やインフレーションの高進などのマクロ的問題に直面することとなったのである。

1990年代における経済自由化の後、2000年代に一次産品価格の上昇を受けて資源輸出国の一つとして脚光を浴びたブラジルでは、グローバリゼーションと国内市場の拡大にともなう地域経済の発展や正規雇用の増加を通じた所得分配の改善を経験した。この過程において、労働市場の変容に注目することで、長期での地域間格差の変化や産業構造の変化もとらえることが可能となる。とりわけ、一次産品輸出経済から輸入代替工業化への移行過程において、大土地所有者らに極端に偏った所得分配構造から家族経営の企業家など一部の成功者を含む寡占的な政治・経済的権力の集中構造へと変化した時期を経て、1990年代から2000年代には、格差の縮小をともなう経済成長の実現に成功したのである。

その背景には、輸入代替工業化期を経てブラジル国内には原材料・中間財から消費財、資本財などフルセットの産業基盤が育成されていたこと、また国際市場に組み込まれることで競争力を高めながら今日の産業構造を形成していったことが関係しているといえる。

おわりに

　本稿では、ブラジルにとっての伝統的な課題である所得格差について、長期的な視点で所得分配構造をとらえることで、ブラジルの持続可能な経済発展に不可欠な要因を議論した。はじめに発展の軌跡について歴史的な経緯をふりかえり、不平等な所得分配がどのように形成されてきたのかについて論じた。つぎにマクロ経済環境が所得分配におよぼす影響について考察し、1990 年半ばにかけてブラジルがどのようにマクロ経済の安定化を達成し、2000 年代の格差縮小をともなう経済成長の実現につなげたかについて議論した。

　とはいえブラジルは、2014 年には経済成長率 0.5％、2015 年にはマイナス 3.55％、2016 年にはマイナス 3.46％と 2 年連続でマイナス成長となり、1990 年のマイナス 4.35％に次いで過去 30 年間で最も低い水準の成長率を記録した。21 世紀に入って新興国の雄として国際舞台でのプレゼンスを高め、2014 年には FIFA サッカー・ワールドカップ、2016 年にはリオデジャネイロ・オリンピックの相次ぐ開催で注目を浴びたブラジルは一転、政財界を巻き込んだ大規模な汚職事件や弾劾裁判による大統領の罷免など政治的・経済的混乱が続く。このようなブラジルの状況について第 2 節では、マクロ経済の不安定化がとりわけ貧困層に強く影響をおよぼすことを指摘した上で、今後のマクロ経済の動向が 2000 年代に達成した貧困削減や格差の縮小をともなう経済成長にどのような影響をもたらすのかについて注目する必要があることを指摘した。

　続いて第 3 節では、グローバル化と労働市場の変容について考察した。労働市場に注目することで、所得分配構造に地域という視点がくわわると同時に、長期的な産業構造の変化もとらえることが可能となる。地域間所得格差縮小の背景としては、1990 年代のグローバル化とマクロ経済の安定化の流れのなかで、後進地域における経済活動が国内経済への統合度を高め、さら

第 6 章　ブラジルにおける経済発展と格差縮小の要因　243

には輸出部門と結びついて成長したことの果たした役割が重要であったと考える。同時に、近年のコモディティ輸出と堅調な国内消費市場の拡大は、後進地域においても財・サービスへの需要を高め、雇用の創出をともないながら地域経済市場の拡大を促し、貧困削減や先進地域との所得格差の縮小をもたらした。

　第3節の議論から、長期的な視点においてブラジルが持続可能な発展を実現するためには、インフラ整備と人的資源の充実を通じた生産性の向上が不可欠となるといえる。広大な大地を抱えるブラジルにおいて、地域ごとに分断された状況にある地域市場を統合することで、2億人を超える国内市場のポテンシャルを高めることができる。また、インフラ整備は国内地域市場の統合のみならずグローバルな市場へのアクセスを容易にする。これにより、国外の潜在的な市場とつながることで実現しうる地域経済発展の可能性を模索することができる。そのためには、生産性の上昇やイノベーションに結びつくような質の向上を伴う教育機会の充実など人的資源への投資が必要となる。

　本稿を通じて、世界で最も所得分配が不平等な国の一つであるブラジルにおいて、所得分配の平等化をともなう経済成長が実現された21世紀初頭の動向に着目し論じることで、マクロ経済安定化政策の重要性と正規雇用の増加をともなう労働市場の変容が明らかとなった。格差の縮小をともなう経済成長の達成は、中長期での国内の社会経済的な安定と持続可能な開発の観点から非常に重要であり、背景要因を追究することで、他の国・地域へのインプリケーションの検討、開発のロールモデル形成に貢献しうる可能性がある。その意味において、これからブラジルがどのように社会階層・各グループ間の対立を緩和し、政治的安定性の高まりと民主主義の深化を通じて、公共財や経済発展の方向性に関するコンセンサスの形成を追求していくのかについては今後の研究課題としたい。

注

1　ブラジルの地域区分については、ブラジル地理統計院（Instituto Brasileiro

de Geografia e Estatística: IBGE）が定めている。最も一般的な区分は、大地域（Grande Região）と呼ばれ、ブラジルを北部、北東部、南東部、南部、中西部の5つに分類する。これらの大地域は、州（Estado）に相当する行政単位としての連邦単位（Unidade da Federação：UF）をもとに、現在では、北部7州、北東部9州、南東部4州、南部3州、中西部3州と1連邦区の5地域に分類されている。大地域の分類では、北部にはロンドニア州：RO、アクレ州：AC、アマゾナス州：AM、ロライマ州：RR、パラ州：PA、アマパ州：AP、トカンチンス州：TO、北東部にはマラニャォン州：MA、ピアウイ州：PI、セアラ州：CE、リオグランデドノルテ州：RN、パライバ州：PB、ペルナンブコ州：PE、アラゴアス州：AL、セルジッペ州：SE、バイーア州：BA、南東部にはミナスジェライス州：MG、エスピリトサント州：ES、リオデジャネイロ州：RJ、サンパウロ州：SP、南部にはパラナ州：PR、サンタカタリーナ州：SC、リオグランデドスル州：RS、中西部にはマットグロッソドスル州：MS、マットグロッソ州：MT、ゴイアス州：GO、連邦区：DF が含まれる。ブラジルの政治行政上の区分は、連邦政府、連邦単位、最小の行政単位である基礎自治体にあたるムニシピオ（Município）の3区分であることから、5つの大地域はあくまでも地理的な区分として位置づけられる。

2　応用経済研究所（Instituto de Pesquisa Econômica Aplicada: IPEA）Ipeadata の Regional->População の項目から5年ごとのデータを取ることができる。データは、IPEAの社会調査部（DISOC: Diretoria de Estudos Sociais）がIBGEのデータを元に計算したもの。オリジナルデータの制約から、掲載年は等間隔ではなく、1930年他欠損年あり。

3　1956年に就任したジュセリーノ・クビシェッキ（Juscelino Kubitschek, JK）大統領により発表された。任期内の完成が求められ、約3万人の工事労働者が投入され、41か月で竣工した。

4　ブラジルにおけるインフレとの闘いについては、浜口・河合［2013］に詳述されている。

5　GINI index（World Bank estimate, <https://data.worldbank.org/indicator/SI.POV.GINI?locations=BR>）

6　応用経済研究所がブラジル地理統計院（IBGE）の全国家計サンプル調査（PNAD）をもとに作成した値を用いている。欠損年（1980年、1991年、1994年、2000年）は PNAD が実施されなかったことを意味する。

7 ルセフ政権以降の経済政策については、河合［2017］に詳述されている。

［参考文献］

河合沙織［2017］「コモディティ・ブーム後のブラジル経済—課題と展望」『ラテンアメリカ・レポート』33 (2)：1-16。

河合沙織［2011］「ブラジル北東部の雇用—RAISMigra にもとづく検証」『ラテンアメリカ・レポート』28 (2)：25-40。

小池洋一［1991］『ブラジルの企業—構造と行動』アジア経済研究所。

西島章次［1991］「インフレーションと安定化政策」西島章次・小池洋一編『ラテンアメリカの経済』新評論、pp. 127-146。

西島章次［2004］「グローバリゼーションとラテンアメリカ経済」西島章次・細野昭雄編『ラテンアメリカ経済論』ミネルヴァ書房、pp. 1-9。

浜口伸明［1991］「経済発展と所得分配」西島章次・小池洋一編『ラテンアメリカの経済』新評論、pp. 85-103。

浜口伸明［2010］「国内需要主導成長における消費者金融の役割」西島章次・浜口伸明編『ブラジルにおける経済自由化の実証研究』（研究叢書72）神戸大学経済経営研究所、pp. 143-159。

浜口伸明・河合沙織［2013］「ブラジル経済の新しい秩序と進歩」近田亮平編『躍動するブラジル——新しい変容と挑戦』アジア経済研究所、pp. 53-78。

堀坂浩太郎［2004］「企業社会の変容」西島章次・細野昭雄編『ラテンアメリカ経済論』ミネルヴァ書房、pp. 131-151。

Baer, Werner [2008] *The Brazilian Economy: Growth and Development.* Sixth Edition. London, UK: Lynne Rienner Publishers.

Barros, Alexandre Rands [2011] *Desigualdades regionais no Brasil: natureza, causas, origens e soluções.* Rio de Janeiro, Brazil: Elsevier Editora.

Barros, Ricardo, Mirela de Carvalho, Samuel Franco, and Rosane Mendonça [2010] "Markets, the State, and the Dynamics of Inequality in Brazil". In Luis Felipe López Calva and Nora Lustig eds., *Declining Inequality in Latin America: A Decade of Progress?* Baltimore, MD: Brookings/UNDP, pp. 134-174.

Bittencourt, Manoel [2009] "Macroeconomic Performance and Inequality: Brazil, 1983-94." *Developing Economies*, 47 (1): 30-52.

Bonelli, Regis, Samuel Pessoa, and Silvia Matos [2013] "Desindustrialização no Brasil: fatos e interpretação". In Edmar Bacha and Monica Baumgarten eds., *O Futuro da Indústria no Brasil: desindustrialização em debate*. Rio de Janeiro, Brazil: Civilização Brasileira, pp. 45-79.

Ferreira, Francisco. H. G., Phillipe G. Leite, Julie A. Litchfield and Gabriel Ulyssea [2006] "Ascensão e queda da desigualdade de renda no Brasil", *Econômica*, 8 (1): 147-169.

Fishlow, Albert [2011] *Starting Over: Brazil since 1985*. Washington. D. C.: Brookings Institution Press.

Haddad, Eduardo A. [1999] *Regional Inequality and Structural Changes: Lessons from the Brazilian Experience*. Hampshire, England: Ashgate.

Hoffmann, Rodolfo [2006] "Transferência de renda e a redução da desigualdade no Brasil e cinco regiões entre 1997 e 2004", *Econômica*, 8 (1): 55-81.

Leff, Nathaniel H. [1972] "Economic Development and Regional Inequality: Origins of the Brazilian Case", *The Quarterly Journal of Economics*, 86 (2): 243-266.

López-Calva, Luis F., and Nora Lusting [2010] *Declining Inequality in Latin America: A Decade of Progress?* Baltimore, MD: Brooking/UNDP.

Mendes, Marcos [2015] *Inequality, Democracy, and Growth in Brazil: A Country at the Crossroads of Economic Development*. London, UK: Elsevier.

Mostafa, Joana, Pedro Herculano Ferreira de Souza, and Fábio Monteiro Vaz [2010] "Efeito econômico do gasto social no Brasil". In Castro, Jorge Abrahão, Helder Rogério Sant' Ana Ferreira, André Gambier Campos and José Aparecido Carlos Ribeiro eds., *Perspectivas da Política Social no Brasil*. Brasília, Brazil: IPEA, pp. 109-161.

Neri, Marcelo Côrtes [2010] "The Decade of Falling Income Inequality and Formal Employment Generation in Brazil". In OECD *Tackling Inequalities in Brazil, China, India and South Africa: The Role of Labour Market and Social Policies*. Paris: OECD Publishing.

Neri, Marcelo Côrtes, Fabio Monteiro Vaz and Pedro Herculano Guimarães Ferreira de Souza [2013] "Efeito macroeconômicos do Programa Bolsa Família: Uma Análise Comparativa das Transferências Sociais". In Campello, Tereza and Marcelo Côrtes Neri eds., *Programa Bolsa Família: uma década de inclusão e cidadania*. Brasília, Brazil: IPEA, pp. 193-206.

Passos, Alessandro Ferreira, Graziela Ansiliero and Luis Henrique Paiva [2005] "Mercado de trabalho: evolução recente e perspectivas", *Mercado de Trabalho*, (26): 43-56.

Ramos, Lauro [2007] "Evolução e realocação espacial do emprego formal - 1995-2005", Revista Econômica, 9 (1): 89-112.

Ramos, Lauro and Valéria Ferreira [2005] "Geração de empregos e realocação espacial no mercado de trabalho Brasileiro - 1992-2002", *Pesquisa e Planejamento Econômico*, 35 (1): 1-31.

Silveira-Neto, Raul da Mota [2008] "Do Public Income Transfer to the Poorest Affect Internal Inter-Regional Migration? Evidence for the Case Brazilian Bolsa Família Program." Paper presented at XXXVI Encontro Nacional de Economia, Salvador-BA.

Silveira-Neto, Raul da Mota and Carlos Roberto Azzoni [2012] "Social Policy as Regional Policy: Market and Nonmarket Factors Determining Regional Inequality", *Journal of Regional Science*, 52 (3): 433-450.

Schwartz, Stuart B. [1986] *Sugar Plantations in the Formation of Brazilian Society: Bahia, 1550-1835*. Cambridge: Cambridge University Press.

Soares, Fábio Veras, Rafael Perez Ribas, and Rafael Guerreiro Osório [2007] *Evaluating the Impact of Brazil's Bolsa Família: Cash Transfer Programmes in Comparative Perspective*. Brasilia, Brazil: International Poverty Centre, United Nations Development Programme.

Tavares, Priscilla Albuquerque, Elaine Todo Pazello, Reynaldo Fernandes, and Rafael de Souza Camelo [2009] "Uma avaliação do programa Bolsa Família: focalização e impacto na distribuição de renda e pobreza", *Pesquisa e Planejamento Econômico*, 39 (1): 25-58.

Uderman, Simone [2009] "Políticas de desenvolvimento regional no Brasil: limites de uma nova agenda para Nordeste", *Revista brasilera de estudios regionais e urbanos*, 2 (2): 104-129.

World Bank [2012] *World Development Report 2013: Jobs*. Washington, DC: World Bank.

[編者・執筆者紹介]（編著：浜口伸明）

浜口伸明（はまぐち・のぶあき）　序章　第1章
1964年生　神戸大学経済経営研究所教授　Ph.D（地域科学）
ラテンアメリカ地域研究、空間経済学専攻
最近の業績は『復興の空間経済学－人口減少時代の地域再生』（藤田昌久・亀山嘉大との共著）（日本経済新聞出版社、2018年）、『新版・現代ブラジル事典』（編集委員長）（新評論、2016年）他。

村上善道（むらかみ・よしみち）　第2章
1981年生　神戸大学経済経営研究所助教　博士（経済学）
ラテンアメリカ経済論、開発経済学専攻
最近の業績は "The Impacts of China on Economic Growth: Evidence for Brazil, Chile and Peru"（René A. Hernández との共著）, *Journal of Post Keynesian Economics*, 2018「ラテンアメリカ中所得国経済の発展と停滞における構造問題」（浜口伸明と共著）『ラテン・アメリカ論集』51: 33-53, 2017、"Revealing the Spillover Effects of Foreign Direct Investment on Offshore Services in Costa Rica"（René A. Hernández との共著）（René A. Hernández, Alfredo Hualde, Nanno Mulder and Pierre Sauvé eds., *Innovation and Internationalization of Latin American Services*. Santiago de Chile: Economic Comission for Latin America and the Caribbean, 195-222, 2016）、" Trade Liberalization and Skill Premium in Chile", *México y La Cuenca Del Pacífico*, 3 (6): 77-101, 2014 他。

内山直子（うちやま・なおこ）　第3章
1978年生　東京外国語大学世界言語社会教育センター特任講師　博士（経済学）
ラテンアメリカ地域研究、開発経済学専攻
最近の業績は *Household Vulnerability and Conditional Cash Transfers: Consumption Smoothing Effects of PROGRESA-Oportunidades in Rural Mexico, 2003-2007* (SpringerBriefs in Economics　Kobe University Social Science Research Series, Singapore: Springer, 2017)、「メキシコにおける最近の貧困悪化と家計の脆弱性に関する一考察」『経済経営研究年報』65: 155-183, 2016 他。

小池洋一（こいけ・よういち）　第 4 章
1948 年生　立命館大学経済学部　特任教授　学士（経済学）
開発研究、地域研究（ラテンアメリカ）専攻
最近の業績は『抵抗と創造の森アマゾン―持続的な開発と民衆の運動』（田村梨花との共編）（現代企画室、2017 年）、『社会自由主義国家―ブラジルの「第三の道」』（新評論、2014 年）他。

咲川可央子（さきかわ・かおこ）　第 5 章
1973 年生　二松學舍大学国際政治経済学部准教授　博士（経済学）
開発経済学、ラテンアメリカ地域研究、メキシコ経済専攻
最近の業績は "Regional Convergence in Mexico, 1970-2005: A Panel Data Approach", *Growth and Change*, 43（2）: 252-272, 2012 他。

河合沙織（かわい・さおり）　第 6 章
1980 年生　龍谷大学国際学部専任講師　博士（学術）
ラテンアメリカ経済論，地域研究（ブラジル）専攻
最近の業績は「コモディティ・ブーム後のブラジル経済−課題と展望」『ラテンアメリカ・レポート』33（2）: 2-16, 2017、"A New 'Order and Progress' in the Brazilian Economy". (Ryohei Konta ed., *The Post-New Brazil*. IDE Spot Survey 35, Chiba: Institute of Developing Economies, JETRO, 2015) 他。

索　引

あ　行

アグリビジネス　236, 237
アジア通貨危機　228
アソシエーション　152, 156
アップグレーディング　94
アトキンソン指数　181
アマゾン横断道路　227
アラゴアス州　237
アルバート・ハーシュマン　14

い　行

ESJóvenes 2013　133
ECLAC　91
イタイプー（Itaipú）水力発電所　227
一元的な社会保障制度　136
一次産品部門の技能集約度　95, 96
一次産品輸出　34, 97
移民　35
インフォーマル化　235
インフォーマル雇用　125
インフォーマルセクター　95
インフォーマル部門　56, 198
インフレ・ターゲティング　228
インフレ・ターゲティング政策　229

う　行

ヴァルガス（Getúlio Vargas）　226
ヴァルガス政権　226
失われた10年　227

え　行

エクアドル　153
FGT指標　121
FDI　84, 94
FDIの技術スピルオーバー　94
エンジェーニョ　220
エンパワーメント　115

お　行

OECD学習到達度調査（PISA）　134
黄金時代　221
オウロプレット（Ouro Preto）　221
オフショアリング　70, 84-85, 92, 101
オポルトゥニダデス　126

か　行

海外移民　131
海外貯蓄　41
階級別所得シェア　231
開発国家　47

家計の社会経済状況に関する調査：
　　ENCASEH　127
家計評価調査（ENCEL）　127, 129
カピタォン（capitão）　220
カピタニア（capitania）　220
カボドサォンロケ（Cabo do São Roque）
　　219
カラジャス（Carajás）鉄鉱山　227
カルドーゾ政権　229
関税率　76

き 行

企業の異質性　86
技術スピルオーバー　94
技能偏向的技術変化（SBTC）　82, 195
教育・健康・栄養プログラム　125
供給サイドの異質性　45
協同組合　152
居住環境　32
拠出型　136
「拠出型」の社会保険　136
金融サービスへの取り込み（financial
　　inclusion）　123
金融危機　97, 98

く 行

クラウディングアウト　137
グローバル・バリュー・チェーン（GVC）
　　70, 101, 189, 193
グローバル化　47, 70, 192

け 行

経済自由化　175, 189, 192
経済性　163
経済成長　148
権威主義体制　38
現金給付　112

こ 行

ゴイアス　225
構造改革　175
構造主義　69, 91
構造主義論　40
構造的問題　15
工程間分業（オフショアリング）　84
コーヒーの時代　221
国内移民　131
国内貯蓄　69
国民行動党　126
国連ラテンアメリカ・カリブ経済委員会
　　（ECLAC）　45, 69, 120
国家による再分配　149
雇用制度　149
コロンビア　152

さ 行

最恵国待遇（MFN）関税率　75, 77
財政責任法　228
砂糖の時代　220

サパティスタ 152
サールウォール（Anthony Thirlwall）の国際収支制約モデル 42
三脚体制（tri-pé） 225
産業集積 50
惨事便乗型資本主義 151
サンティアゴ・レヴィ 57, 134
サンパウロ州 221
サンフランシスコ河 221, 237, 238
サンフランシスコ河流域開発公社（Codevasf） 237
サンフランシスコ河流域開発プロジェクト（PROVALE） 237

し 行

CCT プログラム 121
時間的不整合問題 52
σ収束 188
資源ブーム 112, 124
資源ブームと所得格差 95
資源ブームと賃金格差 96
自己組織化 51
市場の失敗 150
持続可能な開発目標（SDGs） 230
実行 76
実行関税率 76, 77, 101
児童労働の機会費用 127
資本蓄積 40
ジニ係数 24, 82, 177, 231, 234
社会情報年間統計（RAIS） 236
社会政策 111, 135, 233, 234, 238
社会的ダーウィン主義 148
社会保護 136
社会保険 58
社会保障 136, 207
収奪的 33
十分位所得分配 180, 231
周辺性 91
準実験的手法 116
条件付き現金給付（CCT） 111, 233
条件付き現金給付政策 179, 234
消費者との連帯 169
情報通信技術（ICT） 70, 82, 84
食糧手当（Bolsa Alimentação） 122
処置群 116, 130
初等教育 32
所得収束仮説 49
所得分配政策 112
新構造主義 46
新自由主義 146
新自由主義改革の進展度合いを示すリフォーム・インデックス 73
新自由主義経済改革 72
新々貿易理論 86
人的資本 124
真の競争力 45
信用割当 50

す 行

スキル・プレミアム 48
ストルパー＝サミュエルソン定理 34, 48, 79, 81, 195

せ 行

正規化 235
生産性への影響 94
税制 149
制度的革命党 126
世界金融危機 98
世界社会フォーラム 145
セズマリア (sesmaria) 220
世代間貧困の罠 111
絶対的β収束 189
セラード (Cerrado) 227
セルジッペ州 237

そ 行

ゾナ・ダ・マッタ (zona da mata) 220

た 行

ターゲティング 112
対外的なショック 97, 98
対照群 116, 130
大豆の時代 237
大土地所有制 217, 220, 237
太平洋同盟 77
タイル尺度 181
多面的貧困指標 115, 127

ち 行

地域間格差 176
地域間収束 188
地域間の所得格差 184
地域貿易協定 76, 77
長期的な趨勢 38
貯蓄率 40
地理的要因 35
賃金プレミアム 82, 83, 93, 96, 112

つ 行

通貨危機 97
通信分野 32

て 行

伝統的貿易理論 72, 79, 84

と 行

奴隷制 33, 217, 220
トロペイロ (tropeiro) 221
トンネル問題 14

な 行

南米型 92, 95, 100
南米諸国 91
南米南部共同市場 (MERCOSUR) 77,

88

に 行

西島章次　14
人間機会指標　29
人間開発プログラム・オポルトゥニダデス　126

は 行

バイーア州　221, 237
バイオエタノール　227
パウロ・シンジェル　155
波及効果　130
ハロッド＝ドーマー・モデル　42

ひ 行

非拠出型社会保障　136
平等化をともなった成長　45
貧困ギャップ指標　121
貧困二乗ギャップ指標　121
貧困ライン　229
貧困率　26, 121

ふ 行

ファヴェーラ（favela）　240
フェルナンド・ファインシルベル　44
二つのギャップモデル　42
ブラジリア　225

ブラジル　154
ブラジル経済の奇跡　226
ブラジルボク　219
ブレッセル・ペレイラ　46
プレビッシューシンガー仮説　41
プログレサ（PROGRESA）　125, 179
プログレサ＝オポルトゥニダデス　126
プログレサ＝オポルトゥニダデスの中長期的影響　132
プロスペラ（PROSPERA）　126, 179

へ 行

ヘクシャー＝オリーン・モデル　79, 84, 195
ペドロ・アウヴァレス・カブラウ　219
ペルナンブコ州　219, 237
変動為替相場制　228

ほ 行

貿易開放度　72
貿易自由化の指標　73
北米自由貿易協定（NAFTA）　83, 175, 193
ポピュリスト　35
ポピュリスト・バイアス　55
ポピュリストの経済政策　55
ポピュリズム　149
ボリビア　154
ボルサ・ファミリア　122, 233, 234, 240

ま 行

マイクロファイナンス　123
マクロ経済ショック　38
マージナル指標　115
マシャラングアペ（Maxaranguape）　219
マリオ・チモリ　45

み 行

3つの周辺性　92
ミナスジェライス州　221, 237
ミレニアム開発目標（MDGs）　230

め 行

メキシコ　152
メキシコ・中米型　92, 99
メタス計画（Plano de Metas）　225

も 行

モデル　58
モノカルチャー・プランテーション　35
モノカルチャー経済　220, 237

ゆ 行

癒着　150
輸入代替　34

輸入代替工業化　223, 225, 226, 227, 240, 241

よ 行

抑圧　168
弱い制度　52

ら 行

ラウル・プレビッシュ　40
ラティフンディウム　220
ランダム化対照実験（RCT）　116

り 行

リオグランデドノルテ州　219
リオデジャネイロ　221
リスク・シェアリング・モデル　130

る 行

ルーブル危機　228
ルーラ政権　229
ルセフ政権　232

れ 行

レアル計画　228
歴史的要因　33
連帯経済　145
連帯経済を支援する制度　166

| アジア環太平洋研究叢書 | 2 |

ラテンアメリカ所得格差論：

歴史的起源・グローバル化・社会政策

編者　浜口伸明

2018年8月1日初版第1刷発行

・発行者――石井　彰　　　　　　・発行所

印刷・製本／モリモト印刷
株式会社

© 2018 by Nobuaki Hamaguchi

KOKUSAI SHOIN Co., Ltd.
3-32-6, HONGO, BUNKYO-KU, TOKYO, JAPAN.

株式会社 **国際書院**

〒113-0033 東京都文京区本郷 3-32-6-1001
TEL 03-5684-5803　　FAX 03-5684-2610
Eメール：kokusai@aa.bcom. ne.jp
http://www.kokusai-shoin.co.jp

（定価＝本体価格 3,500 円＋税）
ISBN978-4-87791-291-8 C3031 Printed in Japan

本書の内容の一部あるいは全部を無断で複写複製（コピー）することは法律でみとめられた場合を除き、著作者および出版社の権利の侵害となりますので、その場合にはあらかじめ小社あて許諾を求めてください。

国際政治

武者小路公秀
人間安全保障論序説
—グローバル・ファシズムに抗して

87791-130-8　C1031　　　　A5判　303頁　3,400円

グローバル覇権の構造と行動、人間安全保障と人間安全共同体、文明間の対話による共通の人間安全保障という三つの角度から本書は、「人民の安全保障」へ向けて「もうひとつの世界」への道筋を探る作業の「序説」である。　　　　(2003.12)

篠田英朗・上杉勇司
紛争と人間の安全保障
—新しい平和構築のアプローチを求めて

87791-146-4　C3031　　　　A5判　307頁　3,400円

「人間の安全保障」に纏わる、論点が持つ意味と可能性の探究、紛争下での争点の提示、実践上での限界を超える可能性、外交政策における課題などを示しながら、「人間の安全保障」が「現実」の要請であることを明らかにする。　　　(2005.6)

田畑伸一郎・末澤恵美編
CIS：旧ソ連空間の再構成

87791-132-4　C1031　　　　A5判　253頁　3,200円

独立国家共同体CISを、旧ソ連空間に形成されたひとつの纏まりとして捉えようとする本書は、その多様化を見据え、国際関係の観点からも分析する。類例のないこの共同体は今世紀のひとつの行方を示唆している。　　　　　　　　(2004.3)

赤羽恒雄・監修
国境を越える人々
—北東アジアにおける人口移動

87791-160-×　C3031　　　　A5判　319頁　6,000円

ロシア極東への中国人移民、日本のロシア人・中国人・コリアンコミュニティ、朝鮮半島とモンゴルにおける移民などを通して北東アジアの人口動態傾向と移民パターンを探り、越境人流が提示する課題を明らかにする。　　　　(2006.6)

M・シーゲル／J・カミレーリ編
多国間主義と同盟の狭間
—岐路に立つ日本とオーストラリア

87791-162-6　C3031　　　　A5判　307頁　4,800円

アジア太平洋地域に属する日本とオーストラリアは超大国アメリカとの同盟関係を基軸に安全保障政策を築いてきた。これまでの同盟政策を批判的に検討し、日豪が地域と世界の平和に貢献できる道を多国間主義に探る。　　　(2006.9)

山本吉宣・武田興欣編
アメリカ政治外交のアナトミー

87791-165-0　C1031　　　　A5判　339頁　3,400円

冷戦後「唯一の超大国」となったアメリカをわれわれはどう理解すればよいのか。国際システム、二国間関係、国内政治過程に注目し、政治学者、国際法学者、地域研究者が複雑なアメリカの政治外交を解剖する書（アナトミー）。　(2006.12)

ピーター・H・サンド　信夫隆司／髙村ゆかり訳
地球環境管理の教訓

906319-44-O　C1031　　　　四六判　187頁　2,136円

地球環境管理にとってこれまで蓄積されてきた経験と制度上のノウハウを詳細に検討し、地球環境問題を解決するための効果的なルール、国際社会制度を如何に構築するか、どのように世界に普及させ、遵守させるかを論ずる。　(1994.5)

信夫隆司編
地球環境レジームの形成と発展

87791-092-1　C3031　　　　A5判　288頁　3,200円

地球環境問題に国際政治理論がどのような解決の枠組みを提示できるのか。国家間の相克、国際機関、NGOといったアクターを通しての「地球環境レジーム」の形成プロセス、維持・発展過程を追究する。　　　　　　　　　　(2000.5)

山内進編
フロンティアのヨーロッパ

87791-177-5　C3031　　　　A5判　317頁　3,200円

歴史的意味でのフロンティアを再点検し、北欧、バルト諸国、ウクライナなどとの関係およびトラフィッキングの実態にも光を当て、内と外との「EUのフロンティア」を多岐にわたって考察する。　　　(2008.3)

国際政治

堀内賢志吾
ロシア極東地域の国際協力と地方政府
——中央・地方関係からの分析

87791-179-9　C3031　　　A5判　323頁　5,400円

北東アジアの国際協力に大きな期待が寄せられているロシア。極東地域での対外協力に消極的な姿勢から変化が生まれている背景を、中央・地方関係の制度的側面から分析し、政治学的なアプローチを試みる。　　　　　　　　　　　　　　　(2008.3)

上杉勇司・青井千由紀編
国家建設における民軍関係
——破綻国家再建の理論と実践をつなぐ

87791-181-2　C1031　　　A5判　341頁　3,400円

民軍関係の理論的考察をおこない、文民組織からおよび軍事組織からの視点でみた民軍関係の課題を論じ行動指針を整理する。そのうえに立って民軍関係の課題に関する事例研究をおこなう。　　　(2008.5)

大賀哲・杉田米行編
国際社会の意義と限界
——理論・思想・歴史

87791-180-5　C1031　　　A5判　359頁　3,600円

「国際社会」を、規範・法・制度あるいは歴史、思想、文化といった分野との関連で広く政治学の文脈で位置づけ、個別の事例検証をおこないつつ「国際社会」概念を整理・体系化し、その意義と限界を追究する。　　　　　　　　　　　　　　　(2008.6)

貴志俊彦・土屋由香編
文化冷戦の時代
——アメリカとアジア

87791-191-1　C1031　　　A5判　283頁　2,800円

新たなアジアの連帯を形成するうえで、20世紀半ばの文化冷戦の歴史的考察は避けて通れない。世界規模で進められた米国の広報・宣伝活動のうち、本書では日本、韓国、台湾、フィリピン、ラオスでのその実態を究明する。　　　　　　　　(2009.2)

小尾美千代
日米自動車摩擦の国際政治経済学
——貿易政策アイディアと経済のグローバル化

87791-193-5　C3031　　　A5判　297頁　5,400円

経済のグローバル化、国際化論をベースに、輸出入・現地生産・資本提携など自動車市場の変化、その調整過程を分析し、これまでの日米自動車摩擦の実態を国際政治経済学の視点から政治・経済領域での相互作用を追跡する。　　　(2009.3)

黒川修司
現代国際関係論

87791-196-6　C1031　　　A5判　313頁　2,800円

大学のテキスト。事例研究から入って理論的思考ができるようにし、国際関係政治学の基礎的な概念、理論、歴史的な事実を把握できるようにした。多様なテーマが物語りのように書かれ、親しみやすい書になっている。　　　　　　　　(2009.6)

吉村慎太郎・飯塚央子編
核拡散問題とアジア
——核抑止論を超えて

87791-197-3　C1031　　　A5判　235頁　2,800円

日本、韓国、北朝鮮、中国、インド、パキスタン、イラン、イスラエル、ロシアなど複雑な事情を抱えたアジアの核拡散状況を見据え、世界規模での核廃絶に向けて取り組みを続け、取り組もうとする方々へ贈る基本書。　　　　　　　　(2009.7)

佐藤幸男・前田幸男編
世界政治を思想する　Ⅰ

87791-203-1　C1031　　　A5判　293頁　2,800円

「生きる意味」を問い続ける教科書。国際政治理論の超え方、文化的次元での世界政治の読み解き方、歴史的現代における知覚の再編成、平和のあり方を論じ日常の転覆を排除せず「生きること＝思想する」ことを追究する。　　　　　(2010.1)

佐藤幸男・前田幸男編
世界政治を思想する　Ⅱ

87791-204-8　C1031　　　A5判　269頁　2,600円

「生きる意味」を問い続ける教科書。国際政治理論の超え方、文化的次元での世界政治の読み解き方、歴史的現代における知覚の再編成、平和のあり方を論じ日常の転覆を排除せず「生きること＝思想する」ことを追究する。　　　　　(2010.1)

国際政治

永田尚見
流行病の国際的コントロール
―国際衛生会議の研究

87791-202-4　C3031　　　　A5判　303頁　5,600円

人間の安全保障、国際レジーム論・国際組織論、文化触変論の視点から、さまざまなアクターの関与を検討し、国際的予防措置の形成・成立を跡づけ、一世紀に亘る国際衛生会議などの活動が各国に受容されていく過程を追う。　　　　(2010.1)

浜田泰弘
トーマス・マン政治思想研究 [1914-1955]
―『非政治的人間の考察』以降のデモクラシー論の展開

87791-209-3　C3031　　　　A5判　343頁　5,400円

「政治と文学という問い」に果敢に挑戦した文学者トーマス・マンの政治論は、二度の世界大戦、ロシア革命とドイツ革命、ファシズムそして冷戦を経た20世紀ドイツ精神の自叙伝として21世紀世界に示唆を与える。　　(2010.7)

美根慶樹
国連と軍縮

87791-213-0　C1031　　　　A5判　225頁　2,800円

核兵器廃絶、通常兵器削減の課題を解決する途を国連の場で追求することを訴える。通常兵器・特定通常兵器、小型武器などについて需要側・生産側の問題点をリアルに描き出し核兵器・武器存在の残虐性を告発する。　　(2010.9)

鈴木　隆
東アジア統合の国際政治経済学
―ASEAN地域主義から自立的発展モデルへ

87791-212-3　C3031　　　　A5判　391頁　5,600円

国際システム下における途上国の発展過程、とりわけASEANを中心に国家・地域・国際システムの三つのリンケージ手法を用いて分析し、「覇権と周辺」構造への挑戦でもある東アジア統合の可能性を追う。　　(2011.2)

金　永完
中国における「一国二制度」とその法的展開
―香港、マカオ、台湾問題と中国の統合

87791-217-8　C3031　　　　A5判　363頁　5,600円

北京政府の「「一国二制度」論について、香港、マカオ問題の解決の道筋をたどりつつ、法的諸問題に軸足を置き、国際法・歴史学・政治学・国際関係学・哲学的な視点から文献・比較分析をおこない解決策を模索する。　　(2011.3)

宮本光雄先生
覇権と自立
―世界秩序変動期における欧州とアメリカ

87791-219-2　C3031　　　　A5判　377頁　5,600円

発展途上諸国の経済発展および発言権の増大という条件のなかで欧州諸国では欧米間の均衡回復が求められており、「均衡と統合」、「法の支配」を柱とした「全人類が公正に遇され」る世界秩序を求める模索が続いている。　　(2011.3)

鈴木規夫
光の政治哲学
―スフラワルディーとモダン

87791-183-6　C3031　　　　A5判　327頁　5,200円

改革・開放期における市場経済化を契機とする農村地域の社会変動に対応して、基層政権が下位の社会集団、利益集団といかなる関係を再構築しつつあるかを跡づけ、農村地域の統治構造の再編のゆくへを考察する。　　(2006.3)

鈴木規夫
現代イスラーム現象

87791-189-8　C1031　　　　A5判　239頁　3,200円

1967年の第三次中東戦争から米軍によるバグダッド占領までの40年に及ぶ「サイクル収束期」の位置づけを含め、20世紀後半の〈イスラーム現象〉が遺した現代世界における被抑圧者解放への理論的諸課題を探る。　　(2009.3)

森川裕二
東アジア地域形成の新たな政治力学
―リージョナリズムの空間論的分析

87791-227-7　C3031　　　　A5判　435頁　5,400円

東アジア共同体を遠望することはできるのか。方法論的理論の探求、定量研究、事例研究をとおして地域形成と地域主義がどのような関係をもつのか、地域協力によって積み上げられてきたこの地域の国際関係論を探求する。　　(2012.5)

ブラジル州区分地図

1. アクレ 2. アラゴアス 3. アマゾナス 4. アマパー 5. バイーア 6. セアラー 7. 連邦区（ブラジリア） 8. エスピリト・サント 9. ゴイアス 10. マラニョン 11. ミナス・ジェライス 12. マトグロッソ・ド・スル 13. マトグロッソ 14. パラー 15. パライバ 16. ペルナンブコ 17. ピアウイー 18. パラナー 19. リオデジャネイロ 20. リオグランデ・ド・ノルテ 21. ロンドニア 22. ロライマ 23. リオグランデ・ド・スル 24. サンタ・カタリナ 25. セルジッペ 26. サンパウロ 27. トカンチンス